Arbeitsvertraglicher Mischlohn: Quotelungskontrolle nach § 307 BGB

Europäische Hochschulschriften
Publications Universitaires Européennes
European University Studies

Reihe II
Rechtswissenschaft

Série II Series II
Droit
Law

Bd./Vol. 4271

PETER LANG
Frankfurt am Main · Berlin · Bern · Bruxelles · New York · Oxford · Wien

Jan-Malte Niemann

Arbeitsvertraglicher Mischlohn: Quotelungskontrolle nach § 307 BGB

PETER LANG
Europäischer Verlag der Wissenschaften

Bibliografische Information Der Deutschen Bibliothek
Die Deutsche Bibliothek verzeichnet diese Publikation in der Deutschen Nationalbibliografie; detaillierte bibliografische Daten sind im Internet über <http://dnb.ddb.de> abrufbar.

Zugl.: Münster (Westf.), Univ., Diss., 2005

D 6
ISSN 0531-7312
ISBN 3-631-54542-8

www.peterlang.de

Vorwort

Die vorliegende Arbeit wurde von der Rechtswissenschaftlichen Fakultät der Westfälischen Wilhelms-Universität Münster im Sommersemester 2005 als Dissertation angenommen. Literatur und Rechtsprechung konnten bis einschließlich Juni 2005 berücksichtigt werden.

Dank gebührt zunächst meinem Doktorvater Prof. Dr. Peter Schüren. Neben der Tätigkeit als Wissenschaftlicher Mitarbeiter an seinem Institut hat er mir genügend Freiraum gelassen, um die Arbeit noch vor dem Übergang ins Referendariat in weiten Teilen fertig stellen zu können. Bedanken möchte ich mich auch bei Herrn Privatdozenten Dr. Jacob Joussen für die zügige Erstellung des Zweitgutachtens.

Besonderer Dank gilt meinem persönlichen Umfeld. Meine Eltern Dagmar Niemann-Witter und Prof. Dr. Hans-Werner Niemann haben mir sowohl während des Studiums als auch in der Dissertationsphase jede erdenkliche Unterstützung – nicht bloß finanzieller Natur – zuteil werden lassen. Dafür bin ich ihnen sehr dankbar! Entscheidenden Anteil an der Fertigstellung dieser Arbeit hat zudem meine Freundin Carolin Kasprzyk. Dies nicht nur wegen ihrer kritischen Korrekturarbeiten, sondern vor allem deshalb, weil sie mich – was durchaus nahe gelegen hätte – nicht spätestens nach Kapitel 3 erschlagen hat.

Inhaltsverzeichnis

Abkürzungsverzeichnis

aA	anderer Ansicht
AAB	Allgemeine Arbeitsbedingungen
ABlEG	Amtsblatt der Europäischen Gemeinschaften
Abs.	Absatz
AcP	Archiv für die civilistische Praxis
ADM	Außendienstmitarbeiter
aE	am Ende
a.F.	alter Fassung
AGB	Allgemeine Geschäftsbedingungen
AGBG	Gesetz zur Regelung des Rechts der Allgemeinen Geschäftsbedingungen (AGB-Gesetz)
AiB	Arbeitsrecht im Betrieb
a.M.	am Main
Anm.	Anmerkung
AP	Arbeitsrechtliche Praxis – Nachschlagewerk des Bundesarbeitsgerichts
ArbG	Arbeitsgericht
ArbGG	Arbeitsgerichtsgesetz
ArbZG	Arbeitszeitgesetz
ARS	Arbeitsrechts-Sammlung
Art.	Artikel
AuA	Arbeit und Arbeitsrecht
Aufl.	Auflage
AuR	Arbeit und Recht
BAG	Bundesarbeitsgericht
BB	Betriebs-Berater
Bd.	Band
BDA	Bundesvereinigung Deutscher Arbeitgeberverbände
BetrVG	Betriebsverfassungsgesetz
BGB	Bürgerliches Gesetzbuch

BGBl.	Bundesgesetzblatt
BGH	Bundesgerichtshof
BGHZ	Entscheidungen des Bundesgerichtshofs in Zivilsachen
BT-Dr	Bundestagsdrucksache
BUrlG	Bundesurlaubsgesetz
bzw.	beziehungsweise
DB	Der Betrieb
ders.	derselbe
Diss.	Dissertation
DStR	Deutsches Steuerrecht
EFZG / EntgeltFG	Entgeltfortzahlungsgesetz
EG	Europäische Gemeinschaft
EGBGB	Einführungsgesetz zum Bürgerlichen Gesetzbuch
ErfK	Erfurter Kommentar zum Arbeitsrecht
EWG	Europäische Wirtschaftsgemeinschaft
EWiR	Entscheidungen zum Wirtschaftsrecht
f.	folgender
FeiertagslohnzahlungsG	Feiertagslohnzahlungsgesetz
ff.	folgende
Fn.	Fußnote
FS	Festschrift
GewO	Gewerbeordnung
GG	Grundgesetz
ggf.	gegebenenfalls
ggü.	gegenüber
grds.	grundsätzlich
GS	Gemeinsamer Senat
HGB	Handelsgesetzbuch
hM	herrschende Meinung
Hrsg.	Herausgeber
Hs.	Halbsatz
i.H.v.	in Höhe von

insbes.	insbesondere
i.S.d.	im Sinne des
JA	Juristische Arbeitsblätter
JbArbR	Jahrbuch des Arbeitsrechts
JURA	Juristische Ausbildung
JuS	Juristische Schulung
JW	Rechtsprechung des Reichsgerichts, hrsg. v. Warneyer
JZ	Juristenzeitung
krit.	kritisch(er)
KSchG	Kündigungsschutzgesetz
LAG	Landesarbeitsgericht
LAGE	Entscheidungen der Landesarbeitsgerichte
LFZG	Lohnfortzahlungsgesetz
LG	Landgericht
LM	Nachschlagewerk des Bundesgerichtshofs, hrsg. v. *Lindenmaier, Möhring u.a.*
M	Main
m.	mit
MDR	Monatsschrift für Deutsches Recht
mN	mit Nachweisen
Mot	Motive zum Bürgerlichen Gesetzbuch
MünchArbR	Münchener Handbuch zum Arbeitsrecht
MünchKomm-BGB	Münchener Kommentar zum Bürgerlichen Gesetzbuch
MuSchG	Mutterschutzgesetz
mwN	mit weiteren Nachweisen
NachwG	Nachweisgesetz
NJW	Neue Juristische Wochenschrift
NJW-RR	Neue Juristische Wochenschrift Rechtsprechungs-Report
Nr.	Nummer
NZA	Neue Zeitschrift für Arbeitsrecht
NZA-RR	Neue Zeitschrift für Arbeitsrecht Rechtsprechungs-Report
OLG	Oberlandesgericht

RAG	Reichsarbeitsgericht
RdA	Recht der Arbeit
Rdnr.	Randnummer
RG	Reichsgericht
RL	Richtlinie
Rspr.	Rechtsprechung
S.	Seite / Satz
SAE	Sammlung arbeitsrechtlicher Entscheidungen
sog.	so genannte
StGB	Strafgesetzbuch
teilw.	teilweise
TVG	Tarifvertragsgesetz
u.	und
Überbl	Überblick
v.	vom / vor
VersR	Zeitschrift für Versicherungsrecht
vgl.	vergleiche
VOB/B	Verdingungsordnung für Bauleistungen ...
Vor / Vorb / Vorbem	Vorbemerkung(en)
WM	Wertpapiermitteilungen
z.B.	zum Beispiel
ZfA	Zeitschrift für Arbeitsrecht
ZGS	Zeitschrift für das gesamte Schuldrecht
ZHR	Zeitschrift für Handelsrecht
ZIP	Zeitschrift für Wirtschaftsrecht
ZPO	Zivilprozessordnung
ZTR	Zeitschrift für Tarifrecht
zust.	zustimmender
ZVersWiss	Zeitschrift für die gesamte Versicherungswissenschaft
ZVglRWiss	Zeitschrift für vergleichende Rechtswissenschaft
ZZP	Zeitschrift für Zivilprozess

1. Kapitel: Einleitung

A. Was ist eine Quotelungskontrolle?

Der Begriff der *Quotelungskontrolle* bei arbeitsvertraglichen Mischlöhnen ist eine Neuschöpfung. Der dahinter stehende Gedanke existiert schon eine Weile. Er wurde aber – soweit ersichtlich – nur vom LAG Hamm[1], *Rieble/Gutzeit*[2] und *Wank*[3] näher diskutiert.
Die Quotelungskontrolle bezieht sich auf Fälle, in denen ein Arbeitnehmer zumindest einen Teil seines Gesamtlohns durch Provisionen verdienen muss. Dann stellt sich die Frage, ob die Erfolgsabhängigkeit seiner Vergütung unter dem Gesichtspunkt einer vom Leitbild des Arbeitsvertrages abweichenden Risikoverteilung auf einen bestimmten *Prozentsatz* des Gesamtlohns beschränkt werden muss.

I. Begrifflichkeiten und Grundgedanken

Unter **Mischlohn** wird im Rahmen dieser Arbeit ein Gesamtlohn verstanden, der sich aus einem Provisionsanteil und einem Festlohnanteil zusammensetzt. Der Begriff der Provision beschränkt sich auf die am individuellen Erfolg des Arbeitnehmers ausgerichtete **Absatz- oder Vermittlungsprovision.**[4] Der Festlohn kann in Gestalt eines unverrechenbaren Fixums oder einer verrechenbaren Provisionsgarantie gewährt werden. Bei einem **unverrechenbaren Fixum** werden verdiente Absatz- oder Vermittlungsprovisionen einfach auf einen monatlichen Sockelbetrag (= das unverrechenbare Fixum) addiert. Der Arbeitnehmer startet nicht bei Null, sondern verdient je nach Absatz- oder Vermittlungserfolg zu seinem Sockelbetrag (= dem unverrechenbaren Fixum) hinzu. Bei einer **verrechenbaren Provisionsgarantie** startet der Arbeitnehmer jeden Monat bei Null. Provisionsansprüche entstehen erst, wenn der monatliche Garantiebetrag (= die verrechenbare Provisionsgarantie) mit den verdienten Absatz- oder Vermitt-

---

1 v. 16.10.1989, ZIP 1990, 880 ff.

2 *Rieble*, NZA 2000, Sonderbeilage zu Heft 3, 34 (43 f.); *Rieble/Gutzeit*, JbArbR 37 (2000), 41 (51 ff.).

3 *Wank*, Anm. zu BAG v. 19.01.2000, RdA 2002, 112 (114 ff.).

4 *Nicht* Gegenstand dieser Arbeit sind dagegen die *Bezirksprovision* (auch Anteil- oder Superprovision genannt) und die gerade im Versicherungsaußendienst häufige *Bestandspflegeprovision. Erst recht nicht* Gegenstand dieser Arbeit ist die *Umsatzprovision*, die von den Provisionsregeln des HGB überhaupt nicht erfasst wird. Siehe zu alledem nur: *Löwisch*, ZHR 139 (1975), 362 (363 ff.); MünchArbR/*Kreßel* § 68, Rdnr. 1 f.; *Schaub* § 76, Rdnr. 1 f.

lungsprovisionen überschritten wird.[5] Erzielt der Arbeitnehmer in einem Monat weniger Absatz- oder Vermittlungserfolge als zum Erreichen des Garantiebetrags erforderlich, bezuschusst der Arbeitgeber die Differenz zwischen tatsächlich verdienten Provisionen und verrechenbarer Provisionsgarantie.[6]
Gegenstand der Quotelungskontrolle bei arbeitsvertraglichen Mischlöhnen ist die Quotelungsbestimmung. Die **Quotelungsbestimmung** ist eine – zunächst – unsichtbare Bestimmung.[7] Dennoch ist sie *zwangsläufiger* Bestandteil eines *jeden* Arbeitsvertrages[8]. Sie verrät die *Ist*-Quotelung[9] zwischen Festlohnanteil und Provisionsanteil. Damit enthält die Quotelungsbestimmung eine rein *relative* Aussage. Der „Tunnelblick" auf die Quotelungsbestimmung verrät keine absoluten Entgelthöhewerte. Eine Quotelungsbestimmung lautet auf 50:50, gleich ob Festlohn und Provisionslohn je € 10 oder je € 10.000 pro Monat betragen.
Die Quotelungsbestimmung verkörpert die derzeitige Verteilung des Arbeitserfolgsrisikos unter den Parteien, wobei unter Arbeitserfolgsrisiko[10] nicht das Risiko der Nichtvergütung mangels Arbeits*leistung* („ohne Arbeit kein Lohn"), sondern vielmehr das Risiko der Nichtvergütung mangels Absatz- oder Vermittlungs*erfolges* verstanden wird. Anhand eines reinen Provisions- oder Festlohns wird der Aussagegehalt der Quotelungsbestimmung besonders deutlich: Bei einem **reinen Provisionslohn** lautet die Quotelung zwischen – nicht vorhandenem – Festlohnanteil und Provisionsanteil auf 0:100. Das Arbeitserfolgsrisiko liegt zu 100% beim Arbeit*nehmer*. Denn der Gesamtlohn des Arbeitnehmers kann bei Ausbleiben jeglicher Absatz- oder Vermittlungserfolge bis auf Null sinken. Der Arbeitnehmer steht vollumfänglich für den Nichteintritt eines Absatz- oder Vermittlungserfolges ein. Zwar ist der Absatz- oder Vermittlungserfolg für den Arbeitnehmer nicht *in obligatione*. Er gehört weiterhin nicht zum

---

5 BAG v. 08.12.1982, AP Nr. 5 zu § 1 TVG Tarifverträge: Versicherungsgewerbe; LAG Köln v. 03.11.1995, NZA-RR 1996, 296 (297); MünchArbR/*Kreßel* § 68, Rdnr. 7.

6 *Hoffmann*, DB 1977, 770. Allerdings kann eine Verrechnung zwischen den Monaten erfolgen. Verrechnung zwischen den Monaten meint, dass Überschüsse (Verdienstspitzen) aus einem Monat mit Unterschüssen (Minderverdiensten) aus einem anderen Monat verrechnet werden. Eine Verrechnung zwischen den Monaten ist nur bei ausdrücklicher Vereinbarung zulässig. Umfang und Grenzen der Verrechnung sind dann höchst umstritten. Die Problematik soll in dieser Arbeit ausgespart bleiben. Zur Vertiefung: BAG v. 14.11.1966, AP Nr. 4 zu § 65 HGB m. Anm. *Rother*; v. 22.09.1975, AP Nr. 8 zu § 65 HGB m. Anm. *Schulze-Osterloh*; v. 25.03.1976, AP Nr. 9 zu § 65 HGB m. Anm. *Herschel*; *Hoffmann*, DB 1977, 770 (771); MünchArbR/*Kreßel* § 68, Rdnr. 57; *Schaub* § 76, Rdnr. 3; *Schiek*, BB 1997, 310 (312 f.); *Seifert*, DB 1979, 2034 (2038).

7 Zum Sichtbarmachen der Quotelungsbestimmung in der Praxis siehe unten S. 140 ff.

8 Selbst bei Vereinbarung eines reinen Fest- oder Provisionslohns enthält der Arbeitsvertrag eine Quotelungsbestimmung. Diese lautet auf 100:0 bzw. 0:100. Sowohl der reine Festlohn als auch der reine Provisionslohn kann als („unechter") Mischlohn aufgefasst werden.

9 Zur vertraglichen Vorgabe einer *Soll*-Quotelung siehe unten S. 21 u. 118 ff.

10 Bezeichnung nach: *Rieble*, NZA 2000, Sonderbeilage zu Heft 3, 34 (44).

Inhalt des Leistungsversprechens. Jedoch ist der Absatz- oder Vermittlungserfolg für den Arbeitnehmer *in conditione.*[11] Denn sein Entgeltanspruch ist durch den Eintritt entsprechender Absatz- oder Vermittlungserfolge bedingt.[12] Bei einem **reinen Festlohn** lautet die Quotelung zwischen Festlohnanteil und – nicht vorhandenem – Provisionsanteil auf 100:0. Das Arbeitserfolgsrisiko liegt zu 100% beim Arbeit*geber*. Selbst bei Ausbleiben jeglicher Absatz- oder Vermittlungserfolge muss der Arbeitgeber den vollen Gesamtlohn zahlen. Erfolgsabhängige Gesamtlohnschwankungen sind undenkbar. Der Arbeitgeber steht vollumfänglich für den Nichteintritt von Absatz- oder Vermittlungserfolgen ein. Er zahlt den Festlohn für die bloße Tätigkeit des Arbeitnehmers – so wie das Gesetz es als Regelfall ansieht.[13] Zwischen diesen Extremen liegt der – „echte"[14] – Mischlohn. Bei einem **Mischlohn** bewegt sich die Quotelung von Festlohnanteil und Provisionsanteil irgendwo zwischen 100:0 und 0:100. Auch in diesem Fall verrät die Quotelungsbestimmung die Verteilung des Arbeitserfolgsrisikos unter den Parteien. Denn auch bei einem Mischlohn besagt sie etwas darüber, unter welchen Prozentsatz seines Gesamtlohns der Arbeitnehmer selbst bei Ausbleiben jeglicher Absatz- oder Vermittlungserfolge niemals fallen kann. Nimmt der Festlohnanteil – wie im obigen Beispiel – 50% des Gesamtlohns ein, kann der Arbeitnehmer niemals unter diese Marke – sei es € 10 oder € 10.000 – sinken. Das gilt sowohl bei einem unverrechenbaren Fixum als auch bei einer verrechenbaren Provisionsgarantie.[15]

Die Quotelungsbestimmung verrät die Verteilung des Arbeitserfolgsrisikos unter den Parteien. Über die Angemessenheit dieser Risikoverteilung besagt sie nichts. Die **Angemessenheit der Risikoverteilung** kann – getreu dem Grundsatz, dass bei der Inhaltskontrolle stets der gesamte Vertragsinhalt in den Blick genommen werden muss – nur in einer Vertragsgesamtschau beurteilt werden: Je nach Ausgestaltung des betreffenden Arbeitsvertrages kann ein Provisionsanteil von 30% angemessen oder unangemessen sein.[16] Darüber entscheidet die **Marktöffnung eines Arbeitsvertrages**. Mit diesem Schlagwort soll die Möglichkeit des Arbeitnehmers bezeichnet werden, infolge der vertraglichen Einräumung bzw. Belassung unternehmerischen Entscheidungsspielraums Chancen

---

11 Zu dem Begriffspaar *in obligatione - in conditione* siehe: *Tomandl*, Wesensmerkmale, S. 159.

12 Dazu: ErfK/*Schaub* § 65 HGB, Rdnr. 7.

13 Zum gesetzlichen Regelcharakter des reinen Festlohns siehe unten S. 86 ff.

14 Zum „unechten" Mischlohn siehe oben in diesem Kapitel Fn. 8.

15 Allerdings ist es bei einem unverrechenbaren Fixum deutlich unwahrscheinlicher, dass der Gesamtlohn auf die 50%-Marke sinkt, weil dazu wirklich *jegliche* Absatz- oder Vermittlungserfolge ausbleiben müssten.

16 Man könnte davon sprechen, dass die *Quotelung* des Gesamt*lohns* anhand der *Komponenten* des Gesamt*vertrages* überprüft werden muss.

am Markt wahrzunehmen.[17] Im Umfang der Marktöffnung seines Arbeitsvertrages darf ein Arbeitnehmer provisionsmäßig entlohnt werden. Hinter alledem verbergen sich zwei Gedankengänge. **Zum einen: Das Arbeitserfolgsrisiko kann mit dem Marktrisiko im weiteren Sinne gleichgesetzt werden.** Es realisiert sich, wenn die – anfänglich erreichten oder ursprünglich einkalkulierten – Absatz- oder Vermittlungserfolge ausbleiben. Das Ausbleiben von Absatz- oder Vermittlungserfolgen kann dabei auf unzählige und kaum voneinander abgrenzbare Faktoren zurückgehen.[18] Allenfalls idealtypisch ließe sich zwischen der Sphäre des Arbeitnehmers[19], der Sphäre des Arbeitgebers[20] und der Sphäre des Marktes[21] unterscheiden.[22] In der Realität lässt sich indes kaum ermitteln, auf welche Faktoren das Ausbleiben – vormaliger oder „angepeilter" – Absatz- oder Vermittlungserfolge letztlich zurückzuführen ist. An diesem Punkt arbeitet die Abhandlung mit einer Unterstellung: Es wird – gemäß den Prämissen der rechtsökonomischen Analyse – vermutet, dass beide Arbeitsvertragsparteien grundsätzlich wirtschaftlich vernünftig und damit beiderseits nutzenmaximierend agieren. Auf die Quotelungskontrolle gemünzt: Über einen – zumindest teilweisen – Provisionslohn werden die Interessen von Arbeitgeber und Arbeitnehmer synchronisiert. Die Provision weckt das Eigeninteresse des Arbeitnehmers an dem Eintritt möglichst vieler Absatz- oder Vermittlungserfolge.[23] Dieses deckt sich mit dem Fremdinteresse des Arbeitgebers, für den zahlreiche Absatz- oder Vermittlungserfolge einen hohen Umsatz bedeuten.[24] Bei einem – vor

---

[17] Von „*Belassung* von Marktchancen" statt „*Einräumung* von Marktchancen" sollte man sprechen, wenn man betonen möchte, dass der Arbeitnehmer sich seines unternehmerischen Entscheidungsspielraums durch den Abschluss eines Arbeitsvertrages *begibt*, aufgrund dessen er seine gesamte Arbeitskraft schuldet, in einen fremden Organisationsbereich eingegliedert wird und sich (umfassenden) Weisungsrechten seines Vertragspartners unterwirft. Dazu: *Lieb*, ZVersWiss 1976, 207 (214).

[18] Siehe nur: LAG Hamm v. 16.10.1989, ZIP 1990, 880 (888); LAG Düsseldorf v. 19.12.1990, LAGE Nr. 24 zu § 611 BGB Abmahnung; *Breisig*, Entgelt, S. 260 ff. u. 309 f.; *Löwisch*, ZHR 139 (1975), 362 (367); MünchArbR/*Kreßel* § 68, Rdnr. 1; *Rieble*, NZA 2000, Sonderbeilage zu Heft 3, 34 (44); *Rieble/Gutzeit*, JbArbR 37 (2000), 41 (49); aA wohl: BAG v. 14.11.1966, AP Nr. 4 zu § 65 HGB.

[19] Etwa: Qualität des Verkaufsgesprächs sowie Fleiß und Engagement.

[20] Etwa: Produktsortiment, Produktqualität, Preis, Werbung (= Image und Bekanntheitsgrad) sowie Größe, Struktur und Zuschnitt des Verkaufsgebietes.

[21] Etwa: Marktlage (= Konkurrenzsituation), Gesamtwirtschaftslage, allgemeine und gebietsspezifische Kaufkraft, saisonale Schwankungen sowie Modetrends.

[22] Dazu: *Breisig*, Entgelt, S. 260 (und dort auch Fn. 14: „Einzelhandel") u. 309.

[23] BAG v. 12.01.1973, DB 1973, 1177 (1178); v. 06.12.1988, AP Nr. 37 zu § 87 BetrVG 1972 Lohngestaltung; LAG Berlin v. 03.11.1986, AP Nr. 14 zu § 65 HGB; *Breisig*, Entgelt, S. 240; *Löwisch*, ZHR 139 (1975), 362 (366); *Schaub* § 76, Rdnr. 4; *Seifert*, DB 1979, 2034. Durch die Weckung eines Eigeninteresses des Arbeitnehmers erfüllt die Provision eine Anreiz- und indirekte Kontrollfunktion. Dazu unten S. 91 (und dort Fn. 548).

[24] *Breisig*, Entgelt, S. 180 u. 240; *Schiek*, BB 1997, 310.

allem starken – Rückgang der Absatz- oder Vermittlungserfolge kann kaum unterstellt werden, dass der Arbeitnehmer sich bewusst hat „hängen lassen". Vielmehr geht sein finanzielles Eigeninteresse dahin, sein vormaliges Gesamtlohnniveau jedenfalls zu halten. Und auch ein wirtschaftlich vernünftig agierender Arbeitgeber hat in aller Regel kein Interesse an einem Umsatzrückgang.[25] Vor diesem Hintergrund darf unterstellt werden, dass nachlassende Absatz- oder Vermittlungserfolge vornehmlich aus der Sphäre des Marktes stammen, sich also zumeist ein Marktrisiko realisiert. Das gilt jedenfalls dann, wenn man das Marktrisiko in einem *weiteren Sinne* versteht und damit nicht nur unbeeinflussbare Fehl*entwicklungen* am Markt[26], sondern auch beeinflussbare Fehl*entscheidungen* am Markt[27] erfasst. **Zum anderen: Nach dem Kompensationsgedanken ist die Abwälzung[28] des Markt*risikos* wirksam, wenn und soweit dem Arbeitnehmer korrespondierende Markt*chancen* eingeräumt bzw. belassen werden.** Zwar kann der Richter die Ausgewogenheit vertraglich zugewiesener Risiken und Chancen am Markt nur schwer beurteilen.[29] Jedoch kann zur Beurteilung der Marktöffnung eines Arbeitsvertrages eine Anleihe bei der Vertrags*wahl*kontrolle genommen und auf das von *Wank* propagierte „duale System der Erwerbstätigkeit" zurückgegriffen werden.[30] Danach stehen sich der Prototyp des Arbeitnehmers und der Prototyp des Selbständigen gegenüber. Aufgrund seiner Vertragsgestaltung verfügt der **Prototyp des Arbeitnehmers** über keinerlei unternehmerischen Entscheidungsspielraum und kann deshalb auch keinerlei unternehmerische Chancen am Markt wahrnehmen. Als Ausgleich befreit ihn das Gesetz von sämtlichen Marktschwankungen.[31] Zu einem weitgehenden Kontinuitätsschutz trägt dabei insbesondere die Gewährung eines reinen *Fest*lohns bei.[32] Der **Prototyp des Selbständigen** hingegen verfügt aufgrund seiner Vertragsgestaltung über vollen unternehmerischen Entscheidungsspielraum und kann daher volle Chancen am Markt wahrnehmen. Im Gegenzug darf ihm über einen reinen *Provisions*lohn das gesamte Marktrisiko zugewiesen werden. Vor diesem Hintergrund kann zunächst als grobe Marschroute ausgegeben werden: Je näher ein Arbeitsvertrag dem Vertrag eines Selbständigen kommt, umso größer sind die Marktchancen des Arbeitnehmers (= desto größer ist die Marktöff-

---

25 Sofern der Arbeitgeber wirtschaftlich unvernünftig agiert – etwa weil er den Arbeitnehmer „rausekeln" möchte –, kann der Arbeitnehmer sich nach §§ 162 I, 315 III BGB zur Wehr setzen. Dazu ausführlich unten S. 12 ff.

26 Etwa: verstärkte Konkurrenz, verschlechterte Gesamtwirtschaftslage oder schwindende Kaufkraft möglicher Käufer.

27 Etwa: sich nachträglich als ungeschickt erweisende Preispolitik, sich nachträglich als ungeschickt – weil nicht „einschlagend" – erweisende Werbung.

28 Das Marktrisiko ist grundsätzlich dem Arbeitgeber zugewiesen. Dazu unten S. 86 f.

29 *Griebeling*, RdA 1998, 208 (214) hält die Beurteilung gar für unmöglich.

30 Dazu ausführlich unten S. 96 ff.

31 So im Anschluss an *Wank*: LAG Hamm v. 16.10.1989, ZIP 1990, 880 (Leitsatz 1).

32 So im Anschluss an *Wank*: LAG Hamm v. 16.10.1989, ZIP 1990, 880 (Leitsatz 1).

nung des Vertrages) und desto höher darf der Provisionsanteil am Gesamtlohn ausfallen. Oder anders gewendet: Je unternehmerähnlicher ein Arbeitnehmer aufgrund seiner Vertragsgestaltung erscheint, desto unternehmerähnlicher darf er entlohnt werden.

II. Einstiegsfall

Außendienstler A verkauft das Produkt P. Laut seinem vom Arbeitgeber vorformulierten und ausdrücklich als solchem bezeichneten „*Arbeits*vertrag“[33] erhält A ein unverrechenbares monatliches Fixum von € 2.000.[34] Je verkauftem Produkt wird A eine Absatzprovision von € 50 gewährt.
Die Rückschau über einen Referenzzeitraum von zwei Jahren erweist, dass A im Monatsdurchschnitt 40 Produkte verkaufen konnte. Sein durchschnittlicher monatlicher Provisionslohn beträgt daher € 2.000. Der durchschnittliche Gesamtlohn des A beläuft sich auf € 4.000. Dabei handelt es sich um einen Mischlohn, der sich zu jeweils 50% aus einem Festlohnanteil und einem Provisionsanteil zusammensetzt. Diese Mischlohnzusammensetzung wird durch die arbeitsvertragliche Quotelungsbestimmung verkörpert. Sie lautet auf 50:50.
Mit seiner – durchschnittlichen – Gesamtlohn*höhe* von monatlich € 4.000 ist A durchaus zufrieden. Eine Lohnwucherkontrolle nach § 138 II BGB würde in seiner „Einkommensregion“ auch offensichtlich scheitern.[35] Der ängstliche A sorgt sich aber um seine Gesamtlohn*quotelung*. Er befürchtet, dass irgendwann schlechte(re) Zeiten anbrechen könnten, in denen sich das von ihm vertretene Produkt nur noch schwer am Markt wird absetzen lassen. Für den „Fall der Fälle“ hätte A gerne einen höheren *Fest*lohn sicher.
Überhaupt ist A der Meinung, dass es „unfair“ sei, dass er die Hälfte seines Gesamtlohns über entsprechende Absatzerfolge erwirtschaften muss. Als Arbeitnehmer schulde er schließlich nur die Arbeits*leistung* und nicht den Arbeits*erfolg*. Über den Provisionsanteil sei ihm (dem A) ein Arbeitserfolgsrisiko zugewiesen, das nach der gesetzlichen Risikonormalverteilung sein Arbeitgeber allein tragen müsste. Ihn (den A) durch einen vorformulierten Arbeitsvertrag mit Teilen des arbeitgeberischen Marktrisikos zu belasten, sei allenfalls insoweit zulässig, als er als Außendienstler entsprechende „Freiheiten“ in Sachen Arbeits(zeit)einteilung genieße und insofern trotz seiner an sich abhängigen Beschäftigung als „unternehmerähnlich“ erscheine. Eine 50%ige Zuweisung des Marktrisikos gehe indes entschieden zu weit. Bei seiner Vertragsgestaltung dürften ihm – was zutrifft – allenfalls 20% des Marktrisikos auferlegt werden.

---

[33] Dazu ausführlich unten S. 17 ff.

[34] Zur Vereinfachung wird in der gesamten Arbeit nicht zwischen Brutto- und Nettowerten unterschieden.

[35] Dazu ausführlich unten S. 10 ff.

Nach erfolglosen Umquotelungsverhandlungen mit seinem Arbeitgeber erhebt A gemäß § 256 I ZPO[36] Klage vor dem Arbeitsgericht[37], mit dem Antrag festzustellen, dass ihm – unter Wahrung seiner Gesamtlohnhöhe – künftig ein Festlohn von € 3.200 (80% von € 4.000) zu zahlen sei.[38] Sein Feststellungsbegehren stützt A auf die Regelungen zur AGB-rechtlichen Angemessenheitskontrolle in §§ 305 – 310 BGB. Die vorliegende Arbeit soll zeigen, dass es begründet ist.

B. Wahl des Kontrollinstruments

Den Weg zu einem geeigneten Kontrollansatz für die Quotelungskontrolle weist eine Entscheidung des LAG Hamm.[39] Diese Entscheidung ist sehr ausführlich und gewissenhaft begründet.[40] Das LAG Hamm fährt jedes – damals[41] – zur Verfügung stehende Kontrollgeschütz auf. Man beachte nur die stattliche Paragraphenauflistung über dem Urteilsabdruck.[42] Anders als die meisten mit dem Thema befassten Gerichte gelangt das LAG Hamm *auch ohne Berücksichtigung der Entgelthöhe* zur Unwirksamkeit eines reinen Provisionslohns. Dieses Ergebnis konnte das Gericht nur erzielen, indem es lediglich hilfsweise auf den Gedanken der Sittenwidrigkeit und primär auf allgemeine Überlegungen zum Rechtsform- und Vertragsinhaltszwang abstellt.[43] In der Vereinbarung eines – zumindest reinen – Provisionslohns erblickt das LAG Hamm[44] die Schaffung einer gesetzlich nicht vorgesehenen Mischform zwischen Arbeits- und Werkvertrag. Bereits in Leitsatz 1 führt das LAG Hamm[45] aus:

---

36 Sämtliche in dieser Arbeit zitierten Normen der ZPO sind im Urteilsverfahren vor den Arbeitsgerichten über § 46 II 1 ArbGG entsprechend anwendbar.

37 Die Arbeitsgerichte sind nach §§ 2 I Nr. 3 a), 8 I, 46 I ArbGG im Urteilsverfahren für die Quotelungskontrolle zuständig.

38 Die Anhebung des Festlohns auf € 3.200 kann *unter weitestgehender Wahrung der Gesamtlohnhöhe* geschehen, indem auf das unverrechenbare Fixum von € 2.000 eine verrechenbare Provisionsgarantie von € 1.200 „aufgesattelt" wird. Zur Umquotelung eines Gesamtlohns nach erfolgreicher Quotelungskontrolle siehe unten S. 151 ff.

39 v. 16.10.1989, ZIP 1990, 880.

40 So auch die Einschätzung von: *Gaul*, ZIP 1990, 889 und *Schiek*, BB 1997, 310 (312).

41 Deswegen eben nicht § 307 BGB.

42 §§ 138, 162, 242, 315, 611, 612 BGB; §§ 59, 65 HGB; Art. 12, 20, 28 GG.

43 *Wank*, EWiR § 138 BGB 9/90, 645 f. Die Einordnung der Entscheidung in der EWiR unter § 138 BGB beruht vermutlich auf der Tatsache, dass sich der vornehmlich bemühte Gedanke des Rechtsformzwangs normativ schlecht verankern lässt. Die hilfsweisen Ausführungen des Gerichtes zu § 138 BGB finden sich auf S. 886 ff. Zur Sittenwidrigkeit der Entgeltgestaltung (Leitsatz 2) gelangt auch das LAG Hamm (S. 888) nur unter Berücksichtigung der besonderen Umstände des Einzelfalles („Vertragsdiktat" und „insgesamt rücksichtlose Vertragsgestaltung").

44 v. 16.10.1989, ZIP 1990, 880 (884).

45 v. 16.10.1989, ZIP 1990, 880.

> „Der durch arbeitsrechtliche Sondergesetze und richterliche Rechtsfortbildung besonders ausgeformte Typ des Arbeitsvertrages befreit den abhängig Beschäftigten von den von ihm nicht beeinflussbaren Marktschwankungen und gewährleistet so – als Ausgleich für den Ausschluss eigener unternehmerischer Chancen – einen weitgehenden Existenz- und Kontinuitätsschutz. Es stellt daher eine mit dem *Leitbild des Arbeitsvertrages*[46] unvereinbare *Überwälzung des unternehmerischen Marktrisikos*[47] dar, wenn ausschließlich ein bestimmter Arbeitserfolg entlohnt wird, ohne dass dem Arbeitnehmer im Fall des Nichterfolges für seine ordnungsgemäß geleisteten Dienste eine Vergütung garantiert wird."

Das LAG Hamm verwendet die Begriffe *„Leitbild"* und *„Überwälzung des unternehmerischen Marktrisikos"*. Die Schlagworte „Leitbild des Dispositivrechts" und „unangemessene Risikoüberwälzung" sind bestens aus dem Bereich der AGB-Kontrolle nach § 307 BGB bekannt. Auffällig ist zudem, dass unmittelbar nach Verneinung der Anwendbarkeit der AGB-Kontrolle wegen § 23 I AGBG[48] unter dem Aspekt des Rechtsform- und Vertragsinhaltszwangs Überlegungen angestellt werden,[49] die das Gericht heutzutage ohne weiteres bei § 307 BGB verorten könnte – und wohl auch würde. Denn der Aspekt der gerechten Risikoverteilung spielt seit jeher eine hervorragende Rolle bei der AGB-rechtlichen Angemessenheitskontrolle.[50]
Die – soweit ersichtlich – einzigen, die den vom LAG Hamm gewiesenen Weg zu Ende gehen und § 307 BGB bzw. dessen Vorgänger § 9 AGBG ausdrücklich als Aufhänger einer – wenn auch nicht so bezeichneten – Quotelungskontrolle benennen, sind *Rieble* und *Gutzeit*.[51] Das ist umso beachtlicher, als ihr Verweis auf § 9 AGBG zu einer Zeit erfolgte, in der die Norm infolge der Bereichsausnahme des § 23 I AGBG im Arbeitsvertragsrecht noch gar keine – unmittelba-

---

46 Hervorhebung vom Verfasser.

47 Hervorhebung vom Verfasser.

48 LAG Hamm v. 16.10.1989, ZIP 1990, 880 (883). Nach § 23 I AGBG galt vor dem Gesetz zur Modernisierung des Schuldrechts v. 26.11.2001, BGBl. I, 3138 eine Bereichsausnahme für das Arbeitsrecht. Das Gesetz zur Regelung des Rechts der Allgemeinen Geschäftsbedingungen (AGB-Gesetz) wurde mit Inkrafttreten des Schuldrechtsmodernisierungsgesetzes und damit der materiellen Nachfolgeregelungen der §§ 305-310 BGB aufgehoben (BGBl. I, 3187). An die Stelle der Bereichs*ausnahme* trat über § 310 IV 2 BGB eine Bereichs*einschränkung*. So: *Lingemann*, NZA 2002, 181 (182). *Reuter*, 50 Jahre BAG, S. 177 bezeichnet § 310 IV 2 BGB als „Angstklausel".

49 LAG Hamm v. 16.10.1989, ZIP 1990, 880 (884 ff.).

50 Statt aller: ErfK/*Preis* §§ 305-310 BGB, Rdnr. 49; Staudinger/*Coester* § 9 AGBG, Rdnr. 119.

51 *Rieble*, NZA 2000, Sonderbeilage zu Heft 3, 34 (44); *Rieble/Gutzeit*, JbArbR 37 (2000), 41 (52 f.). Demgegenüber möchte *Wank*, Anm. zu BAG v. 19.01.2000, RdA 2002, 112 (114 ff.) auf § 138 BGB abstellen. Dazu ausführlich unten S. 10 ff.

re[52] – Anwendung fand. *Riebles*[53] Ausführungen sind trotz ihrer Kürze grundlegend. Sie sollen daher im Originalwortlaut[54] wiedergegeben werden:

> „Ein Fragezeichen ist aus Sicht der Angemessenheitskontrolle solcher Klauseln gleichwohl angebracht: § 615 BGB erlegt dem Arbeitgeber das Verwendungsrisiko für die Arbeitsleistung auf. § 9 II Nr. 1 AGBG schützt sonst effektiv vor der gewillkürten Verlagerung solcher durch Gefahrtragungsregeln zugewiesener Risiken, etwa den Werkunternehmer vor einer Verschärfung seiner Vergütungsgefahr über §§ 644 f. BGB hinaus. Im Prinzip wird man auch § 615 BGB einen AGB-festen Kern entnehmen können, was dann entsprechend auf die Kontrolle allgemeiner Arbeitsbedingungen durchschlägt und mithin die *Überwälzung des Arbeitserfolgsrisikos*[55] auf den Arbeitnehmer begrenzt. Letztlich ist es auch schwer einsehbar, dass das Betriebs- und Wirtschaftsrisiko als Beschränkung der Arbeitnehmerhaftung nicht allgemein abbedungen werden kann, dass aber das den primären Entgeltanspruch treffende unmittelbare Verwendungsrisiko des Arbeitgebers auf den Arbeitnehmer überwälzt werden kann. *So ließe sich die Erfolgsabhängigkeit der Vergütung auf einen Prozentsatz des Gesamtentgelts beschränken.*[56] Man muss sich aber im Klaren darüber sein, dass auf diese Weise nicht bloß unternehmens- oder abteilungsbezogene, also „überindividuelle" Entgeltbestandteile zu begrenzen wären. Vielmehr gilt der Grundgedanke ebenso für individuell prämierte Arbeitserfolge, etwa den Stücklohn. *Soweit es um die Provision des angestellten Handelsvertreters geht, prallen zwei „Leitbilder" aufeinander: § 615 BGB versus § 65 HGB. Insofern kann man auch nicht einwenden, die Provision spiegele ausschließlich die individuelle Leistung des Arbeitnehmers wider. Produktqualität und Werbung wirken sich ebenso aus wie die Abschlussleistung des Arbeitnehmers.*[57] Am Beispiel: Geht der Umsatz aufgrund einer schockierenden Werbung zurück – wie im Fall Benetton –, so ist zu fragen, ob der Arbeitnehmer die umsatzabhängigen Entgeltfolgen hierfür zu tragen hat. *Die richtige Antwort liegt meines Erachtens in einer Begrenzung des erfolgsabhängigen Anteils, also in einem qua Klauselkontrolle garantierten Fixum.*[58]"

---

52 Für eine Analogie fehlte richtigerweise die planwidrige Regelungslücke. Allerdings wurden einige Regelungen des AGBG als „Ausprägung allgemeiner Rechtsgedanken" sinngemäß auch auf Arbeitsverträge angewendet oder ein zumindest ähnlicher Schutz über die Generalklauseln der §§ 134, 138, 242, 315 BGB erreicht. Siehe zu alledem nur: BAG v. 13.12.2001, NZA 2001, 723 sowie *Lingemann*, NZA 2002, 181 (182); ErfK/*Preis* §§ 305-310 BGB, Rdnr. 1 ff. und *Gotthardt*, Arbeitsrecht, Rdnr. 230 ff. jeweils mwN.

53 NZA 2000, Sonderbeilage zu Heft 3, 34 (44).

54 Die Fußnoten aus dem Originaltext werden weggelassen. *Riebles* Gesetzeszitate beziehen sich – selbstverständlich – auf den Stand *vor* der Schuldrechtsreform.

55 Hervorhebung vom Verfasser.

56 Hervorhebung vom Verfasser.

57 Hervorhebung vom Verfasser.

58 Hervorhebung vom Verfasser.

C. Zusammenspiel mit anderen Kontrollinstrumenten

Die Quotelungskontrolle ist kein Allheilmittel. Die komplexen Belange eines – teilweise – provisionsentlohnten Arbeitnehmers können nur über die kumulative Anwendung verschiedener Kontrollinstrumente hinreichend gewahrt werden. Insofern muss zwischen einer Vertragsinhaltskontrolle aus der ex-ante-Perspektive und einer „Kontrolle der Einflussnahme des Arbeitgebers auf Vergütungsparameter („Quasi-Ausübungskontrolle")"[59] aus der ex-post-Perspektive unterschieden werden.[60] Für die Vertragsinhaltskontrolle kann neben der – hier im Vordergrund stehenden – Angemessenheitskontrolle nach § 307 BGB an die Sittenwidrigkeitskontrolle nach § 138 BGB gedacht werden. Für die (Quasi-) Ausübungskontrolle kommt zum einen § 315 BGB und zum anderen § 162 BGB in Betracht.

I. Sittenwidrigkeitskontrolle (§ 138 BGB)

Bei arbeitsvertraglichen Mischlöhnen wird § 138 BGB in zweierlei Hinsicht bedeutsam: Einerseits kann § 138 BGB zur Kontrolle des Verhältnisses von Leistung und Gegenleistung herangezogen werden.[61] Andererseits kann § 138 BGB zur Kontrolle des Verhältnisses von Entgeltrisiken und Entgeltchancen verwendet werden.[62] So möchte etwa *Wank*[63] unter dem Gesichtspunkt des Risiko-Chancen-Ausgleichs eine Quotelungskontrolle über § 138 BGB durchführen. In beiden Einsatzgebieten ist § 138 BGB allerdings mit Vorsicht zu gebrauchen,[64] obwohl bislang die meisten Judikate zur (Un-)Wirksamkeit arbeitsvertraglicher Provisionsabreden – zumindest hilfsweise – auf § 138 BGB gestützt wurden.[65] Für das *Verhältnis von Leistung und Gegenleistung* kann vor allem an den Wuchertatbestand des § 138 II BGB gedacht werden.[66] Zwar ist die Möglichkeit des

---

59 So die Formulierung bei: *Rieble/Gutzeit*, JbArbR 37 (2000), 41 (53).

60 So auch die Unterscheidung bei: *Rieble/Gutzeit*, JbArbR 37 (2000), 41 (47 ff. u. 53 ff.).

61 Dazu: *Rieble/Gutzeit*, JbArbR 37 (2000), 41 (47 f.).

62 Dazu: *Rieble/Gutzeit*, JbArbR 37 (2000), 41 (48 ff.).

63 Anm. zu BAG v. 19.01.2000, RdA 2002, 112 (114 ff.).

64 Ebenso: *Rieble/Gutzeit*, JbArbR 37 (2000), 41 (47 ff.).

65 Siehe nur: RG v. 26.11.1909, JW 1910, 5; RAG v. 02.11.1929, ARS 7, 319; RAG v. 08.12.1937, ARS 31, 381; BAG v. 10.03.1960, AP Nr. 2 zu § 138 BGB; v. 20.06.1989, BB 1989, 2333; BAG v. 10.10.1990, NJW 1991, 860; LAG Stuttgart v. 23.01.1952, DB 1952, 231; LAG Hamm v. 03.10.1979, DB 1980, 597; LAG Berlin v. 03.11.1986, AP Nr. 14 zu § 65 HGB = DB 1987, 1899; LAG Hamm v. 16.10.1989, ZIP 1990, 880 = EWiR § 138 BGB 9/90, 645. Zu selbständigen Handelsvertretern siehe: *Evers*, BB 1992, 1365 (1366 ff.).

66 Beachte auch den inhaltsgleichen § 291 I 1 StGB, der über § 134 BGB zur Unwirksamkeit einer Entgeltabrede führen kann.

arbeitsvertraglichen Lohnwuchers grundsätzlich anerkannt und lediglich in den Details umstritten.[67] Jedoch ist bei Mischlöhnen eine gewisse Zurückhaltung geboten. Jedenfalls unzureichend für die Annahme eines sittenwidrigen reinen Provisionslohns ist die bloß abstrakte „Gefahr einer ‚Nullrunde'".[68] Außerdem darf es nicht auf den Verdienst in „schlechten Monaten", sondern es muss auf den ex ante zu prognostizierenden Durchschnittslohn ankommen.[69] Die Sittenwidrigkeit des Verhältnisses von Arbeits*leistung*[70] und Gesamtlohnhöhe kann daher richtigerweise erst angenommen werden, wenn der Arbeitnehmer auf Grundlage der Provisionsordnung selbst bei gehöriger Anstrengung kein vernünftiges Auskommen erlangen konnte (Stichwort: „Hungerprovision").[71] Die Beweislast liegt insofern beim Arbeitnehmer.[72] Außerdem muss die subjektive Komponente des § 138 II BGB („Ausbeutung der Zwangslage, der Unerfahrenheit, des Mangels an Urteilsvermögen oder der erheblichen Willensschwäche") beachtet werden, auch wenn die Rechtsprechung hier bisweilen sehr großzügig verfährt.[73]

Für das *Verhältnis von Entgeltrisiken und Entgeltchancen* muss § 138 BGB ebenso zurückhaltend gehandhabt werden. Insbesondere gilt es zu beachten, dass § 307 BGB im Rahmen seines Schutzzwecks lex specialis zu § 138 BGB ist.[74] Denn der Maßstab der (Un-)Angemessenheit ist deutlich strenger als der der Sittenwidrigkeit.[75] Zwar findet sich mitunter die Aussage, es sei bereits sittenwidrig, den Arbeitnehmer über einen – reinen – Provisionslohn mit dem Betriebs- und Wirtschaftsrisiko des Arbeitgebers zu belasten.[76] In dieser Pauschalität ist das jedoch nicht haltbar.[77] Denn ein Sittenwidrigkeitsurteil muss sich stets auf Verstöße gegen die Grundlagen der Rechts- und Sittenordnung beschrän-

---

67 Umfassend zur Sittenwidrigkeitskontrolle von Niedrig(st)löhnen: *Franke*, Lohnwucher, S. 61 ff.

68 *Rieble/Gutzeit*, JbArbR 37 (2000), 41 (48).

69 *Rieble/Gutzeit*, JbArbR 37 (2000), 41 (49).

70 Der – ungeschuldete – Arbeits*erfolg* steht nicht im arbeitsvertraglichen Äquivalenzverhältnis. Siehe unten S. 51 u. 131 f.

71 RAG v. 08.12.1937, ARS 31, 381 (384 f.); BAG v. 03.10.1960, AP Nr. 2 zu § 138 BGB; v. 28.06.1965, AP Nr. 3 zu § 614 BGB Gehaltsvorschuss; *Rieble*, NZA 2000, Sonderbeilage zu Heft 3, 34 (43); *Rieble/Gutzeit*, JbArbR 37 (2000), 41 (49); *Schiek*, BB 1997, 310 (312).

72 BAG v. 03.11.1986, AP Nr. 14 zu § 65 HGB; MünchArbR/*Kreßel* § 68, Rdnr. 5.

73 *Rieble/Gutzeit*, JbArbR 37 (2000), 41 (51) mN aus der Rspr.

74 Palandt/*Heinrichs* Vorb v § 307, Rdnr. 16.

75 Statt aller: BGH v. 18.09.1997, ZIP 1997, 1957 (1960) sowie sogleich Fn. 77.

76 BAG v. 10.10.1990, NJW 1991, 860 (861); LAG Hamm v. 16.10.1989, ZIP 1990, 880 (886 u. bereits Leitsatz 2); LAG Berlin v. 17.02.1997, NZA-RR 1997, 371 (372); *Wank*, Anm. zu BAG v. 19.01.2000, RdA 2002, 112 (115).

77 *Rieble*, NZA 2000, Sonderbeilage zu Heft 3, 34 (43); *Rieble/Gutzeit*, JbArbR 37 (2000), 41 (48 ff.).

ken.[78] Soweit die Gerichte den legitimen Anwendungsbereich des § 138 BGB nicht verlassen und eine verdeckte *Angemessenheits*kontrolle durchgeführt haben, mussten sie deshalb zu dem Ergebnis gelangen, dass selbst ein reiner Provisionslohn in einem Arbeitsvertrag nicht *per se* sittenwidrig ist.[79] Sittenwidrigkeit konnte *ohne weiteres* erst angenommen werden, wenn nicht nur kein Festlohn, sondern gar eine Verlustbeteiligung vereinbart wurde.[80] Ansonsten mussten stets die besonderen Umstände des Einzelfalles – insgesamt nach Inhalt, Zweck und Beweggründen rücksichtslose Vertragsgestaltung? – berücksichtigt werden.[81] Richtigerweise gilt: § 138 BGB ist das einzig legitime Kontrollinstrument, wenn es um Fragen der Entgelt*höhe* geht.[82] Denn arbeitsvertragliche Entgelthöhebestimmungen sind der AGB-Kontrolle über die Schrankenvorschrift des § 307 III 1 BGB entzogen. In Fragen der Entgelt*risikoverteilung* muss die Sittenwidrigkeitskontrolle hingegen auf ihren funktionsgerechten Kern zurückgeführt werden.[83] Vorrangig ist auf § 307 BGB abzustellen.[84] Nur bei einer Quotelungsbestimmung in Gestalt einer „echten" Individualabrede[85] kann und muss § 138 BGB herangezogen werden. Mit einem Sittenwidrigkeitsurteil ist dann freilich sparsam umzugehen.

II. Billigkeitskontrolle (§ 315 BGB)

Der Vereinbarung eines Mischlohns ist es immanent, dass dem Arbeitnehmer die – teilweise – Erfolgsabhängigkeit nicht nur zum Vorteil, sondern gleichsam zum Nachteil gereichen kann.[86] Eine Schmälerung des Provisionslohns kann dabei naturgemäß auch auf Einflüsse aus der Arbeit*geber*sphäre zurückgehen.[87]

---

[78] *Fastrich*, Inhaltskontrolle, S. 18 ff.; *Feuerborn*, Sachliche Gründe, S. 67 ff.; Palandt/*Heinrichs* § 138, Rdnr. 1 f.; *Preis*, Vertragsgestaltung, S. 176.

[79] RAG v. 02.11.1929, ARS 7, 319 (Leitsatz); LAG Stuttgart v. 23.01.1952, DB 1952, 231; LAG Berlin v. 03.11.1986, AP Nr. 14 zu § 65 HGB = DB 1987, 1899; *Rieble*, NZA 2000, Sonderbeilage zu Heft 3, 34 (43); *Rieble/Gutzeit*, JbArbR 37 (2000), 41 (48).

[80] RG v. 26.11.1909, JW 1910, 5; BAG v. 10.10.1990, NJW 1991, 860; *Rieble*, NZA 2000, Sonderbeilage zu Heft 3, 34 (43); *Rieble/Gutzeit*, JbArbR 37 (2000), 41 (51) mit dem Hinweis, dass in diesem Fall auch weniger die Entgeltvereinbarung als vielmehr „die Garantiehaftung des Arbeitnehmers für Verluste" als sittenwidrig eingestuft wurde.

[81] LAG Stuttgart v. 23.01.1952, DB 1952, 231; LAG Berlin v. 03.11.1986, AP Nr. 14 zu § 65 HGB = DB 1987, 1899; BAG v. 20.06.1989, BB 1989, 2333; LAG Hamm v. 16.10.1989, ZIP 1990, 880 (888); *Schiek*, BB 1997, 310 (312).

[82] ErfK/*Preis* § 611 BGB, Rdnr. 412; *Preis*, Vertragsgestaltung, S. 177. Umfassend zur Sittenwidrigkeitskontrolle von Niedrig(st)löhnen: *Franke*, Lohnwucher, S. 61 ff.

[83] Allgemein: ErfK/*Preis* §§ 305-310 BGB, Rdnr. 5.

[84] So auch: *Rieble/Gutzeit*, JbArbR 37 (2000), 41 (47 ff.).

[85] Dazu ausführlich unten S. 32 ff.

[86] *Rieble*, NZA 2000, Sonderbeilage zu Heft 3, 34 (44).

[87] *Rieble*, NZA 2000, Sonderbeilage zu Heft 3, 34 (44).

§ 315 BGB (analog) erlaubt insofern keine – monatliche oder jährliche – „Ergebniskontrolle“ dergestalt, dass negative Einflüsse aus der Arbeitgebersphäre nachträglich von negativen Einflüssen aus der Arbeitnehmersphäre geschieden werden.[88] Das haben *Rieble* und *Gutzeit* überzeugend dargelegt.[89]
Direkte Anwendung findet § 315 BGB bei der Ausübung einseitiger Leistungsbestimmungsrechte. Die Norm steht in Zusammenhang mit dem schuldrechtlichen Bestimmtheitserfordernis.[90] Die Billigkeitskontrolle setzt einen unvollständigen und ausfüllungsbedürftigen Vertrag voraus.[91] Eine geschuldete Leistung darf im Zeitpunkt des Vertragsschlusses noch nicht bestimmt und einer Partei muss das *Recht* zur Konkretisierung der unbestimmt gebliebenen Leistung eingeräumt worden sein.[92]
Mit den direkten Anwendungsfällen des § 315 BGB deckt sich die Situation bei einer – teilweisen – Provisionsentlohnung nur insofern, als die vertraglich geschuldete Leistung des Arbeitgebers (Entgeltzahlung) im Zeitpunkt des Vertragsschlusses lediglich in Höhe des Festlohns feststeht, während die Höhe des Provisionslohns zunächst ungewiss bleibt. Trotzdem fehlt die für einen Analogieschluss erforderliche Vergleichbarkeit der Interessenlagen. Denn die Billigkeitskontrolle nach § 315 BGB beruht auf dem Gedanken *rechtsgeschäftlicher* Fremdbestimmung.[93] Damit ist die *faktische* Abhängigkeit erfolgsmäßiger Entlohnung (auch) von Faktoren in der Arbeitgebersphäre nicht vergleichbar.[94] An die Stelle eines Konkretisierungs*rechts* des Arbeitgebers tritt bei einem – teilweisen – Provisionslohn eine Bedingungs*automatik* (Eintritt entsprechender Absatz- oder Vermittlungserfolge).[95] Die Arbeitsvertragsparteien legen die das Ergebnis bestimmenden Parameter („Provisionsordnung“) gemeinsam und abschließend fest. Die Leistungsbestimmung erfolgt nicht nachträglich durch *eine* Partei, sondern durch *beide* Parteien – und zwar schon im Zeitpunkt des Vertragsschlusses. Die vertragliche Mischlohnvereinbarung wird durch Bedingungseintritt und automatische Vergütungsbemessung lediglich „verwirklicht“.[96]
An eine analoge Anwendung des § 315 BGB könnte man allenfalls in den Fällen denken, in denen der Arbeitgeber sich „durch gezielte Beeinflussung der Er-

---

[88] *Rieble*, NZA 2000, Sonderbeilage zu Heft 3, 34 (44).
[89] *Rieble*, NZA 2000, Sonderbeilage zu Heft 3, 34 (44); *Rieble/Gutzeit*, JbArbR 37 (2000), 41 (57).
[90] *Feuerborn*, Sachliche Gründe, S. 57.
[91] *Feuerborn*, Sachliche Gründe, S. 59.
[92] *Fastrich*, Inhaltskontrolle, S. 15; *Feuerborn*, Sachliche Gründe, S. 57.
[93] *Rieble*, NZA 2000, Sonderbeilage zu Heft 3, 34 (44).
[94] *Rieble*, NZA 2000, Sonderbeilage zu Heft 3, 34 (44); *Rieble/Gutzeit*, JbArbR 37 (2000), 41 (57).
[95] *Rieble/Gutzeit*, JbArbR 37 (2000), 41 (46 u. 53).
[96] Aus diesem Grunde liegt auch keine Umgehung des vom KSchG gewährleisteten Vertragsinhaltsschutzes vor. Dazu: *Rieble/Gutzeit*, JbArbR 37 (2000), 41 (53).

folgsparameter ein Bestimmungsrecht praktisch anmaßt".[97] Insofern fehlt es mit Blick auf den anschließend zu erörternden § 162 I BGB allerdings schon an einer planwidrigen Regelungslücke.[98]
Dass dem Arbeitgeber angesichts der Bedingungsautomatik kein *unmittelbar entgeltbezogenes (= betragsmäßiges)* Konkretisierungsrecht zusteht, bedeutet freilich nicht, dass § 315 BGB im Zusammenhang mit einer – teilweisen – Provisionsentlohnung keinerlei Bedeutung erlangt. Immerhin steuert der Arbeitgeber die Absatz- oder Vermittlungstätigkeit des Arbeitnehmers im Wege des Direktionsrechts. Und das arbeitgeberische Direktionsrecht kann stets nur in den Grenzen des Arbeitsvertrages und der Billigkeit ausgeübt werden.[99] Gerade im „provisionsrelevanten" Bereich werden Veränderungen der Arbeitsbedingungen (z.B. Veränderungen des Warensortiments oder die Zuteilung eines neuen Verkaufgebiets) aufgrund des Direktionsrechts sogar nur bei entsprechenden Änderungsvorbehalten im Arbeitsvertrag zulässig sein. So fand sich in dem einer Entscheidung des BAG[100] zugrunde liegenden Arbeitsvertrag folgende Bestimmung:

> „Die Firma behält sich vor, das Verkaufsgeschäft zu organisieren, insbesondere das Verkaufsgebiet, in dem der Angestellte tätig ist, festzulegen, abzugrenzen bzw. zu ändern und nach eigenem Ermessen durch weitere oder andere Angestellte bearbeiten zu lassen. Die Firma ist berechtigt, dem Angestellten auch andere, seinen Kenntnissen und Fähigkeiten entsprechende Aufgaben zu übertragen oder ihn an einen anderen zumutbaren Arbeitsplatz oder Tätigkeitsort zu versetzen."

Ein solcher „provisionsrelevanter" Änderungsvorbehalt muss – seine wirksame Vereinbarung unterstellt[101] – nach § 315 BGB stets in den Grenzen der Billigkeit ausgeübt werden.[102] Tendenziell dürfte nichts gegen eine billige Ausübung spre-

---

97 *Rieble/Gutzeit*, JbArbR 37 (2000), 41 (57).
98 *Rieble/Gutzeit*, JbArbR 37 (2000), 41 (57).
99 Zu den Grenzen des Direktionsrechts (*Arbeitsvertrag*, Billigkeit, Gesetz, Kollektivvereinbarung) siehe nur: BAG v. 12.12.1984, DB 1985, 1240 (1241); v. 07.12.2000, NZA 2001, 780 (781). Vgl. außerdem § 106 S. 1 GewO.
100 v. 11.11.1981 – 5 AZR 723/79 (Juris).
101 Änderungsvorbehalte des Arbeitgebers sind trotz der Möglichkeit einer späteren Ausübungskontrolle nach § 315 BGB selbst Gegenstand der vorrangigen (!) Inhaltskontrolle nach §§ 308 Nr. 4, 307 BGB: BGH v. 21.12.1983, BGHZ 89, 206 (213); v. 26.11.1984, BGHZ 93, 29; ErfK/*Preis* §§ 305-310 BGB, Rdnr. 8; *Gotthardt*, Arbeitsrecht, Rdnr. 292 f.; MünchKomm-BGB/*Gottwald* § 315, Rdnr. 9. Die Inhaltskontrolle nach §§ 308 Nr. 4, 307 BGB kann dabei zu dem Ergebnis führen, dass der Arbeitgeber sich überhaupt kein wirksames einseitiges Leistungsbestimmungsrecht *vorbehalten* hat.
102 Daneben ist zu beachten, dass vorbehaltene Änderungen der Arbeitsbedingungen Rechte des Betriebsrats auslösen können. So kann die Veränderung der Provisionsbedingungen eine Versetzung i.S.d. §§ 95, 99 BetrVG darstellen, wenn der Arbeitsbereich (z.B. Verkaufsgebiet oder Produktpalette) berührt ist. Dazu: BAG v. 02.04.1996, AP Nr. 34 zu § 95

chen, wenn die Änderungen der Arbeitsbedingungen zu höheren Absatz- oder Vermittlungsprovisionen führen.[103] Dagegen kann eine Veränderung der Arbeitsbedingungen nach § 315 BGB unwirksam sein, wenn damit Provisionseinbußen verbunden sind.

III. Vereitelungskontrolle (§ 162 BGB)

Als „äußerste Grenze" der – direkten – arbeitgeberseitigen Einflussnahme auf Vergütungsparameter kann nach einhelliger Ansicht § 162 I BGB herangezogen werden.[104] Die Norm wird der Bedingungsautomatik bei einem – teilweisen – Provisionslohn besser gerecht als § 315 BGB. Über § 162 I BGB bleibt der Arbeitnehmer zumindest vor zielgerichteten Manipulationen seines Arbeitgebers geschützt. Verhindert der Arbeitgeber wider Treu und Glauben[105] den Eintritt eines Absatz- oder Vermittlungserfolges, gilt die entsprechende Provision als verdient. Dagegen kann § 162 I BGB nicht weiter helfen, wenn sich ein – auch vom Arbeitgeber unbeherrschbares! – Marktrisiko verwirklicht.[106] Insofern muss sich der Arbeitnehmer auf die Quotelungskontrolle nach § 307 BGB verweisen lassen. Anders gewendet: Die Quotelungskontrolle nach § 307 BGB dient dazu, die vertragliche Verteilung des Arbeitserfolgsrisikos „unter die Lupe zu nehmen". Ist diese Risikoverteilung einmal für wirksam befunden oder durch eine erfolgreiche Quotelungskontrolle korrigiert worden, kann § 162 I BGB nicht dazu herangezogen werden, „an sich gerechtfertigte Risiken wegen nachträglich erkannter Unbilligkeit zu korrigieren".[107] Vielmehr besteht

> „die Aufgabe der Vorschrift (allein)[108] darin, die vom Vertrag gewollte Risikozuordnung dadurch zu verwirklichen, dass ein Bedingungseintritt[109], der formal dem Vertrag genügt, korrigiert wird, weil die konkrete Einflussnahme auf den Bedin-

---

BetrVG 1972; MünchArbR/*Kreßel* § 68, Rdnr. 68; *Schaub* § 76, Rdnr. 28. Dagegen besteht in solchen Fällen kein Mitbestimmungsrecht des Betriebsrats nach § 87 I Nr. 10 BetrVG. Dazu: BAG v. 16.07.1991, AP Nr. 49 zu § 87 BetrVG 1972 Lohngestaltung; MünchArbR/*Kreßel* § 68, Rdnr. 68.

103 BAG v. 11.11.1981 – 5 AZR 723/79 (Juris); MünchArbR/*Kreßel* § 68, Rdnr. 67.

104 LAG Hamm v. 16.10.1989, ZIP 1990, 880 (889); *Rieble*, NZA 2000, Sonderbeilage zu Heft 3, 34 (44); *Rieble/Gutzeit*, JbArbR 37 (2000), 41 (53 ff.); *Schnorr v. Carolsfeld*, SAE 1963, 28 (29).

105 Ausführlich zur – schwierigen – Konkretisierung des Treuwidrigkeitsmaßstabs: *Rieble/Gutzeit*, JbArbR 37 (2000), 41 (53 ff.) mit dem zutreffenden Hinweis, dass über § 162 I BGB jedenfalls keine umfassende „richterliche Unternehmensaufsicht" installiert werden dürfe.

106 *Rieble/Gutzeit*, JbArbR 37 (2000), 41 (54).

107 *Rieble/Gutzeit*, JbArbR 37 (2000), 41 (54).

108 Klammerersatz vom Verfasser.

109 Besser: Bedingungs*nicht*eintritt.

gungseintritt richtigerweise nicht von der vereinbarten Risikozuweisung gedeckt ist."[110]

§ 162 I BGB bietet also immerhin die Möglichkeit, eine nachträgliche – bei der Quotelungskontrolle zunächst als ökonomisch unvernünftig außer Acht gelassene[111] – „Arbeitgeberbosheit" zu korrigieren.

IV. Zusammenfassung

In der Zusammenschau all dieser Kontrollinstrumente genießt der Arbeitnehmer umfangreichen Schutz: Hat er sich über die Quotelungskontrolle nach § 307 BGB erst einmal auf einen höheren Festlohn(anteil) geklagt, wird der Arbeitgeber es sich zweimal überlegen, bevor er ihn um seine Absatz- oder Vermittlungserfolge bringt. Denn den erhöhten Festlohn muss der Arbeitgeber allemal zahlen. Er würde sich wirtschaftlich ins eigene Fleisch schneiden. Agiert der Arbeitgeber gezielt unökonomisch – etwa weil er den Arbeitnehmer loswerden möchte –, kann dem Arbeitnehmer über §§ 162 I, 315 III BGB geholfen werden. Wider Treu und Glauben vom Arbeitgeber verhinderte Absatz- oder Vermittlungserfolge gelten nach § 162 I BGB als erzielt. Versetzungen in ein anderes – wenig(er) lukratives – Absatz- oder Vermittlungsgebiet oder die Zuweisung einer anderen – kaum absetzbaren – Produktpalette können über § 315 III BGB für unbillig und damit unwirksam erklärt werden. Nur bei anfänglich „mieser" Vertragsgestaltung in Sachen Provisions- und Gesamtlohnhöhe können die obigen Instrumente dem Arbeitnehmer nicht dienlich sein. Bei geringem Provisions- und damit Gesamtlohn hilft allenfalls eine Sittenwidrigkeitskontrolle nach § 138 BGB (Stichwort: „Hungerprovision"). Ansonsten bleibt dem Arbeitnehmer lediglich die Trennung.

---

110 *Rieble/Gutzeit*, JbArbR 37 (2000), 41 (54 f.).
111 Siehe oben S. 4 f.

D. Eingrenzungen

I. Nur Kontrolle expliziter *Arbeits*verträge

Die Quotelungskontrolle lässt sich nur in einem feststehenden normativen Umfeld – sprich: bei feststehendem Vertragstypus – durchführen. Denn sie bedarf eines gesetzlichen Leitbildes (vgl. § 307 II Nr. 1 BGB). Plakativ formuliert: Handelt es sich um eine unwirksame Quotelungsbestimmung in dem Arbeitsvertrag eines Abhängigen? Oder handelt es sich um eine wirksame Quotelungsbestimmung in dem freien Dienstvertrag eines Selbständigen?[112]
An dieser Stelle droht ein Zirkelschluss.[113] Man könnte geneigt sein, einen Vertrag deswegen nicht als Arbeitsvertrag anzusehen, weil eine – teilweise – Provisionsentlohnung mit einem Arbeitsverhältnis unvereinbar wäre. Diese Gefahr besteht umso mehr, als sich Mischlohnklauseln zuvorderst in den Verträgen von Außendienstmitarbeitern finden. Die Verträge von Außendienstmitarbeitern gelten indes als Paradebeispiel zweifelhafter Grenzfälle[114] zwischen Arbeitsvertrag und freiem Dienstvertrag. Verringerte Weisungsgebundenheit und Überwachungsmöglichkeit, freie Arbeitszeiteinteilung[115] und fehlende räumliche Betriebseingliederung rücken das Beschäftigungsverhältnis des Außendienstlers in die Nähe des freien Dienstvertrages.[116]
Der Quotelungskontrolle als Unterfall der Vertrags*inhalts*kontrolle ist eine Vertrags*wahl*kontrolle vorzuschalten. Die Vertragswahlkontrolle sucht das gesetzliche Leitbild, die Vertragsinhaltskontrolle verwendet es.[117] Im Rahmen der Vertragswahlkontrolle hieße es, sich mit den oben angedeuteten Abgrenzungsproblemen auseinanderzusetzen. Die Klippen der Vertragswahlkontrolle werden für die Zwecke dieser Arbeit dadurch umschifft, dass nur solche Vertragswerke einer Quotelungskontrolle unterzogen werden, die von den Parteien explizit als „*Arbeits*vertrag" deklariert wurden. Insofern wird der – soweit ersichtlich – all-

---

[112] Selbständige Handelsvertreter i.S.d. § 84 I 2 HGB werden nach einhelliger Ansicht aufgrund freier Dienstverträge – und nicht etwa aufgrund eines Werkvertrages – tätig. Statt aller: Soergel/*Kraft* Vor § 611, Rdnr. 46; Staudinger/*Richardi* Vorbem zu §§ 611 ff, Rdnr. 52. Ihnen darf unproblematisch ein reiner Provisionslohn gezahlt werden.

[113] Vgl. *Tomandl*, Wesensmerkmale, S. 110.

[114] BAG v. 15.03.1978, DB 1978, 1035 (1036); *Fenn*, FS Bosch, S. 171 (177); *Seifert*, DB 1979, 2034. Als Pendant zu der gesetzlich anerkannten Figur der „arbeitnehmerähnlichen Person" spricht *Lieb*, ZVersWiss 1976, 207 (229 und dort Fn. 39) sowie DB 1976, 2207 (2208) im Hinblick auf Außendienstler gar von „unternehmerähnlichen Arbeitnehmern".

[115] Vgl. § 18 des Manteltarifvertrags für das private Versicherungswesen: „Eine bestimmte Arbeitszeit wird nicht festgelegt."

[116] Dazu: *Boemke*, ZfA 1998, 285 (302); *Jahnke*, ZHR 146 (1982), 595 (620) und *Lieb*, ZVersWiss 1976, 207 (215).

[117] *Maschmann*, Arbeitsverträge, S. 236.

gemeinen Auffassung in Rechtsprechung[118] und Schrifttum[119] gefolgt, die überspitzt in der Aussage mündet: „Wo Arbeitsvertrag draufsteht, ist auch Arbeitsvertrag drin."[120] Für die Vertragsqualifikation gebe allein die Vertragsüberschrift „*Arbeits*vertrag" den Ausschlag.[121] Auf den nachfolgenden Rechte- und Pflichtenteil des Vertragswerkes soll es dagegen ebenso wenig ankommen[122] wie auf eine von der Vertragsüberschrift abweichende Vertragsdurchführung.[123] Insofern wird argumentiert, dass die drohenden Restriktionen des Arbeitsrechts beiden Vertragsparteien – insbesondere dem Arbeitgeber als „Vertragsqualifizierer" – wohl bekannt sein dürften. Durch die Wahl der Vertragsüberschrift „*Arbeits*vertrag" gäben die Parteien zu erkennen, „dass der Vertrag unter die strengen Schutzvorschriften des Arbeitsrechts gestellt werden soll".[124] Das LAG Köln[125] führt aus:

> „Wer erklärtermaßen einen ‚Arbeitsvertrag' abschließt und/oder ein ‚Arbeitsverhältnis' vereinbart, wählt diese Begriffe im Zweifel nicht nur deklaratorisch als unverbindliches rechtliches Etikett mit dem Vorbehalt, die wahre Natur des eingegangenen Rechtsverhältnisses solle sich nach den Umständen ergeben, die sich bei seiner tatsächlichen Ausgestaltung einstellen. Vielmehr sind die gewählten Bezeichnungen Teil der Willenserklärung mit dem Rechtsfolgewillen, durch die Vereinbarung nicht nur irgendein Rechtsverhältnis, sondern speziell ein Arbeitsverhältnis konstitutiv zu schaffen."

---

118 BAG v. 24.09.1992, NZA 1993, 174 (175); v. 01.11.1995, NZA 1996, 813 (814); v. 01.11.1995, NZA 1996, 816 (817); v. 12.09.1996, NZA 1997, 194 (196); v. 29.05.2002, NZA 2002, 1232; LAG Köln v. 28.04.1995, AuR 1996, 412 f.; LAG Thüringen v. 06.02.1998, NZA-RR 1998, 296 (297).

119 Erman/*Edenfeld* § 611, Rdnr. 10; *Jahnke*, ZHR 146 (1982), 595 (621); *Maschmann*, Arbeitsverträge, S. 266; *Preis*, Vertragsgestaltung, S. 385; *Rosenfelder*, Status, S. 141; Staudinger/*Richardi* Vorbem zu §§ 611 ff, Rdnr. 184; *Stoffels*, NZA 2000, 690 (695).

120 Zwar wird diese Aussage mit Einschränkungen versehen. Diese Einschränkungen sind hier jedoch irrelevant: Erstens geht es allein um die Vertragsqualifikation im Verhältnis unter den Parteien (Dazu: Staudinger/*Richardi* Vorbem zu §§ 611 ff, Rdnr. 184; Erman/*Edenfeld* § 611, Rdnr. 10). Zweitens steht kein bloßer „Scheinarbeitsvertrag" zur Herbeiführung der Rechtsfolgen des § 613a BGB in Rede (Dazu: BAG v. 13.02.2003, NZA 2003, 854). Drittens interessiert das Steuer- und Sozialversicherungsrecht im Rahmen dieser Arbeit nicht (Dazu: *Maschmann*, Arbeitsverträge, S. 266 und dort auch Fn. 196).

121 Detailliert: *Maschmann*, Arbeitsverträge, S. 265 f.

122 *Maschmann*, Arbeitsverträge, S. 266.

123 BAG v. 24.09.1992, NZA 1993, 174 (175); v. 01.11.1995, NZA 1996, 813 (814); v. 01.11.1995, NZA 1996, 816 (817); v. 12.09.1996, NZA 1997, 194 (196); v. 29.05.2002, NZA 2002, 1232; LAG Köln v. 28.04.1995, AuR 1996, 412 f.; LAG Thüringen v. 06.02.1998, NZA-RR 1998, 296 (297).

124 *Maschmann*, Arbeitsverträge, S. 266.

125 v. 28.04.1995, AuR 1996, 412.

Der nachfolgende Rechte- und Pflichtenteil habe sich dann an der Vertragsüberschrift auszurichten.[126] Benachteiligen Bestimmungen in vom Arbeitgeber verwendeten Allgemeinen Geschäftsbedingungen den Arbeitnehmer unangemessen, führen sie nicht zur „Umqualifikation" des Vertrages, sondern werden im Wege der AGB-rechtlichen Vertrags*inhalts*kontrolle eliminiert oder zumindest reduziert.[127]

Die Vorgabe eines Mischlohns in einem expliziten „*Arbeits*vertrag" lässt diesen also weder in einen freien Dienstvertrag noch in einen arteigenen Vertrag mit „erfolgsbezogener Dienstverpflichtung" umschlagen.[128] Vielmehr ist die Mischlohnquotelung einer Vertragsinhaltskontrolle in Gestalt der AGB-rechtlichen Angemessenheitskontrolle zu unterziehen. Das dafür erforderliche normative Leitbild liefert das *Arbeits*vertragsrecht. Es handelt sich um eine eventuell unwirksame Quotelungsbestimmung in einem *Arbeits*vertrag. Das „fremdvertragliche" Element (= der Provisionsanteil)[129] muss auf seine Vereinbarkeit mit dem Leitbild „*Arbeits*vertragsrecht" überprüft und ggf. eliminiert oder zumindest reduziert werden.

II. Nur Kontrolle von „*Neu*arbeitsverträgen"

Die Abhandlung beschränkt sich zudem auf eine Quotelungskontrolle bei Arbeitsverträgen, die ab dem 01.01.2002 – also nach Inkrafttreten des Schuldrechtsmodernisierungsgesetzes – geschlossen wurden.[130] Damit wird das Problem der Anpassung von „Altarbeitsverträgen" umgangen.[131]

---

126 *Maschmann*, Arbeitsverträge, S. 266.

127 ErfK/*Preis* § 611 BGB, Rdnr. 53.

128 BGH v. 09.05.1996, NJW-RR 1996, 1009. Keinesfalls lässt die bloße Vereinbarung eines – teilweisen – Erfolgslohns einen Arbeitsvertrag in einen *Werk*vertrag umschlagen. Denn bei einem Werkvertrag ist die Bewirkung des Arbeitserfolges nicht nur Bedingung für den Entgeltanspruch (= *in conditione*), sondern vertraglich geschuldete Hauptleistungspflicht (= *in obligatione*). Dazu: MünchArbR/*Staudinger* § 6, Rdnr. 2 ff.; Staudinger/*Richardi* Vorbem zu §§ 611 ff, Rdnr. 39 ff. Dass die bloße Vereinbarung eines – teilweisen – Provisionslohns einen Arbeitsvertrag nicht in einen anderen Vertragstypen umschlagen lässt, folgt letztlich schon aus § 65 HGB. Denn der dort genannte Handlungsgehilfe ist und bleibt unstreitig Arbeitnehmer.

129 Vgl. LAG Hamm v. 16.10.1989, ZIP 1990, 880 (884): „gesetzlich nicht vorgesehene Mischform zwischen Arbeits- und *Werk*vertrag". Hervorhebung vom Verfasser.

130 Zum Zeitpunkt des Vertragsschlusses – nicht der vereinbarten oder tatsächlichen Arbeitsaufnahme – als Kriterium für die Einstufung als Alt- oder Neuarbeitsvertrag siehe nur: *Gotthardt*, Arbeitsrecht, Rdnr. 352; *Wiesinger*, AuA 2002, 354 und *Wisskirchen/Stühm*, DB 2003, 2225 jeweils mwN.

131 Dazu: *Gotthardt*, Arbeitsrecht, Rdnr. 353; *Hromadka*, NJW 2002, 2523 (2530); *Preis*, NZA 2003, Sonderbeilage zu Heft 16, 19 (28 f.); *Singer*, RdA 2003, 194 (203 f.); Ul-

III. Keine Einbeziehungskontrolle

Die Einbeziehungskontrolle bereitet insofern keine Probleme, als die Erschwerungen des § 305 II, III BGB gemäß § 310 IV 2 2. Hs. BGB nicht auf Arbeitsverträge anzuwenden sind.[132] Wie bei der Verwendung Allgemeiner Geschäftsbedingungen gegenüber einem Unternehmer (§ 310 I 1 BGB) genügt daher jede stillschweigende Übereinkunft zur Einbeziehung.[133] Der Verwender – meist der Arbeitgeber – muss auf seine Allgemeinen Geschäftsbedingungen hinweisen und der Vertragsgegner darf der Einbeziehung nicht widersprechen.[134] Bedeutsam werden diese Voraussetzungen angesichts der in der Praxis gebräuchlichen Formulararbeitsverträge nicht.[135] Es genügt die Unterschrift des Arbeitnehmers.[136]

Nach § 305c I BGB werden allerdings auch überraschende Bestimmungen in Mehrfachbedingungen[137] von vornherein nicht Bestandteil des Vertrages. Eine Bestimmung ist überraschend, wenn sie objektiv ungewöhnlich ist[138] und ihr ein Überrumpelungseffekt innewohnt.[139] Es kommt darauf an, ob der Arbeitnehmer nach den individuellen Umständen des Vertragsschlusses vernünftigerweise mit einer solchen Bestimmung rechnen musste.[140] Trotz der „Unsichtbarkeit" der Quotelungsbestimmung dürfte keinem Arbeitnehmer bei Durchsicht seines künftigen Arbeitsvertrages entgehen, dass er einen Mischlohn mit *(irgend-)* einem Provisionsanteil beziehen soll. Die bloße *Existenz* einer Quotelungsbestimmung stellt sich demnach – zumal ein jeder Arbeitsvertrag zwangsläufig eine Quotelungsbestimmung beinhaltet[141] – kaum als überraschend dar. Etwas anderes mag freilich für den *Inhalt* einer Quotelungsbestimmung gelten, der sich

---

mer/Brandner/Hensen/*Schmidt* § 6, Rdnr. 15; *Wiesinger*, AuA 2002, 354 ff.; *Wisskirchen/Stühm*, DB 2003, 2225 ff.

132 Zur Begründung: BT-Dr 14/6857, S. 54. Mit Recht kritisch: *Annuß*, BB 2002, 458 (460); *Diehn*, NZA 2004, 129 (132); *Hönn*, ZfA 2003, 325 (335 und dort Fn. 64); *Joost*, FS Ulmer, S. 1199 (1200 ff.); *Richardi*, NZA 2002, 1057 (1058 f.); *Thüsing*, BB 2002, 2666 (2670).

133 ErfK/*Preis* §§ 305-310 BGB, Rdnr. 29; *Gotthardt*, Arbeitsverträge, Rdnr. 246; *Thüsing*, BB 2002, 2666 (2670).

134 BGH v. 12.02.1992, BGHZ 117, 190 (194 f.); ErfK/*Preis* §§ 305-310 BGB, Rdnr. 29; *Gotthardt*, Arbeitsverträge, Rdnr. 246.

135 *Joost*, FS Ulmer, S. 1199 (1202).

136 BGH v. 27.04.1988, BGHZ 104, 232 (238).

137 Auf *Einfachbedingungen* findet das Verbot überraschender Klauseln jedenfalls keine direkte Anwendung (§ 310 III Nr. 2 BGB). Dazu: *Gotthardt*, Arbeitsrecht, Rdnr. 259.

138 Palandt/*Heinrichs* § 305c, Rdnr. 3.

139 BGH v. 30.06.1995, BB 1995, 2186; BAG v. 29.11.1995, NZA 1996, 702 (703) = NJW 1996, 2117 (2118).

140 BGH v. 21.06.2001, BB 2001, 2019 = DB 2001, 2240; *Richardi*, NZA 2002, 1057 (1059); *Thüsing*, BB 2002, 2666 (2670).

141 Siehe oben in diesem Kapitel Fn. 8.

zuverlässig erst in Vollzug des Arbeitsverhältnisses offenbart. Anstatt einen Überrumpelungseffekt insofern mit dem „Wesen des Mischlohns" generell abzulehnen, könnte man erwägen, dass der Arbeitgeber eine – deutlich sichtbare – Soll-Quotelung in den Arbeitsvertrag aufnehmen muss. So könnte es in einem vorformulierten Arbeitsvertrag heißen:[142]

> „Die *Soll*-Quotelung zwischen Festlohnanteil und Provisionsanteil beträgt 60:40. Die *Ist*-Quotelung wird ein Jahr nach Aufnahme des Beschäftigungsverhältnisses rückschauend anhand der tatsächlich eingetretenen Absatz- oder Vermittlungserfolge ermittelt. Nimmt der Provisionsanteil zu diesem Zeitpunkt in der Rückschau durchschnittlich mehr als 40% des Gesamtlohns ein, hat der Arbeitnehmer Anspruch auf Einräumung der Soll-Quotelung durch entsprechende Anhebung des Festlohns. Die Gesamtlohnhöhe bleibt von der Umquotelung unberührt."

In der Praxis sollte ein Arbeitgeber den sichersten Weg wählen und eine derartige Soll-Quotelungsvorgabe in den Arbeitsvertrag aufnehmen. Ob er aufgrund des § 305c I BGB sogar dazu gezwungen ist, soll hier offen bleiben.

IV. Keine Transparenzkontrolle

Eine unangemessene Benachteiligung kann sich nach § 307 I 2 BGB auch daraus ergeben, dass eine Bestimmung in Allgemeinen Geschäftsbedingungen nicht klar und verständlich formuliert ist. Dabei gebietet das Gebot von Treu und Glauben es insbesondere, dass eine Bestimmung wirtschaftliche Nachteile und Belastungen so weit erkennen lässt, wie dies nach den Umständen gefordert werden kann.[143] Der Verwender muss eine Bestimmung so gestalten, dass ein rechtsunkundiger Durchschnittsbürger in der Lage ist, die ihn benachteiligende Wirkung dieser Bestimmung ohne Einholung von Rechtsrat zu erkennen.[144] Abzustellen ist allerdings nicht auf den flüchtigen Betrachter, sondern auf den aufmerksamen und sorgfältigen Teilnehmer am Geschäftsverkehr.[145]
Im Zusammenhang mit dem Transparenzgebot präsentieren sich ähnliche Probleme wie bei der „Überraschungskontrolle" nach § 305c I BGB. Einerseits könnte man sich schlicht auf das „Wesen des Mischlohns" und die obige Wendung *„wie dies nach den Umständen gefordert werden kann"* zurückziehen und die

[142] Zur Zulässigkeit einer solchen Bestimmung siehe unten S. 118 ff.
[143] Palandt/*Heinrichs* § 307, Rdnr. 17.
[144] BGH v. 24.11.1988, BGHZ 106, 42 (49) = NJW 1989, 222 (224); v. 10.07.1990, NJW 1990, 2383 f.; v. 19.10.1999, NJW 2000, 651 (652); *Lingemann*, NZA 2002, 181 (187).
[145] Palandt/*Heinrichs* § 307, Rdnr. 19.

Intransparenz einer Quotelungsbestimmung generell verneinen.[146] Für diese Lösung ließe sich zudem anführen, dass die Quotelungsbestimmung – sobald einmal „aufgedeckt“ – einen äußerst simplen und kaum als intransparent zu bezeichnenden Inhalt (z.B. 70:30) aufweist. Andererseits ließe sich nicht nur aus § 305c I BGB, sondern auch aus § 307 I 2 BGB[147] ein Zwang zur arbeitsvertraglichen Vorgabe einer Soll-Quotelung ableiten. Ob dem tatsächlich so ist, soll hier wiederum offen bleiben.

E. Gang der Arbeit

Der Gang der Arbeit wird zunächst durch die rechtlichen Vorgaben des AGB-Abschnitts (§§ 305 – 310 BGB) diktiert.[148] Abschließend müssen praktische Probleme im Umfeld der Quotelungskontrolle erörtert werden.

I. Gegenstand der AGB-Kontrolle im Arbeitsrecht

Das **zweite Kapitel** behandelt den Gegenstand der AGB-Kontrolle im Arbeitsrecht.

Gegenstand meint dabei zweierlei: Zum einen bedarf es für die AGB-Kontrolle einer kontrollunterworfenen *Vertragsgestaltung*. Insofern stellt sich die Frage, ob nur arbeitsvertragliche Mehrfach- oder auch arbeitsvertragliche Einfachbedingungen *Gegenstand* der AGB-Kontrolle sind Zum anderen geht es um das *Abwägungsmaterial*, das zur AGB-Kontrolle herangezogen werden darf. In diesem Zusammenhang stellt sich die Frage, ob allein der Vertragsinhalt oder zudem die Umstände des Vertragsschlusses *Gegenstand* der AGB-Kontrolle im Arbeitsrecht sind.

Sowohl Einfachbedingungen als auch Abschlussumstände sind Gegenstand der AGB-Kontrolle im Arbeitsrecht, wenn der Arbeitsvertrag einen Verbrauchervertrag im Sinne des § 310 III BGB darstellt. Richtigerweise ist das der Fall. Aus dieser Einschätzung ergeben sich gewichtige Konsequenzen für die Quotelungskontrolle. Zum einen bleibt eine Quotelungsbestimmung nur dann kontrollfrei,

---

[146] Allgemein wird darauf hingewiesen, dass die Anforderungen an das Transparenzgebot nicht überspannt werden dürfen und die Pflicht zur klaren und verständlichen Formulierung nur im Rahmen des *Möglichen* besteht. Dazu: Palandt/*Heinrichs* § 307, Rdnr. 18.

[147] Eine Pflicht zur arbeitsvertraglichen Vorgabe einer Soll-Quotelung ließe sich zudem auf § 2 I 2 Nr. 6 NachwG („Zusammensetzung des Arbeitsentgelts“) stützen. Allerdings könnte ein Verstoß gegen das NachwG niemals zur Nichteinbeziehung oder Unwirksamkeit einer Quotelungsbestimmung führen. Dazu: ErfK/*Preis* §§ 305-310 BGB, Rdnr. 31.

[148] Kapitel 2: §§ 305 I 1 u. 3, 310 III Nr. 2 u. 3 BGB; Kapitel 3: §§ 307 III 1, 310 IV 3 BGB; Kapitel 4: § 307 I u. II BGB; Kapitel 5: § 306 BGB.

wenn sie als „echte“ Individualabrede einzustufen ist, sie also „im Einzelnen ausgehandelt“ wurde. Zum anderen wird die Quotelungskontrolle im weiteren Sinne durch eine Umstandskontrolle komplettiert. Diese stellt ein wichtiges Differenzierungsinstrument sowohl zugunsten des Arbeit*nehmers* als auch zugunsten des Arbeit*gebers (!)* dar.

II. Schranken der materiellen Inhaltskontrolle

Das **dritte Kapitel** befasst sich mit den Schranken der materiellen Inhaltskontrolle nach §§ 307 III 1, 310 IV 3 BGB.
Hier erfolgt die Weichenstellung zwischen Entgelt*höhe*kontrolle und Entgelt*risikoverteilungs*kontrolle. Während sämtliche Entgelthöhebestimmungen (Höhe des Festlohns, Höhe der Provisionssätze, Höhe des Provisionslohns, Höhe des Gesamtlohns) mangels normativen Maßstabs kontrollfrei bleiben, ist die Quotelungsbestimmung – entgegen der Ansicht von *Reichold*[149] – grundsätzlich kontrollunterworfen. Das wird mit Hilfe der anerkannten Methoden der Gesetzesauslegung herausgearbeitet.
Der Kontrollunterworfenheit der Quotelungsbestimmung stehen auch § 65 HGB und die sog. Theorie von der Erlaubnisnorm nicht entgegen. Unter Umständen kann die materielle Inhaltskontrolle – und damit die gesamte Quotelungskontrolle im weiteren Sinne![150] – aber mit Blick auf § 310 IV 3 BGB ausgeschlossen sein, wenn ein Tarifvertrag oder eine Betriebsvereinbarung eine Aussage in Sachen Gesamtlohn*quotelung* trifft.

III. Ablauf der materiellen Inhaltskontrolle

Im **vierten Kapitel** wird der Ablauf der materiellen Inhaltskontrolle dargestellt. Nach den nötigen Vorklärungen zum durchaus umstrittenen Prüfungsprogramm des § 307 I, II BGB im Allgemeinen wird das Prüfungsprogramm der Quotelungskontrolle im Besonderen präsentiert. Dabei gilt: Der Einstieg in die Quotelungskontrolle kann – kumulativ bekräftigend – über beide Zweifelsregelungen des § 307 II BGB erfolgen. Für den vorzugswürdigen Einstieg über § 307 II *Nr. 1* BGB wird zu zeigen sein, dass der gesetzliche Regelfall ein reiner Festlohn ist,

---

149 RdA 2002, 321 (332).

150 *Unmittelbar* setzen §§ 307 III 1, 310 IV 3 BGB zwar nur der materiellen Inhaltskontrolle eine Schranke. *Mittelbar* ist davon jedoch auch die Umstandskontrolle nach § 310 III Nr. 3 BGB betroffen. Denn diese erfolgt stets nur *zusätzlich* zur (hier: materiellen) Inhaltskontrolle. *Alleine* vermögen die Umstände des Vertragsschlusses die Unwirksamkeit einer Vertragesbestimmung niemals zu begründen. Dazu: BAG v. 27.11.2003, NZA 2004, 597 (603); *Preis*, NZA 2003, Sonderbeilage zu Heft 16, 19 (27).

die gesetzliche Normalquotelung zwischen Festlohnanteil und Provisionsanteil also auf 100:0 lautet. Das Eingreifen der beiden Zweifelsregelungen des § 307 II BGB indiziert („im Zweifel“) eine unangemessene Benachteiligung des Arbeitnehmers. Da der Arbeitgeber aber mit der Vereinbarung eines – teilweisen – Provisionslohns – zumindest im Ansatz – berechtigte Gestaltungsinteressen verfolgt, muss im Rahmen des § 307 I 1 BGB eine umfassende Interessenabwägung erfolgen. Als Hauptabwägungskriterium dient dabei der allgemein anerkannte Kompensationsgedanke, hier in Gestalt eines ausgewogenen Risiko-Chancen-Ausgleichs. Ob die mit einem Provisionsanteil übernommen Markt*risiken* durch korrespondierende Markt*chancen* kompensiert werden, beurteilt sich anhand der Marktöffnung des Arbeitsvertrages. Der Grad der Marktöffnung eines Vertrages muss seinerseits mit Hilfe von Unterkriterien ermittelt werden, die – mit der gebotenen Vorsicht – der Vertrags*wahl*kontrolle (= der Abgrenzung des Arbeitsvertrags zum „Selbständigenvertrag“) entlehnt werden können.

IV. Folgen des Unwirksamkeitsurteils

Das **fünfte Kapitel** widmet sich den Folgen des Unwirksamkeitsurteils.
Die Restgültigkeit des Vertrages nach § 306 I, III BGB bereitet dabei kaum Probleme. Problematisch gestaltet sich allein die Lückenfüllung: Was tritt an die Stelle einer unwirksamen Quotelungsbestimmung?
Auch bei der Beantwortung dieser Frage darf nicht aus dem Blick verloren werden, dass die Gesamtlohnhöhebestimmung kontrollfrei ist und daher jedenfalls wirksam bleibt. Kontrollunterworfen und ggf. unwirksam ist ausschließlich die Quotelungsbestimmung. Nur insofern kann der Arbeitsvertrag eine Lücke aufweisen. Anders gewendet: Nur die „Ersatzquotelung“ zwischen Festlohnanteil und Provisionsanteil und die damit verbundene Neuverteilung des Arbeitserfolgsrisikos steht zur Diskussion. Die Gesamtlohnhöhe (= der umzuverteilende Gesamtbetrag) ist weiterhin vorgegeben. Die Alternativen lauten daher: Entweder muss der Arbeitgeber statt des unangemessen gequotelten Gesamtlohns einen Festlohn in gleicher Höhe zahlen oder es muss – wiederum unter Beibehaltung der vereinbarten Gesamtlohnhöhe – eine angemessene „Ersatzquotelung“ zwischen Festlohnanteil und Provisionsanteil hergestellt werden. Die erste Alternative soll als „Festlohnlösung“ bezeichnet werden. Sie entspricht den Vorgaben des Gesetzes in § 306 II BGB. Die zweite Alternative soll als „Mischlohnlösung“ bezeichnet werden. Zu ihrer Durchführung sind verschiedene Mechanismen denkbar: geltungserhaltende Reduktion, ergänzende Vertragsauslegung und die Aufnahme salvatorischer Klauseln. Bei beiden Lösungen sollte – entgegen dem grundsätzlich *relativen* Konzept der Quotelungskontrolle – das Einziehen einer *absoluten* Obergrenze für den *Fest*lohn erwogen werden. Inso-

fern kann auf § 612 II BGB (Festlohn maximal auf Höhe der üblichen *Gesamt*vergütung anzuheben) zurückgegriffen werden.
Infolge des *rückwirkenden* Unwirksamkeitsurteils kann es schließlich zu Nachzahlungsansprüchen des Arbeitnehmers kommen.

V. Praktische Probleme im Umfeld der Quotelungskontrolle

Das **sechste Kapitel** beschäftigt sich mit den praktischen Problemen im Umfeld der Quotelungskontrolle.
Nachdem bis dato unterstellt wurde, dass die Quotelungsbestimmung wie jede „gewöhnliche" Vertragsbestimmung offen zutage liege, geht es nunmehr darum, wie die tatsächlich zunächst unsichtbare Quotelungsbestimmung sichtbar gemacht werden kann.
Außerdem wird dargestellt, wie ein Gesamtlohn nach erfolgreicher Quotelungskontrolle unter weitestgehender Wahrung der Gesamtlohnhöhe umgequotelt werden kann.
Schließlich stellen sich in prozessualer Hinsicht folgende Fragen: Welche Klagearten sind für den Arbeitnehmer einschlägig? Wie kann und sollte der Arbeitgeber auf eine Klage reagieren? Kann der Arbeitnehmer die Quotelungskontrolle mehrmals einleiten, sich also „etappenweise" auf einen immer höheren Festlohn klagen?

2. Kapitel: Gegenstand der AGB-Kontrolle im Arbeitsrecht

Das vorliegende Kapitel widmet sich dem Gegenstand der AGB-Kontrolle im Arbeitsrecht. Gegenstand meint dabei zweierlei:
- Zum einen bedarf es für die AGB-Kontrolle einer kontrollunterworfenen Vertragsgestaltung. Insofern lautet die Frage: Sind nur arbeitsvertragliche Mehrfach- oder auch arbeitsvertragliche Einfachbedingungen *Gegenstand* der AGB-Kontrolle?
- Zum anderen geht es um das Abwägungsmaterial, das zur AGB-Kontrolle herangezogen werden darf. Insofern lautet die Frage: Ist allein der Vertragsinhalt oder sind zusätzlich die Umstände des Vertragsschlusses *Gegenstand* der AGB-Kontrolle?

Einfachbedingungen und Abschlussumstände sind Gegenstand der AGB-Kontrolle, wenn der Arbeitsvertrag ein Verbrauchervertrag im Sinne des § 310 III BGB ist. Richtigerweise ist das der Fall.[151] Aus dieser Einschätzung ergeben sich Konsequenzen für die Quotelungskontrolle.[152]

A. Arbeitsvertrag als Verbrauchervertrag

I. Arbeitnehmer als solcher Verbraucher?

Bei unbefangener Subsumtion unter die §§ 13, 14 BGB ist der Arbeitsvertrag in der Regel ein Verbrauchervertrag im Sinne des § 310 III BGB. Der Arbeitgeber tritt *zumeist*[153] als Unternehmer im Sinne des § 14 BGB auf. Der Arbeitnehmer handelt *durchweg* zu einem Zweck, der weder seiner gewerblichen noch seiner *selbständigen*[154] beruflichen Tätigkeit zugeordnet werden kann.
Bei der unbefangenen Gesetzeslektüre darf man indes nicht stehen bleiben. Denn die Frage, ob der Arbeitnehmer als solcher Verbraucher ist, ist trotz der scheinbar eindeutigen Gesetzesfassung umstritten. Zwar scheint sich mittlerweile eine herrschende Meinung herauszubilden, die den Arbeitnehmer als solchen

---

151 Sogleich Abschnitt A.

152 Unten Abschnitt B.

153 Die Unternehmereigenschaft eines Arbeitgebers als solchem ist nicht zwangsläufig. Mitunter werden Arbeitsverträge zu rein privaten Zwecken geschlossen. Darauf weist *Thüsing*, BB 2002, 2666 (2668) hin. Umgekehrt muss nicht jeder Unternehmer zwangsläufig Arbeitnehmer beschäftigen. Die Begriffe Arbeitgeber und Unternehmer sind weiterhin nicht deckungsgleich.

154 Zum insofern abweichenden „europäischen Verbraucherbegriff" siehe nur: *Bülow/Artz*, NJW 2000, 2049 (2050) sowie *Reichold*, ZTR 2002, 202 (203).

als Verbraucher einstuft.[155] Diese Entwicklung ist jedoch mit Vorsicht zu betrachten, weil eine höchstrichterliche Stellungnahme weiterhin fehlt.[156]
Die unübersichtliche Diskussion soll hier nicht nachvollzogen werden. Sie ist ohnehin müßig.[157] Richtigerweise geht es um normspezifische Lösungen, die meist bei anderen Tatbestandsmerkmalen als dem Verbraucherbegriff ansetzen können und müssen.[158] Das beste Beispiel liefert § 312 I 1 Nr. 1 BGB. Ein Haustürwiderrufsrecht des „Arbeitnehmer-Verbrauchers" bei am Arbeitsplatz geschlossenen Aufhebungsverträgen wird ganz überwiegend als verfehlt betrachtet.[159] Es kann aber nicht nur dadurch verhindert werden, dass der *persönliche* Anwendungsbereich des § 312 I 1 Nr. 1 BGB eingeschränkt wird. Vielmehr bieten sich andere Anknüpfungspunkte:[160] die Untertitelbezeichnung „Besondere Vertriebsformen", das Erfordernis eines entgeltlichen Vertrages, das Erfordernis eines *Verpflichtungs*geschäfts, das Erfordernis eines Informationsgefälles[161] und vor allem das im Wege der teleologischen Reduktion in § 312 I 1 Nr. 1 BGB hineinzulesende Erfordernis eines „Überrumpelungseffekts". Ein Arbeitnehmer, der an seinem Arbeitsplatz durch das Angebot auf Abschluss eines Aufhebungsvertrages nicht „überrumpelt" wird[162], unterfällt nicht dem situati-

---

155 Zum Meinungsstand siehe nur die umfangreichen Nachweise bei: *Gotthardt*, Arbeitsrecht, Rdnr. 9 und *Preis*, NZA 2003, Sonderbeilage zu Heft 16, 19 (21).

156 Das BAG hat sich in seinen Entscheidungen v. 27.11.2003 – 2 AZR 177/03 und v. 27.11.2003, NZA 2004, 597 (600 f.) ausdrücklich einer Stellungnahme enthalten. Die meisten Instanzgerichte lassen den Streit um die Verbrauchereigenschaft des Arbeitnehmers als solchem ebenfalls dahinstehen. So: LAG Brandenburg v. 30.10.2002, NZA 2002, 503 (505); LAG Hamm v. 01.04.2003, NZA-RR 2003, 401 (402); LAG Schleswig-Holstein v. 24.09.2003, NZA-RR 2004, 74 (76); ArbG Frankfurt/Oder v. 29.05.2002, ZIP 2002, 2190 (2192) = NZA-RR 2003, 412 und ArbG Kassel v. 10.02.2003, NZA-RR 2003, 299.

157 So bereits: ErfK/*Preis* § 611 BGB, Rdnr. 208: „kein Erkenntnisfortschritt". Ähnlich: *Reichold*, ZfA 2003, 493 (540) sowie 50 Jahre BAG, S. 153 (156): „Scheinproblem". Anders: *Henssler*, RdA 2002, 129 (133): „von großer Tragweite".

158 Eine normspezifische Lösung suchen vor allem: *Gotthardt*, Arbeitsrecht, Rdnr. 15; *Lieb*, FS Ulmer, S. 1231 (1236); *Preis*, NZA 2003, Sonderbeilage zu Heft 16, 19 (23 f.); *Reichold*, ZfA 2003, 493 (540); *Rieble/Klumpp*, ZIP 2002, 2153 (2155); *Singer*, RdA 2003, 194 (196 f.). Einen vertragspezifischen Ansatz (Abschluss, Änderung oder Aufhebung eines Arbeitsvertrages < > Kauf- oder Darlehensverträge zwischen Arbeitgeber und Arbeitnehmer) wählen dagegen: *Bauer/Kock*, DB 2002, 42 (43 f.); *Natzel*, NZA 2002, 595 ff.; *Löwisch*, FS Wiedemann, S. 311 (315 f.).

159 Für ein Widerrufsrecht allerdings: *Pauly*, ZTR 2003, 541 (542 f.); *Schleusener*, NZA 2002, 949 ff.; *Reim*, DB 2002, 2434 (2437 f.).

160 Einen guten Überblick bietet das Urteil des BAG v. 27.11.2003, NZA 2004, 597 ff.

161 Dazu: LAG Hamm v. 01.04.2003, NZA-RR 2003, 401 (403 f.) im Anschluss an *Brors*, DB 2002, 2046 (2047 f.) einerseits und *Reim*, DB 2002, 2434 (2438) andererseits.

162 Sehr deutlich *Lieb*, FS Ulmer, S. 1231 (1238): Für den Abschluss von Aufhebungsverträgen gibt es „gar keinen natürlicheren Abschlussort" und „Der Abschluss eines Aufhe-

ven Anwendungsbereich des § 312 I 1 Nr. 1 BGB. Dennoch ist und bleibt er Verbraucher. Er ist allerdings ein *nicht schutzwürdiger Verbraucher im Sinne des § 312 I 1 Nr. 1 BGB*. Insofern gelten für den „Arbeitnehmer-Verbraucher" keine Besonderheiten. Auch einem „Nur-Verbraucher" kann der Schutz des § 312 I 1 Nr. 1 BGB im Wege der teleologischen Reduktion versagt werden, falls es an einem „Überrumpelungseffekt" fehlt.

II. Sachgerechtigkeit des § 310 III BGB

§ 310 III BGB unterscheidet sich nun freilich von § 312 I 1 Nr. 1 BGB insofern, als die Norm lediglich einen persönlichen Anwendungsbereich enthält. Der Tatbestand des § 310 III BGB verlangt nicht mehr als einen Vertrag zwischen einem Unternehmer und einem Verbraucher. Andere Ansatzpunkte für eine einschränkende Handhabung der Vorschrift finden sich nicht. Allerdings ist eine solche – anders als bei § 312 I 1 Nr. 1 BGB – auch nicht geboten.[163] Das soll im Folgenden anhand der einzelnen Nummern des § 310 III BGB belegt werden.

1. § 310 III Nr. 1 BGB

Die geringsten Probleme bereitet § 310 III Nr. 1 BGB. Die Vorschrift verzichtet über eine widerlegbare Fiktion auf das Merkmal des „Stellens".[164] Ihre praktische Bedeutung für das Arbeitsrecht dürfte äußerst gering bleiben.[165] Durch die Anwendbarkeit des § 310 III Nr. 1 BGB droht dem Arbeitgeber jedenfalls keine „unangemessene Benachteiligung".[166] Selbst strikte Gegner der Verbrauchereigenschaft des Arbeitnehmers als solchem[167] erwägen eine *analoge (!)*[168] Anwendung des § 310 III Nr. 1 BGB.

---

bungsvertrages in den Räumen der Personalabteilung ist (...) eine bare Selbstverständlichkeit, die jeder situativen Anstößigkeit entbehrt."

163 So im Ergebnis auch die mittlerweile hM: *Däubler*, NZA 2001, 1329 (1334); *Diehn*, NZA 2004, 129 (130); *Lieb*, FS Ulmer, S. 1231 (1237); *Preis*, NZA 2003, Sonderbeilage zu Heft 16, 19 (22 u. 24) („AGB-Recht als vertragstypen*übergreifendes* und nicht vertragstypen*bezogenes* Verbraucherschutzrecht"); *Reim*, DB 2002, 2434 (2438); *Singer*, RdA 2003, 194 (197);*Thüsing*, BB 2002, 2666 (2668); *Thüsing/Leder*, BB 2004, 42 (43). AA *Annuß*, BB 2002, 458 (461); *Hönn*, ZfA 2003, 325 (346, 348 u. 358) und *Hromadka*, NJW 2002, 2523 (2524). Besonders beachtlich sind die Ausführungen von *Reichold*, 50 Jahre BAG, S. 153 (174 f.), der den Arbeitsvertrag ausdrücklich nicht (!) als Verbrauchervertrag einstuft, § 310 III BGB aber in Gänze analog (!) auf Arbeitsverträge anwenden möchte.

164 Palandt/*Heinrichs* § 310, Rdnr. 12 f.

165 *Gotthardt*, Arbeitsrecht, Rdnr. 242; *Henssler*, RdA 2002, 129 (135).

166 *Reinecke*, DB 2002, 583 (587).

167 So etwa: *Henssler*, RdA 2002, 129 (135).

2. § 310 III Nr. 2 BGB

§ 310 III Nr. 2 BGB erstreckt die Angemessenheitskontrolle auf Einfachbedingungen. Dadurch erweitert sich der Kreis kontrollunterworfener Vertragsgestaltungen.
Einfachbedingungen stehen zwischen Mehrfachbedingungen und „echten" Individualabreden. Man könnte Einfachbedingungen als „unechte" Individualabreden bezeichnen. Einerseits sind sie nur zur *einmaligen* Verwendung bestimmt, also auf einen bestimmten Vertragsschluss zugeschnitten.[169] Andererseits kann der Verbraucher auf Grund der Vorformulierung keinen Einfluss auf ihren Inhalt nehmen (§ 310 III Nr. 2 aE BGB).
Über § 310 III Nr. 2 BGB wird demnach lediglich auf das Merkmal der Mehrfachverwendung verzichtet. Die Tragweite dieses Verzichts ist sehr schwer zu beurteilen,

> „weil es trotz intensiver (heute etwas abgeflauter) Diskussion bisher nicht in ausreichendem Maße gelungen ist, die Aussagekraft (des Merkmals der Mehrfachverwendung) unter Schutzwürdigkeitsaspekten zu verdeutlichen."[170]

Einzig eine rechtsökonomisch ausgerichtete Ansicht streift die Problematik. Nach dieser Auffassung folgt das „AGB-spezifische" Funktionsdefizit aus der Konfrontation des Vertragsgegners mit einer oftmals umfangreichen Fremdformulierung und dem häufig prohibitiven Aufwand, der mit dem Ausgleich dieses Informationsgefälles durch umfassende Lektüre und Analyse des fremdformulierten Vertragswerkes verbunden wäre.[171] Den Vertragsgegner schreckten die sog. Transaktionskosten, die mit dem Ausgleich des Informationsgefälles verbunden wären. Freilich entstünden auch dem Verwender Transaktionskosten in Gestalt des Vorformulierungsaufwandes. Insofern könnte man sich auf den

---

168 Ähnliche „Verrenkungen" werden bei § 288 II unternommen. Während die Anhänger der Verbrauchereigenschaft des Arbeitnehmers als solchem die Nichtanwendbarkeit des § 288 II unter schlichtem Hinweis auf die Beteiligung eines „Arbeitnehmer-Verbrauchers" begründen können, müssen die Gegner der Verbrauchereigenschaft des Arbeitnehmers als solchem eine einschränkende richtlinienkonforme Auslegung bemühen. Sie fordern einen „Zahlungsverzug *im Geschäftsverkehr*", der im Verhältnis Arbeitgeber – Arbeitnehmer nicht vorliege. Siehe: *Bauer/Kock*, DB 2002, 43 (46); *Berkowsky*, AuA 2002, 11 (15); *Henssler*, RdA 2002, 129 (135); *Joussen*, NZA 2001, 745 (749); *Lingemann*, NZA 2002, 181 (184); *Natzel*, NZA 2002, 595 (597); *Reichold*, ZTR 2002, 202 (203); *Reichold*, 50 Jahre BAG, S. 153 (158 und dort Fn. 28); *Richardi*, NZA 2002, 1004 (1009); *Schwerdtner*, FS Honsell, S. 371 (380). Zweifelnd dagegen: *Reinecke*, DB 2002, 583 (587).

169 *Michalski*, DB 1999, 677 (678).

170 *Lieb*, FS Ulmer, S. 1231 (1236).

171 *Kötz*, JuS 2003, 209 (211 ff.); MünchKomm-BGB/*Basedow* Vor § 305, Rdnr. 5; *Reichold*, 50 Jahre BAG, S. 153 (173).

Standpunkt stellen, dass die Transaktionskosten des Verwenders sich erst durch die Möglichkeit der *Mehrfach*verwendung amortisieren:

> „Anders liegen die Dinge aus der Sicht des Herstellers/Verkäufers, der weiß, dass sich unter den Tausenden von veräußerten Geräten im Laufe der Jahre immer auch einige schadhafte finden werden und dass sich der Aufwand für die Formulierung einer dieses Risiko abwälzenden AGB-Klausel deshalb eines Tages lohnen wird."[172]

Bei *Einfach*bedingungen entfiele dann das „AGB-spezifische" Funktionsdefizit. Das wird aber der Situation im Arbeitsrecht nicht gerecht. Ursache ist der Dauerschuldcharakter des Arbeitsvertrages. Anders als ein Kaufvertrag ist ein Arbeitsvertrag nicht auf einen einmaligen Leistungsaustausch gerichtet. Damit erhöht sich die Möglichkeit, dass etwas schief gehen kann. Das wiederum erhöht die Bedeutung vertraglicher Risikozuweisungen. Der Aufwand für eine risikoabwälzende Vorformulierung amortisiert sich auch erst im Laufe der Jahre – allerdings innerhalb ein und desselben Arbeitsverhältnisses und nicht erst in der Zusammenschau zahlreicher Kaufverträge. Außerdem lässt sich kaum erklären, warum bei „normalen" Verbraucherverträgen – anders als bei Arbeitsverträgen – eine Amortisation des Vorformulierungsaufwandes schon bei einer Einfachverwendung eintreten soll.
Eine Erstreckung der Angemessenheitskontrolle auf arbeitsvertragliche Einfachbedingungen erscheint jedenfalls dann angezeigt, wenn man mit *Fastrich*[173] davon ausgeht, dass ein vorformulierter Arbeitsvertrag neben einem situativ bedingten Funktionsdefizit zuvorderst an einem abhängigkeitsbedingten Funktionsdefizit leidet. *Fastrich*[174] meint, das abhängigkeitsbedingte Funktionsdefizit folge nicht aus der Konfrontation mit vorformulierten Vertragswerken, sondern aus dem existentiellen Angewiesensein des Arbeitnehmers auf den Vertragsschluss bei gleichzeitiger Unausgewogenheit der (Arbeits-)Marktverhältnisse. Die Annahme eines solchen abhängigkeitsbedingten Funktionsdefizits hat einiges für sich.[175] Wer es anerkennt, muss zu dem Schluss gelangen, dass es solange bestehen bleibt, bis der Arbeitgeber nicht nur auf die Möglichkeit der Mehrfachverwendung, sondern auch auf seine Vorformulierung verzichtet und sich auf ein „echtes" Aushandeln einlässt. Wer Misstrauen gegenüber dem abhängigkeitsbedingten Funktionsdefizit hegt, sei auf § 310 III Nr. 2 aE BGB und die folgenden Ausführungen zu § 310 III Nr. 3 BGB verwiesen. Werden Einfachbedingungen gegenüber einem verhandlungsstarken (= *nicht* abhängigen Arbeit-

---

[172] MünchKomm-BGB/*Basedow* Vor § 305, Rdnr. 5; aA *Reichold*, 50 Jahre BAG, S. 153 (175).
[173] Inhaltskontrolle, S. 228 ff.
[174] Inhaltskontrolle, S. 233; RdA 1997, 65 (75 u. 77).
[175] Ablehnend aber: *Zöllner*, AcP 176 (1976), 221 (230 ff.). Zumindest zweifelnd („letztlich nur Annahmen"): *Feuerborn*, Sachliche Gründe, S. 64.

nehmer) verwendet, bestehen zwei Möglichkeiten: Entweder konnte der Arbeitnehmer schon Einfluss auf den Inhalt der Einfachbedingungen nehmen (§ 310 III Nr. 2 aE BGB) oder es können über § 310 III Nr. 3 BGB hinreichend flexible Ergebnisse *zugunsten des Arbeitgebers* erzielt werden.
Dass eine Angemessenheitskontrolle arbeitsvertraglicher Einfachbedingungen keinesfalls abwegig ist, zeigt sich daran, dass selbst für „echte" Individualabreden sowohl vor als auch nach der Schuldrechtsreform eine Angemessenheitskontrolle befürwortet wurde bzw. wird.[176] Vom Standpunkt der Befürworter einer Angemessenheitskontrolle „echter" Individualabreden drängt sich ein „Erst-Recht-Schluss" auf. So muss denn auch *Hromadka*[177] als ausdrücklicher Gegner der Einstufung des Arbeitsvertrages als Verbrauchervertrag einräumen, dass die Kontrollunterworfenheit von Einfachbedingungen durchaus sachgerecht wäre.

3. § 310 III Nr. 3 BGB

Bei Verbraucherverträgen erfolgt die Angemessenheitskontrolle in drei Stufen: Inhaltskontrolle – Umstandskontrolle – Gesamtabwägung.[178] Durch die zusätzliche Umstandskontrolle droht keine „diffuse ‚Meistbegünstigungslehre' zugunsten des neuen ‚Arbeitnehmer-Verbrauchers'".[179] Im Gegenteil: Die nachgeschaltete[180] Umstandskontrolle ginge keinesfalls einseitig und zwangsläufig zulasten

---

176 Vor der Schuldrechtsreform für eine Angemessenheitskontrolle „echter" Individualabreden: BAG v. 04.07.1972, AP Nr. 6 zu § 65 HGB; v. 16.03.1994, AP Nr. 18 zu § 611 BGB Ausbildungsbeihilfe; v. 26.10.1994, AP Nr. 19 zu § 611 BGB Ausbildungsbeihilfe; *Dieterich*, RdA 1995, 129 (135); *Fastrich*, RdA 1997, 65 (77 u. 80). Vor der Schuldrechtsreform gegen eine Angemessenheitskontrolle „echter" Individualabreden: *Preis*, Vertragsgestaltung, S. 237 ff. Nach der Schuldrechtsreform für eine Angemessenheitskontrolle „echter" Individualabreden *außerhalb* des AGB-Abschnitts: *Hromadka*, NJW 2002, 2523 (2525). Nach der Schuldrechtsreform gegen eine Angemessenheitskontrolle „echter" Individualabreden *außerhalb* des AGB-Abschnitts: ErfK/*Preis* §§ 305-310 BGB, Rdnr. 27; *Lindemann*, AuR 2002, 81 (85); *Reuter*, 50 Jahre BAG, S. 177 (183 u. 195); *Söllner*, ZfA 2003, 145 (159); *Thüsing*, BB 2002, 2666 (2667). Eine Angemessenheitskontrolle „echter" Individualabreden *innerhalb* des AGB-Abschnitts wird – soweit ersichtlich – von niemandem befürwortet. Insofern markieren die §§ 305 I 3, 310 III Nr. 2 aE BGB die Grenze. Daran vermögen auch die ominösen „im Arbeitsrecht geltenden Besonderheiten" (§ 310 IV 2 1. Hs. BGB) nichts zu ändern. Diese können lediglich zu einer *Modifikation*, nicht aber zu einer *Ausdehnung* der AGB-Kontrolle führen. Dazu: *Hönn*, ZfA 2003, 325 (358); *Thüsing*, NZA 2002, 591 (594); *Thüsing*, FS Wiedemann, S. 559 (576).
177 NJW 2002, 2523 (2524 f.).
178 Dazu: *Michalski*, DB 1999, 677 ff.
179 Wie befürchtet von: *Reichold*, ZTR 2002, 202.
180 Die Umstandskontrolle erfolgt stets nur *zusätzlich* zur Inhaltskontrolle. *Alleine* können die Umstände des Vertragsschlusses niemals die Unwirksamkeit einer Bestimmung begrün-

des Arbeitgebers. Denn nach ganz herrschender Meinung kann sich die Umstandskontrolle in beide Richtungen auswirken: Bei Fehlen der rollenspezifischen Unterlegenheit – man denke an echte Spitzenkräfte und gesuchte Spezialisten[181] – kann die Umstandskontrolle Bedenken aus der vorgelagerten Inhaltskontrolle derart *abschwächen*, dass die Klausel der AGB-Kontrolle in der Gesamtabwägung doch standhält.[182] Ein verhandlungsstarker und damit potentiell „abänderungsfähiger" Arbeitnehmer soll nicht vor bloßen vertraglichen Versäumnissen geschützt werden.[183] Die Umstandskontrolle nach § 310 III BGB kann sich daher durchaus zugunsten des Arbeitgebers als Verwender auswirken. *Preis*[184] spricht zutreffend von einem „flexiblen Reaktionsinstrument" und führt aus:

> „Die viel kritisierte Einordnung des Arbeitnehmers als Verbraucher entpuppt sich damit nicht als eine ungerechtfertigte Ausweitung, sondern als eine sachgerechte Differenzierung der Inhaltskontrolle[185]."

B. Konsequenzen für die Quotelungskontrolle

I. Kontrollfreiheit einer Quotelungsbestimmung

1. Grenzverlauf

Die Einordnung einer Quotelungsbestimmung als Einfach- oder Mehrfachbedingung ist überaus problematisch. Das Vorliegen einer Einfach- oder Mehrfachbedingung muss grundsätzlich für jede Bestimmung innerhalb eines Ver-

---

den. BAG v. 27.11.2003, NZA 2004, 597 (603); *Preis*, NZA 2003, Sonderbeilage zu Heft 16, 19 (27).

181 *Preis*, NZA 2003, Sonderbeilage zu Heft 16, 19 (27); *Preis*, 50 Jahre BAG, S. 123 (137).

182 *Börner*, JZ 1997, 595; *Brandner*, MDR 1997, 312 (314); *Bunte*, DB 1996, 1389 (1390); *Eckert*, ZIP 1995, 1460 (1462); MünchKomm-BGB/*Basedow* § 310, Rdnr. 75; Palandt/*Heinrichs* § 310, Rdnr. 21; *Preis*, NZA 2003, Sonderbeilage zu Heft 16, 19 (27); *Preis*, 50 Jahre BAG, S. 123 (137); Staudinger/*Coester* § 9 AGBG, Rdnr. 86; aA *Michalski*, DB 1999, 677 (679).

183 Vgl. insofern die Argumentation des LG Köln v. 28.04.1986, NJW-RR 1987, 1001 (1002) – freilich unter dem unglücklichen Gesichtspunkt des „Stellens" aus § 305 I 1 BGB. Insofern kritisch: *Rabe*, NJW 1987, 1978 (1979); *Timm*, BB 1987, 88 (89).

184 NZA 2003, Sonderbeilage zu Heft 16, 19 (27); 50 Jahre BAG, S. 123 (138). Ähnlich auch: *Lindemann*, AuR 2004, 201 (208) und *Thüsing/Leder*, BB 2004, 42 (44).

185 Besser: *Angemessenheits*kontrolle.

tragswerkes gesondert beurteilt werden.[186] Denn eine Bestimmung kann auch dann eine Mehrfachbedingung sein, wenn sie eine geschlossene Regelung beinhaltet und in ansonsten unterschiedlichen Vertragswerken als im Wesentlichen gleicher „Textbaustein" auftaucht.[187] Diese Grundsätze lassen sich nur auf die Quotelungskontrolle übertragen, falls der Arbeitsvertrag eine *Soll*-Quotelung vorgibt.[188] Die Quotelungsbestimmung (= die *Ist*-Quotelung) kann dagegen kaum als „Textbaustein" betrachtet werden, da sie drucktechnisch überhaupt nicht in Erscheinung tritt.[189] In diesem Fall müsste darauf abgestellt werden, dass ein Arbeitsvertrag in seinen „quotelungsrelevanten Passagen" drei- oder mehrfach weitgehend identisch verwendet wurde bzw. werden sollte.[190] Insofern wird man bei Arbeitsverträgen, die sich bis auf die – für ein funktionierendes Vertriebssystem unvermeidliche – Zuweisung unterschiedlicher Absatz- oder Vermittlungsgebiete inhaltlich decken, davon ausgehen müssen, dass die – wenn auch jeweils anders lautenden![191] – Quotelungsbestimmungen Mehrfachbedingungen sind.

Angesichts des § 310 III Nr. 2 BGB kann die komplizierte Abgrenzung zwischen Einfach- und Mehrfachbedingung freilich dahinstehen. Denn die Quotelungskontrolle ist nur bei einer Quotelungsbestimmung in Gestalt einer „echten" Individualabrede ausgeschlossen. Die Grenze zwischen kontrollunterworfenen und kontrollfreien Vertragsgestaltungen wird allein durch §§ 305 I 3, 310 III Nr. 2 aE BGB markiert, während das Erfordernis der Vorformulierung *für eine Vielzahl von Verträgen* in § 305 I 1 BGB irrelevant wird.[192]

Zwar unterscheiden sich § 305 I 3 BGB und § 310 III Nr. 2 aE BGB in der Formulierung. So liegt nach § 305 I 3 BGB trotz Vorformulierung zur Mehrfachverwendung eine kontrollfreie „echte" Individualabrede vor, *soweit die Ver-*

---

[186] BGH v. 03.04.1998, NJW 1998, 2600 (2601); *Wolf*/Horn/Lindacher § 1, Rdnr. 13.

[187] BGH v. 03.04.1998, NJW 1998, 2600 (2601); *Wolf*/Horn/Lindacher § 1, Rdnr. 15.

[188] Dazu bereits oben S. 21 sowie ausführlich unten S. 118 ff.

[189] Schriftlichkeit ist keine Voraussetzung für das Vorliegen einer Vorformulierung. BGH v. 30.09.1987, NJW 1988, 410; MünchKomm-BGB/*Basedow* § 305, Rdnr. 13.

[190] Zu den Anforderungen an das Tatbestandsmerkmal „für eine Vielzahl von Verträgen" in § 305 I 1 BGB siehe: BGH v. 16.11.1990, NJW 1991, 843; v. 27.09.2000, NJW 2002, 138 (139); *Gotthardt*, Arbeitsrecht, Rdnr. 241; *Hromadka*, NJW 2002, 2523 (2524); *Lingemann*, NZA 2002, 181 (183); MünchKomm-BGB/*Basedow* § 305, Rdnr. 18.

[191] Selbst bei völlig identischen Arbeitsverträgen werden die einzelnen Arbeitnehmer in aller Regel unterschiedlich hohe Provisionslöhne erzielen.

[192] Bei der Quotelungskontrolle spielt die Unterscheidung zwischen Einfach- und Mehrfachbedingungen auch hinsichtlich des grds. verschiedenen Prüfungsmaßstabs im Rahmen der materiellen Inhaltskontrolle nach § 307 II, I 1 BGB keine Rolle. Dazu allgemein: Palandt/*Heinrichs* § 307, Rdnr. 4 u. § 310, Rdnr. 19. Zum einen können die Arbeitsvertragsparteien stets – im Einzelfall wie typischerweise – nur dieselben (berechtigten) Interessen in die Waagschale werfen. Dazu unten S. 93. Zum anderen muss bei der Interessenabwägung stets – bei Einfach- wie bei Mehrfachbedingungen – der gesamte Arbeitsvertrag in den Blick genommen werden. Dazu unten S. 74 u. 95 ff.

tragsbedingungen zwischen den Vertragsparteien im Einzelnen ausgehandelt sind. Nach § 310 III Nr. 2 aE BGB liegt dagegen trotz Vorformulierung zur Einfachverwendung eine kontrollfreie „echte“ Individualabrede vor, *soweit der Verbraucher trotz der Vorformulierung Einfluss auf den Inhalt der Vertragsbedingungen nehmen konnte.* Jedoch ist die abweichende Formulierung des § 310 III Nr. 2 aE BGB richtigerweise nur der Umsetzung der Richtlinie über missbräuchliche Klauseln in Verbraucherverträgen[193] geschuldet und begründet keinen Unterschied in der Sache.[194]
Auch die Beweislast ist an sich unterschiedlich verteilt. Bei Mehrfachbedingungen liegt es aufgrund der negativen Fassung des § 305 I 3 BGB beim Verwender, das Aushandeln zu beweisen.[195] Bei Einfachbedingungen muss der Vertragsgegner nach allgemeinen Grundsätzen das ihm günstige Merkmal der fehlenden Einflussmöglichkeit beweisen.[196] Letztlich bleibt der Unterschied allerdings minimal, weil sich der Verbraucher in aller Regel auf den Beweis des ersten Anscheins berufen kann.[197]

2. Abgrenzungsgrundsätze

Zur Eröffnung der Quotelungskontrolle kommt es folglich entscheidend darauf an, ob die Quotelungsbestimmung „im Einzelnen ausgehandelt“ wurde. *Aus*handeln erfordert nach einhelliger Auffassung mehr als *Ver*handeln.[198] Der Arbeitgeber als Verwender müsste den in seinen Allgemeinen Geschäftsbedingungen enthaltenen gesetzesfremden Kern (= den Provisions*anteil* am Gesamtlohn) inhaltlich ernsthaft zur Disposition stellen und dem Arbeitnehmer als seinem Vertragspartner Gestaltungsfreiheit zur Wahrung eigener Interessen einräumen.[199] Es müssten tatsächlich Verhandlungen – gerade zur Gesamtlohn*quotelung* – stattgefunden haben, bei denen der Arbeitgeber hinreichend deutlich signalisiert hat, dass er ernsthaft gewillt ist, den von ihm gewünschten gesetzesfremden Ge-

---

193 RL 93/13/EWG v. 05.04.1993 (ABlEG Nr. L 95, S. 29).

194 MünchKomm-BGB/*Basedow* § 310, Rdnr. 63; Palandt/*Heinrichs* § 310, Rdnr. 17; Wolf/*Horn*/Lindacher § 24a, Rdnr. 36; aA *Ulmer*/Brandner/Hensen § 24a, Rdnr. 47.

195 BGH v. 09.10.1986, ZIP 1986, 1466 (1467); MünchKomm-BGB/*Basedow* § 305, Rdnr. 43.

196 MünchKomm-BGB/*Basedow* § 310, Rdnr. 66; Palandt/*Heinrichs* § 310, Rdnr. 17; *Ulmer*/Brandner/Hensen § 24a, Rdnr. 51; Wolf/*Horn*/Lindacher § 24a, Rdnr. 37; aA *Bunte*, DB 1996, 1389 (1392); *v. Westphalen*, BB 1996, 2101 (2103).

197 MünchKomm-BGB/*Basedow* § 310, Rdnr. 67; Palandt/*Heinrichs* § 310, Rdnr. 17; *Ulmer*/Brandner/Hensen § 24a, Rdnr. 48 f.; Wolf/*Horn*/Lindacher § 24a, Rdnr. 37.

198 BGH v. 03.11.1999, NJW 2000, 1110 (1111); MünchKomm-BGB/*Basedow* § 305, Rdnr. 35; Palandt/*Heinrichs* § 305, Rdnr. 21.

199 BGH v. 09.10.1986, ZIP 1986, 1466 (1467); MünchKomm-BGB/*Basedow* § 305, Rdnr. 35; Palandt/*Heinrichs* § 305, Rdnr. 21.

samtlohn mit einem hohen Provisionsanteil auf Wunsch des Arbeitnehmers durch einen gesetzeskonforme(re)n Gesamtlohn mit einem geringeren – oder gar keinem – Provisionsanteil zu ersetzen. Insofern muss differenziert werden.

3. Kontrollfreiheit bei Vorgabe einer Soll-Quotelung

Der Vertragsentwurf des Arbeitgebers kann eine Soll-Quotelung vorgeben.[200] In einem solchen Fall können sich etwaige „Quotelungsaushandlungen" direkt auf diese Soll-Quotelung beziehen.[201] Der Arbeitgeber muss hinreichend deutlich signalisieren, dass er die gesetzesfremde Soll-Quotelung ernsthaft zur Disposition stellt und dem Arbeitnehmer Gestaltungsfreiheit zur Wahrung seiner Interessen („mehr Geld sicher") einräumt. Dann kann der Arbeitnehmer z.B. statt einer Soll-Quotelung zwischen Festlohnanteil und Provisionsanteil von 60:40 eine Soll-Quotelung von 80:20 „aushandeln".

4. Kontrollfreiheit ohne Vorgabe einer Soll-Quotelung

Sieht der ursprüngliche Vertragsentwurf des Arbeitgebers keine Soll-Quotelung vor, müssen etwaige „Quotelungsaushandlungen" bei der Höhe des Festlohns und eventuell auch der Höhe der Provisionssätze ansetzen.

Dabei muss zwischen einem Festlohn in Gestalt eines unverrechenbaren Fixums[202] und einem Festlohn in Gestalt einer verrechenbaren Provisionsgarantie[203] unterschieden werden, um zu erkennen, wann sich „Aushandlungen" auf die Gesamtlohn*quotelung* und nicht etwa auf die Gesamtlohn*höhe* bezogen haben.

Bei *Vorliegen einer verrechenbaren Provisionsgarantie* kann der Arbeitnehmer einfach deren Anhebung verlangen, ohne dass die Gesamtlohnhöhe „in oberen Absatz- oder Vermittlungsregionen" in irgendeiner Weise beeinflusst würde.[204]

---

200 Siehe das Formulierungsbeispiel oben S. 21.

201 Zwar müssen Ist- und Soll-Quotelung auch nach Erreichen des arbeitsvertraglichen Revisionszeitpunktes (im Beispiel: ein Jahr nach Aufnahme des Beschäftigungsverhältnisses) nicht zwangsläufig zur Deckung gebracht worden sein. Denn es bleiben arbeitnehmer-*freundliche* Abweichungen der Ist- von der Soll-Quotelung denkbar. Jedoch gibt der Arbeitgeber mit der Vorgabe einer Soll-Quotelung zu erkennen, dass er dem Arbeitnehmer in Sachen „Festlohnanteil am Gesamtlohn" einen Mindeststandard garantieren möchte.

202 Zu einem unverrechenbaren Fixum als Verkörperung eines arbeitsvertraglichen Festlohn(anteil)s siehe oben S. 1.

203 Zu einer verrechenbaren Provisionsgarantie als Verkörperung eines arbeitsvertraglichen Festlohn(anteil)s siehe oben S. 1 f.

204 Zur Umquotelung eines Mischlohns mit einer verrechenbaren Provisionsgarantie siehe unten S. 152 f.

Heben die Parteien die ursprünglich vorgesehene verrechenbare Provisionsgarantie an, kann es ihnen nur darum gegangen sein, dem Arbeitnehmer mehr Entgeltsicherheit zu verschaffen. Dasselbe gilt, wenn bei einem ursprünglich reinen Provisionslohn auf Betreiben des Arbeitnehmers nachträglich eine verrechenbare Provisionsgarantie eingeführt wurde.[205]
Bei *Vorliegen eines unverrechenbaren Fixums* könnte der Arbeitnehmer zum einen die „Aufsattelung" einer verrechenbaren Provisionsgarantie auf dieses unverrechenbare Fixum verlangen.[206] Zum anderen könnte er die Anhebung des unverrechenbaren Fixums unter gleichzeitiger Absenkung der Provisionssätze erstreben.[207] Heben die Arbeitsvertragsparteien dagegen nach entsprechenden Verhandlungen „lediglich" das als Sockelbetrag fungierende unverrechenbare Fixum an, ohne gleichzeitig eine Absenkung der Provisionssätze vorzunehmen, spricht eine starke Vermutung dafür, dass es ihnen allein – oder zumindest in erster Linie – um die Gesamtlohn*höhe* und nicht die Gesamtlohn*quotelung* ging. Eine ausgehandelte *Quotelungs*bestimmung kann dann kaum angenommen werden.

5. Kontrollfreiheit nach den Grundsätzen der Tarifwahl

Von einer ausgehandelten und damit kontrollfreien Quotelungsbestimmung könnte schließlich gesprochen werden, wenn der Arbeitgeber dem Arbeitnehmer ohne – langwierige – Diskussionen alternativ einen vorformulierten Arbeitsvertrag mit einem Mischlohn und einen vorformulierten Arbeitsvertrag mit einem – nicht übermäßig niedrige(re)n! – Festlohn anbietet. Insofern ließe sich der Gedanke der *Tarifwahl* auf die Quotelungskontrolle übertragen.
In den „klassischen" Fällen der Tarifwahl kann ein Kunde zwischen einem billigen Preis bei reduzierter Haftung des Verwenders und einem höheren Preis bei voller Haftung des Verwenders bzw. bei vollem Versicherungsschutz wählen.[208] Eine solch alternative Vertragsgestaltung wird von der herrschenden Meinung trotz grundsätzlicher Bedenken gegen das sog. Preisargument[209] für mit § 307

---

205 Zur Umquotelung eines reinen Provisionslohns siehe unten S. 151 f.

206 Unter dem Gesichtspunkt der weitestgehenden Wahrung der Gesamtlohnhöhe ist das die mit Abstand „eleganteste" Lösung der Umquotelung eines Mischlohns mit einem unverrechenbaren Fixum. Siehe unten S. 155 f.

207 Zum Problem der weitestgehenden Wahrung der Gesamtlohnhöhe bei einer solchen Vorgehensweise siehe unten S. 154 f.

208 Statt aller: MünchKomm-BGB/*Basedow* § 307, Rdnr. 43; Palandt/*Heinrichs* § 307, Rdnr. 14.

209 Dazu insbesondere: Staudinger/*Coester* § 9 AGBG, Rdnr. 94. Aber auch: BGH v. 09.05.1996, NJW-RR 1996, 1009 (1010); *Fastrich*, Inhaltskontrolle, S. 302 ff.; MünchKomm-BGB/*Basedow* § 307, Rdnr. 39 f.; Palandt/*Heinrichs* § 307, Rdnr. 14; *Preis*, Vertragsgestaltung, S. 322 ff.

BGB vereinbar gehalten, wenn die Alternative mit voller Haftung ernsthaft und wirksam angeboten wurde und nicht übermäßig verteuert ist.[210] Entgegen der herrschenden Meinung muss das Problem der Tarifwahl aber nicht bei § 307 BGB verortet werden, sondern bei der Frage des Vorliegens einer kontrollfreien „echten" Individualabrede. Die Einordnung bei § 307 BGB ist insofern durchgreifenden Bedenken ausgesetzt, als dort ein bewertender Zugriff auf das Äquivalenzverhältnis durch § 307 III 1 BGB versperrt ist.[211] Die herrschende Meinung übersieht zudem, dass eine von vornherein kontrollfreie „echte" Individualabrede vorliegt, wenn

> „eine ‚echte' Wahlfreiheit im Sinne ökonomisch vernünftiger Alternativen"

bestand.[212]

Bei Angebot eines nicht übermäßig niedrige(re)n Festlohns hätte der Arbeitgeber die „risikoreichere" Mischlohnvariante ernsthaft zur Disposition gestellt, so dass ein Aushandeln im Sinne des § 305 I 3 BGB vorläge. Eine Angemessenheitskontrolle wäre von vornherein unzulässig. Dazu ein Beispiel:

> Arbeitnehmer N soll im Außendienst des Arbeitgebers G das Produkt X verkaufen. N werden zwei alternative Arbeitsverträge (A und B) angeboten. Arbeitsvertrag A sieht einen reinen Festlohn i.H.v. € 1.500 monatlich vor. Arbeitsvertrag B sieht einen Mischlohn mit einem unverrechenbaren monatlichen Fixum i.H.v. € 1.000 vor. Je verkauftem Produkt X soll N zudem eine Absatzprovision i.H.v. € 50 beziehen. Die Erfahrung lehrt, dass ein „Durchschnittsaußendienstler" bei G 20 Produkte pro Monat verkauft. Auf Grundlage des Arbeitsvertrages B kann N daher in etwa[213] einen durchschnittlichen Gesamtlohn von € 2.000 pro Monat erwarten.
>
> Entscheidet sich N für Vertragsvariante B, kann er seine tatsächlich auf 50:50 lautende Quotelungsbestimmung nicht im Wege der Quotelungskontrolle angreifen, um sich unter Wahrung der Gesamtlohnhöhe auf einen Festlohn i.H.v. € 2.000 oder zumindest eine günstigere Quotelung (etwa 70:30 oder 80:20) zu klagen.
>
> Zwar erscheint es bedenklich, einem Arbeitnehmer durch Allgemeine Geschäftsbedingungen 50% des Arbeitserfolgsrisikos zuzuweisen. Jedoch liegt mit Blick auf die Quotelungsbestimmung überhaupt keine Allgemeine Geschäftsbedingung, sondern nach den Grundsätzen der Tarifwahl eine „echte" Individualabrede vor. G hat N die beiden Arbeitsvertragsvarianten ernsthaft zur Auswahl gestellt. Die

---

210 BGH v. 12.05.1980, BGHZ 77, 126 (134); MünchKomm-BGB/*Basedow* § 307, Rdnr. 43; Palandt/*Heinrichs* § 307, Rdnr. 14.

211 Staudinger/*Coester* § 9 AGBG, Rdnrn. 94 u. 97.

212 Staudinger/*Coester* § 9 AGBG, Rdnr. 97. Ebenso: *Fastrich*, Inhaltskontrolle, S. 305 und *Wolf*, JZ 1974, 41 (43). Siehe auch: *Lindacher*, Anm. zu BGH v. 22.02.2002, LM Nr. 35 zu § 6 AGBG.

213 Wegen der Individualität und Multikausalität des Absatz- oder Vermittlungserfolges ist beim Zugriff auf Durchschnittswerte (vermeintlich) vergleichbarer Arbeitnehmer jedenfalls *deutlich (!)* größere Vorsicht geboten als bei Akkordlöhnern.

Festlohnvariante (A) ist auch nicht als übermäßig niedrig einzustufen. Mit € 1.500 pro Monat liegt sie exakt in der Mitte zwischen dem Festlohnanteil (€ 1.000) bei der Mischlohnvariante (B) und dem auf Grundlage der Mischlohnvariante durchschnittlich zu erwartenden und auch tatsächlich durchschnittlich erreichten Gesamtlohn (€ 2.000).

II. Bedeutung der Umstandskontrolle

Die Umstandskontrolle erfolgt zusätzlich zur Inhaltskontrolle und komplettiert die Quotelungskontrolle im weiteren Sinne. Bei der Umstandskontrolle müssen die *konkret-individuellen* Umstände des jeweiligen Vertragsschlusses gewürdigt werden.[214] An dieser Stelle können und sollen deshalb nur einige Grundgedanken entfaltet werden.

In der Literatur wurden inzwischen zahlreiche Umstände herausgearbeitet, die nach § 310 III Nr. 3 BGB berücksichtigt werden können:[215]

- Einwirkung auf den Verbraucher bei Vertragsschluss (insbesondere „Überrumpelung"),
- geschäftliche Unerfahrenheit des Verbrauchers,
- rollenspezifische Unterlegenheit des Verbrauchers,
- Dringlichkeit des Bedarfs des Verbrauchers,
- Monopolstellung des Unternehmers,
- Bagatellisierung einzelner Bestimmungen durch den Unternehmer.

Viele dieser Umstände scheinen zunächst auf den klassischen „Nur-Verbraucher" zugeschnitten. Größtenteils lassen sie sich aber auf den neuen „Arbeitnehmer-Verbraucher" übertragen. So kann auch ein „Arbeitnehmer-Verbraucher":

- bei Vertragsschluss überrumpelt oder sonst wie beeinflusst werden,[216]
- in Sachen „Arbeitsvertragsschluss" besonders unerfahren sein,
- mit *Fastrich* rollenspezifisch (= abhängigkeitsbedingt) unterlegen sein,
- dringend auf einen Arbeitsplatz angewiesen sein,
- es mit einem Verwender zu tun haben, der ihm gegenüber (fast) als Monopolist auftritt, weil er – zumindest in seiner Region und Branche – der einzige Arbeitgeber – mit freien Stellen – ist,
- sich einem Verwender gegenübersehen, der bestimmte Arbeitsvertragsbestimmungen verharmlost.[217]

---

[214] *Michalski*, DB 1999, 677 (678).

[215] Siehe nur: *Michalski*, DB 1999, 677 und *Preis*, 50 Jahre BAG, S. 123 (137 f.) jeweils mwN.

[216] *Preis*, 50 Jahre BAG, S. 123 (138).

[217] *Preis*, 50 Jahre BAG, S. 123 (138).

Soweit nicht ohnehin eine nach §§ 305 I 3, 310 III Nr. 2 aE BGB kontrollfreie „echte“ Individualabrede vorliegt,[218] stellt die Umstandskontrolle insbesondere auch im Rahmen der Quotelungskontrolle im weiteren Sinne „ein flexibles Reaktionsinstrument“ dar,

> „um Vertragsgestaltungen mit erfahrenen Spitzenkräften (...) mit der gebotenen Zurückhaltung zu kontrollieren.“[219]

Denn die Umstandskontrolle erlaubt es insbesondere, das Kräfteverhältnis in den Verhandlungspositionen der konkret beteiligten Vertragsparteien zu berücksichtigen.[220] Heiß umworbenen Spitzenverkäufern oder Spitzenvermittlern darf daher tendenziell eine „risikofreudigere“ Gesamtlohnquotelung angeboten werden als einem „Durchschnittsarbeitnehmer“[221] oder gar einem besonders verhandlungsschwachen Bewerber. Dazu zwei Extrem-Beispiele, die auch verdeutlichen sollen, dass und wie sich die Umstandskontrolle gerade in „Grenzfällen“ *in beide Richtungen* auswirken kann.

> Beispiel 1:
> Arbeitgeber A stellt den unqualifizierten 56-jährigen Langzeitarbeitslosen L als Verkäufer für den Außendienst ein. Der zur Mehrfachverwendung vorformulierte Arbeitsvertrag des L sieht eine *Soll*-Quotelung zwischen Festlohnanteil und Provisionsanteil von 70:30 vor.
> Nachdem seine zunächst noch arbeitnehmerfeindlichere *Ist*-Quotelung mit der arbeitsvertraglichen Soll-Quotelung zur Deckung gebracht wurde, leitet L eine Quotelungskontrolle ein.
> Bei der (materiellen) Inhaltskontrolle nach § 307 II, I 1 BGB kommen dem Arbeitsrichter Bedenken, ob L wirklich mit 30% des Arbeitserfolgsrisiko belastet werden durfte.
> Die nachgelagerte Umstandskontrolle gemäß § 310 III Nr. 3 BGB dürfte die Wirksamkeitsbedenken des Arbeitsrichters eher ***bestärken*** als entkräften. Als unqualifizierter 56-jähriger Langzeitarbeitsloser hatte L bei Vertragsschluss eine überaus schwache Verhandlungsposition. Er musste praktisch nehmen, was kommt.
> Die abschließende Gesamtabwägung führt daher zu dem Ergebnis, dass die Quotelungsbestimmung unwirksam ist. Es wird festgestellt,[222] dass L – unter Wahrung seiner Gesamtlohnhöhe – ein höherer Festlohn zu zahlen ist.

---

[218] In Konstellationen, in denen die Umstandskontrolle *zugunsten des Arbeitgebers als Verwender* ausfällt, weil der Arbeitnehmer eine (besonders) starke Verhandlungsposition innehatte (siehe unten Beispiel 2), sollte zunächst gründlich geprüft werden, ob nicht schon eine nach §§ 305 I 3, 310 III Nr. 2 aE BGB kontrollfreie „echte“ Individualabrede vorliegt.

[219] *Preis*, NZA 2003, Sonderbeilage zu Heft 16, 19 (27).

[220] Vgl. soeben S. 38.

[221] *Birnbaum*, NZA 2003, 944 (947) stellt „qualifizierte“ und „normale“ Arbeitsverhältnisse gegenüber.

[222] Zu den möglichen Klagearten siehe unten S. 158 ff.

Beispiel 2:
Wie im obigen Beispiel, nur wirbt Arbeitgeber A diesmal den hoch qualifizierten 28-jährigen Spitzenverkäufer S bei der Konkurrenz als Verkäufer für seinen Außendienst ab.
Hier dürfte die nachgelagerte Umstandskontrolle gemäß § 310 III Nr. 3 BGB die Wirksamkeitsbedenken des Arbeitsrichters eher *entkräften* als bestärken. Als hoch qualifizierter 28-jähriger Spitzenverkäufer in ungekündigter Stellung bei der Konkurrenz hatte S bei Vertragsschluss eine überaus starke Verhandlungsposition. Anders als L musste S nicht nehmen, was kommt. Er hätte problemlos eine weniger „risikofreudige" Soll-Quotelung einfordern und vermutlich auch erreichen können. Die Angemessenheitskontrolle soll einen „potentiell abänderungsfähigen" Arbeitnehmer nicht vor seinen eigenen vertraglichen Versäumnissen schützen. Bei verhandlungsstarken Arbeitnehmern kann die Umstandskontrolle daher auch *zugunsten des Arbeitgebers* ausfallen und etwaige Wirksamkeitsbedenken aus der vorgelagerten materiellen Inhaltskontrolle ausräumen.
Die abschließende Gesamtabwägung führt daher zu dem Ergebnis, dass die Quotelungsbestimmung wirksam ist. S wird mit seiner Klage auf Feststellung eines erhöhten Festlohnanspruchs abgewiesen.

C. Zwischenergebnis

- Arbeitsverträge, bei deren Abschluss der Arbeitgeber als Unternehmer auftritt, sind als Verbraucherverträge im Sinne des § 310 III BGB einzuordnen.
- Die grundsätzliche Einstufung des Arbeitsvertrages als Verbrauchervertrag hat zur Folge, dass nach § 310 III Nr. 2 BGB auch *Einfach*bedingungen kontrollunterworfen sind und dass nach § 310 III Nr. 3 BGB eine zusätzliche *Umstands*kontrolle stattfindet.
- Die Einordnung einer Quotelungsbestimmung als Einfach- oder Mehrfachbedingung kann schwierig sein. Glücklicherweise kann die Unterscheidung dahinstehen. Bedeutsam ist allein die Abgrenzung zur kontrollfreien „echten" Individualabrede. Und insofern gelten für Einfach- und Mehrfachbedingungen – nahezu – identische Grundsätze.
- Eine „echte" Individualabrede liegt vor, wenn die Quotelungsbestimmung „im Einzelnen ausgehandelt" wurde. *Aus*handeln erfordert mehr als bloßes *Ver*handeln. Bei Vorgabe einer Soll-Quotelung können sich Aushandlungen direkt auf selbige beziehen. Ohne Vorgabe einer Soll-Quotelung muss genau geprüft werden, ob sich Aushandlungen nur auf die Gesamtlohn*höhe* oder tatsächlich – auch – auf die Gesamtlohn*quotelung* bezogen haben. Schließlich kommt ein Aushandeln nach den Grundsätzen der Tarifwahl in Betracht.
- Die Umstandskontrolle nach § 310 III Nr. 3 BGB bildet einen Teil der Quotelungskontrolle *im weiteren Sinne*. Sie ist ein wertvolles Differenzierungsinstrument, das sich durchaus auch *zugunsten des Arbeitgebers* auswirken kann. Die berücksichtigungsfähigen Umstände sind vielfältig. Viele der für den „Nur-Verbraucher" erarbeiteten Grundsätze lassen sich auf den „Arbeitnehmer-Verbraucher" übertragen.

3. Kapitel: Schranken der materiellen Inhaltskontrolle

§ 307 III 1 BGB normiert die Schranken der materiellen[223] Inhaltskontrolle. Hier erfolgt die Weichenstellung zwischen Entgelthöhekontrolle und Entgeltrisikoverteilungskontrolle. Sämtliche absoluten Entgelthöhebestimmungen (Höhe des Festlohns, Höhe der Provisionssätze, Höhe des Provisionslohns, Höhe des Gesamtlohns) bleiben als solche kontrollfrei. Setzt man sie ins Verhältnis, erhält man indes eine relative Aussage zur Verteilung des Arbeitserfolgsrisikos. Diese Aussage (= die Quotelungsbestimmung) ist kontrollunterworfen.

A. Kontrollfreiheit sämtlicher Entgelthöhebestimmungen

Eine materielle Inhaltskontrolle von Entgelthöhebestimmungen scheidet aus, weil es an einem normativen Kontrollmaßstab fehlt. Es gibt keine *einschlägigen*[224] Rechtsvorschriften, von denen eine arbeitsvertragliche Entgelthöhebestimmung abweichen oder die sie ergänzen könnte.[225]
Zum einen kommt weder § 612 II BGB noch der inhaltsgleiche[226] § 59 HGB, noch der parallel formulierte[227] § 87b I HGB als Kontrollmaßstab in Betracht. Das hat vier Gründe:
Erstens würde eine Entgelthöhekontrolle bei *Arbeits*verträgen[228] zu einer „durch nichts zu rechtfertigenden Sonderbehandlung gegenüber anderen Vertragstypen" und damit „zu einem untragbaren Wertungswiderspruch führen."[229]
Zweitens taugen die drei Normen nicht als Leitbild einer *Angemessenheits*kontrolle. Denn die *übliche* Vergütung bzw. der *übliche* Provisionssatz kann *unangemessen* niedrig sein.[230] Zwar deckt sich die übliche Vergütung oftmals mit der

---

[223] Die *formelle* Inhaltskontrolle (Transparenzkontrolle) nach § 307 I 2 BGB findet gemäß § 307 III 2 BGB „schrankenlos" statt. Sie soll nicht Gegenstand dieser Arbeit sein. Siehe oben S. 21 f.

[224] Dazu: *Hromadka*, NJW 2002, 2523 (2526); *Joost*, ZIP 1996, 1685 (1686); *Schaefer*, VersR 1978, 4 (8 ff.).

[225] Entgelthöhebestimmungen unterliegen der materiellen Inhaltskontrolle, wenn – anders als im Arbeitsrecht – für den betreffenden Bereich eine staatliche Gebührenordnung existiert. Dazu: BGH v. 30.10.1991, ZIP 1992, 186 (187); OLG Stuttgart v. 16.06.1987, NJW 1987, 2020 (2021); *Joost*, ZIP 1996, 1685 (1688); MünchKomm-BGB/*Basedow* § 307, Rdnr. 15; Palandt/*Heinrichs* § 307, Rdnr. 59.

[226] Dazu: *Andelewski*, Mindestarbeitsbedingungen, S. 171 ff.

[227] Dazu: ErfK/*Schaub* § 87b HGB, Rdnr. 2; MünchArbR/*Kreßel* § 68, Rdnr. 40; *Schaub* § 76, Rdnr. 45.

[228] Und wegen §§ 632 II, 653 II BGB bei Werk- und Maklerverträgen.

[229] *Canaris*, WM 1996, 237 (240). Ebenso: *Brandner*, FS Hauß, 1 (13).

[230] *Andelewski*, Mindestarbeitsbedingungen, S. 169.

tariflichen Vergütung.[231] Jedoch trägt die tarifliche Vergütung keine uneingeschränkte Angemessenheitsvermutung in sich, weil die tarifliche Vergütungsregelung nicht ohne weiteres vom tariflichen Gesamtwerk isoliert werden kann.[232] Für den Bereich der Handlungsgehilfen ist die angemessene Vergütung zwar in § 59 S. 2 HGB angesprochen. Eine angemessenen Vergütung gilt aber nur in Ermangelung eines Ortsgebrauchs (= in Ermangelung einer üblichen Vergütung) als vereinbart.

Drittens löst die oftmalige Deckung von üblicher und tariflicher Vergütung Bedenken mit Blick auf Art. 9 III GG und § 5 TVG aus.[233] Über den Umweg der üblichen Vergütung würde die tarifliche Vergütung zum Maßstab der materiellen Inhaltskontrolle erklärt. Tarifliche Vergütungsregelungen taugen aber richtigerweise nicht als Maßstab einer materiellen Inhaltskontrolle.[234]

Viertens – und vor allem! – treffen §§ 612 II BGB, 59, 87b I HGB nur subsidiäre Regelungen für den Fall, dass die Höhe des Entgelts bzw. des Provisionssatzes nicht bestimmt oder die Entgelthöhebestimmung unwirksam[235] ist. Keine der drei Vorschriften greift ein, um eine zweifelhafte Entgelthöhebestimmung zunächst zu kassieren.[236]

Zum anderen scheiden auch Tarifverträge als Maßstab einer Entgelthöhekontrolle nach § 307 BGB aus. Insofern hatte *Däubler*[237] für einige Aufregung gesorgt, von der bereits *Henssler*[238] hoffte, sie werde nur von kurzer Dauer sein. Und in der Tat: *Däubler* hat kaum Jünger gefunden.[239] Die inzwischen ganz herrschende Meinung lehnt die Eröffnung einer Entgelthöhekontrolle über die bloße Abweichung von Tarifverträgen ab.[240] Ihre Kernaussage lautet: Die von *Däubler*

---

231 *Andelewski*, Mindestarbeitsbedingungen, S. 168; *Gotthardt*, Arbeitsrecht, Rdnr. 270.

232 *Andelewski*, Mindestarbeitsbedingungen, S. 169.

233 *Andelewski*, Mindestarbeitsbedingungen, S. 170.

234 Dazu sogleich.

235 BAG v. 10.03.1960, AP Nr. 2 zu § 138 BGB (Leitsatz 1); v. 17.04.2002, NZA 2002, 1334 (1335) = DB 2002, 2653; LAG Berlin v. 03.11.1986, AP Nr. 14 zu § 65 HGB; *Andelewski*, Mindestarbeitsbedingungen, S. 165; ErfK/*Preis* § 612, Rdnr. 2; *Franke*, Lohnwucher, S. 188; *Pfeiffer*, Kurzkommentar zu OLG Frankfurt v. 11.02.1993, EWiR § 8 AGBG 1/93, 419 (420); RGRK/*Hilger* § 612, Rdnr. 15; aA Staudinger/*Richardi* § 612, Rdnr. 24.

236 BGH v. 19.11.1991, NJW 1992, 688 (689); *Canaris*, WM 1996, 237 (240); *Franke*, Lohnwucher, S. 188; *Gotthardt*, Arbeitsrecht, Rdnr. 270; *Meder*, NJW 1996, 1849 (1851).

237 NZA 2001, 1329 (1334).

238 RdA 2002, 129 (136).

239 Zustimmend: *Lakies*, NZA-RR 2002, 337 (344). Unentschieden: *Reinecke*, DB 2002, 583 (585).

240 *Annuß*, BB 2002, 458 (460); *Bartz*, AuA 2002, 62 (65); *Bayreuther*, RdA 2003, 81 ff.; *Diehn*, NZA 2004, 129 (135); ErfK/*Preis* §§ 305-310 BGB, Rdnr. 38; *Franke*, Lohnwucher, S. 190 ff.; *Gotthardt*, Arbeitsrecht, Rdnr. 269; *Henssler*, RdA 2002, 129 (136 u. 140); *Hönn*, ZfA 2003, 325 (331); *Hromadka*, NJW 2002, 2523 (2527); *Joost*, FS Ulmer, S. 1199 (1206 ff.); MünchKomm-BGB/*Basedow* § 310, Rdnr. 96; *Lieb*, FS Ulmer, S. 1231 (1242 ff.); *Lindemann*, AuR 2002, 81 (86 f.); *dies.*, AuR 2004, 201 (205); *Linge-*

fehlinterpretierten §§ 307 IV 3, 307 III 1 BGB treffen in puncto Kontrollunterworfenheit bzw. Kontrollfreiheit nur eine Aussage zugunsten der Kontroll*freiheit*.[241] Anders gewendet: Eine Klausel bleibt kontroll*frei*, wenn sie einen einschlägigen Tarifvertrag wiederholt. Eine Klausel ist aber nicht allein deswegen kontroll*unterworfen*, weil sie von irgendeinem Tarifvertrag – nicht aber dem Dispositivrecht[242] – in irgendeiner Form abweicht. Die Argumente der herrschenden Meinung überzeugen. Sie sollen hier nicht im Einzelnen nachvollzogen werden. Der Streit scheint entschieden. Deshalb mag der Hinweis genügen, dass Wortlaut und Systematik der §§ 307 II und III, 310 IV 3 BGB[243] ebenso gegen *Däubler* streiten wie die Gesetzesmaterialien[244] und der Sinn und Zweck der Schrankenvorschrift[245]. Zudem führt die Mindermeinung zu praktischen Unwägbarkeiten[246] und beschwört Bedenken mit Blick auf die negative Koalitionsfreiheit (Art. 9 III GG) sowie § 5 TVG herauf.[247]

B. Kontrollunterworfenheit der Quotelungsbestimmung

I. Auslegung des § 307 III 1 BGB

Die Quotelungsbestimmung entstammt dem Entgeltbereich. Im Entgeltbereich wird die Entscheidung über die Kontrollunterworfenheit oder Kontrollfreiheit

---

mann, NZA 2002, 181 (188 f.); *Preis*, NZA 2003, Sonderbeilage zu Heft 16, 19 (31 f.); *Richardi*, NZA 2002, 1057 (1061 f.); *Schwerdtner*, FS Honsell, S. 371 (373 f.); *Singer*, RdA 2003, 194 (198); *Thüsing*, BB 2002, 2666 (2671); *Tschöpe*, DB 2002, 1830 (1833 f.).

241 Am deutlichsten: *Henssler*, RdA 2002, 129 (136) und *Lieb*, FS Ulmer, S. 1231 (1243).

242 *Richardi*, NZA 2002, 1057 (1061).

243 Dazu: *Bartz*, AuA 2002, 62 (65); *Bayreuther*, RdA 2003, 81 (82); *Diehn*, NZA 2004, 129 (135); *Gotthardt*, Arbeitsrecht, Rdnr. 269; *Henssler*, RdA 2002, 129 (136); *Lieb*, FS Ulmer, S. 1231 (1243); *Lindemann*, AuR 2002, 81 (86 f.); *Lingemann*, NZA 2002, 181 (188); *Reuter*, 50 Jahre BAG, S. 177 (194); *Tschöpe*, DB 2002, 1830 (1833).

244 BT-Dr 14/6857, S. 54. Dazu: *Bayreuther*, RdA 2003, 81 (82); *Joost*, FS Ulmer, S. 1199 (1208); *Reinecke*, DB 2002, 583 (585); *Tschöpe*, DB 2002, 1830 (1833).

245 Dazu: *Bayreuther*, RdA 2003, 81 (84 f.); *Diehn*, NZA 2004, 129 (135); *Hromadka*, NJW 2002, 2523 (2527); *Lieb*, FS Ulmer, S. 1231 (1243 f.); *Lingemann*, NZA 2002, 181 (189); *Thüsing*, BB 2002, 2666 (2671); *Tschöpe*, DB 2002, 1830 (1833 f.).

246 Dazu: *Bayreuther*, RdA 2003, 81 (85); *Joost*, FS Ulmer, S. 1199 (1207); *Richardi*, NZA 2002, 1057 (1061); *Thüsing*, BB 2002, 2666 (2671).

247 Dazu: *Annuß*, BB 2002, 458 (460); *Bartz*, AuA 2002, 62 (65); *Bayreuther*, RdA 2003, 81 (83 f.); *Diehn*, NZA 2004, 129 (135); *Gotthardt*, Arbeitsrecht, Rdnr. 269; *Henssler*, RdA 2002, 129 (136); *Hromadka*, NJW 2002, 2523 (2527); *Joost*, FS Ulmer, S. 1199 (1207 f.); *Lieb*, FS Ulmer, S. 1231 (1244); *Lingemann*, NZA 2002, 181 (189); *Schwerdtner*, FS Honsell, S. 371 (373); *Thüsing*, BB 2002, 2666 (2671); *Tschöpe*, DB 2002, 1830 (1833).

einer Bestimmung seit jeher als besonders problematisch angesehen. Schon deshalb soll die Kontrollunterworfenheit der Quotelungsbestimmung mit Hilfe der anerkannten Methoden der Gesetzesauslegung herausgearbeitet werden. Außerdem hat sich *Reichold*[248] unter Hinweis auf die angebliche Kontrollfreiheit von „Entgeltkonditionen" ausdrücklich für die Kontrollfreiheit des Verhältnisses von Provisionsanteil zu Festlohnanteil ausgesprochen. Die gründliche Auslegung des § 307 III 1 BGB wird zeigen, dass er irrt. Als Entgelt*risikoverteilungs*bestimmung unterscheidet sich die Quotelungsbestimmung deutlich von den kontrollfreien Entgelt*höhe*bestimmungen – auch wenn der Entgeltquotelung ein *mittelbarer* Einfluss auf die Entgelthöhe nicht abgesprochen werden kann.
Im Wege der systematischen Auslegung muss § 307 III 1 BGB als Teil eines möglichst widerspruchsfrei zu interpretierenden Ganzen (= des AGB-Abschnitts, §§ 305 – 310 BGB) aufgefasst werden. Gestützt durch die Befunde der grammatikalischen, der historischen und der teleologischen Auslegung wird gezeigt, dass die Quotelungsbestimmung schlicht deswegen kontrolliert werden *darf* und kontrolliert werden *soll*, weil sie anhand normativer Vorgaben kontrolliert und ggf. ersetzt werden *kann*.[249] Diese Erkenntnis erfordert einen Vorgriff auf den Ablauf der materiellen Inhaltskontrolle[250] sowie die Folgen eines etwaigen Unwirksamkeitsurteils.[251] Auch die Ausführungen zur Umquotelung eines Gesamtlohns in der Praxis[252] müssen teilweise vorweggenommen werden. All dies bedingt eine leserfeindliche Vielzahl an „Abwärtsverweisen" in diesem Kapitel.

1. Wortlaut

Die Auslegung des § 307 III 1 BGB hat vom Wortlaut auszugehen.[253] Bei unbefangener Betrachtung spricht § 307 III 1 BGB eine eindeutige Sprache.[254] Die materielle Inhaltskontrolle greift nur ein bei

> „Bestimmungen in Allgemeinen Geschäftsbedingungen, durch die von Rechtsvorschriften abweichende oder diese ergänzende Regelungen getroffen werden."

---

248 RdA 2002, 321 (332).
249 *Dylla-Krebs*, Schranken, S. 280 unterscheidet in puncto Kontrollfreiheit drei Motive: Kann-nicht-Motiv (S. 120 ff.), Braucht-nicht-Motiv (S. 131 ff.) und Darf-nicht-Motiv (S. 151 ff.).
250 Unten Kapitel 4.
251 Unten Kapitel 5.
252 Unten Kapitel 6, Abschnitt B.
253 Siehe bereits die Mahnung von *Brandner*, FS Hauß, S. 1 (5) vor einem Zusteuern auf die angeblich vom Gesetzgeber verfolgten Regelungszwecke ohne die gebotene Analyse des Gesetzestextes.
254 *Joost*, ZIP 1996, 1685 (1686).

Der Ausschluss der materiellen Inhaltskontrolle betrifft nach dem Wortlaut des § 307 III 1 BGB nicht speziell den Entgeltbereich, sondern „den gesamten Bereich, der nicht durch Rechtsvorschriften geregelt ist."[255] Entgeltbereich und unnormierter Bereich können sich überschneiden. Sie sind aber nicht deckungsgleich. Die simple Kontrollfrage muss lauten: Weicht die Quotelungsbestimmung von Rechtsvorschriften ab oder ergänzt sie diese? Falls ja, ist sie kontrollunterworfen. Falls nein, bleibt sie kontrollfrei.
Bei bloßer Subsumtion unter den Gesetzeswortlaut ist eine Quotelungsbestimmung kontrollunterworfen, *wenn sie von der gesetzlichen Quotelungsbestimmung abweicht*. Eine solche gesetzliche Quotelungsbestimmung existiert. Im nächsten Kapitel wird gezeigt, dass ein reiner Festlohn im Arbeitsvertragsrecht als gesetzlicher Regelfall anzusehen ist.[256] Die gesetzliche Quotelungsbestimmung zwischen Festlohnanteil und Provisionsanteil lautet auf 100:0. Jede arbeitsvertragliche Quotelungsbestimmung, die eine andere Aussage trifft, ist kontrollunterworfen. Jeder arbeitsvertragliche Mischlohn oder reine Provisionslohn kann einer Quotelungskontrolle unterzogen werden. Nur bei einem reinen arbeitsvertraglichen Festlohn ist eine Quotelungskontrolle ebenso unzulässig wie sinnlos. Eine vertragliche Quotelungsbestimmung, die sich mit der gesetzlichen Quotelungsbestimmung (100:0) deckt, ist eine deklaratorische (gesetzeswiederholende) Bestimmung und deklaratorische Bestimmungen sind nach allgemeiner Ansicht von der materiellen Inhaltskontrolle freigestellt.[257]

2. Gesetzesmaterialien

a) Kontrollunterworfenheit als Regelfall

Vor der Schuldrechtsmodernisierung war das Regel-Ausnahme-Verhältnis zwischen Kontrollunterworfenheit und Kontrollfreiheit umstritten.[258] Im Zuge der Schuldrechtsreform hat der Gesetzgeber Stellung bezogen: Die Kontrollunterworfenheit ist die Regel, die Kontrollfreiheit die Ausnahme. Das soll durch die Einordnung der Schrankenvorschrift *am Ende* des neuen „Mammutparagraphen"[259] des § 307 BGB bekräftigt werden:[260]

---

[255] *Joost*, FS Ulmer, S. 1199 (1206).
[256] Siehe unten S. 86 ff.
[257] Zu den Gründen: BGH v. 23.10.1996, ZIP 1996, 2075 (2076); *Canaris*, NJW 1987, 609 (611); *Meder*, NJW 1986, 1849; MünchKomm-BGB/*Basedow* § 307, Rdnr. 6; Palandt/*Heinrichs* § 307, Rdnr. 63; *Preis*, Vertragsgestaltung, S. 249; *Stoffels*, JZ 2001, 843 (844).
[258] Für die Kontrollunterworfenheit als Regel: *Dylla-Krebs*, Schranken, S. 277. Für die Kontrollfreiheit als Regel: *Joost*, ZIP 1996, 1685 (1686).
[259] Mit Recht kritisch: Palandt/*Heinrichs* § 307, Rdnr. 1.
[260] BT-Dr 14/6040, S. 154. Erwähnt von: *Bayreuther*, RdA 2003, 81 (82).

> „Da im Grundsatz davon auszugehen ist, dass alle Bestimmungen in Allgemeinen Geschäftsbedingungen an den Maßstäben der bisherigen §§ 9 bis 11 AGBG gemessen werden müssen und dass der bisherige § 8 AGBG lediglich eine Ausnahme von der Inhaltskontrolle für bestimmte Klauseln zulässt, ist die Reihenfolge der bisherigen §§ 8 und 9 AGBG getauscht worden. Zunächst soll sich nunmehr in § 307 Abs. 1 und 2 RE der Grundsatz der Inhalts- und Transparenzkontrolle, sodann in § 307 Abs. 3 RE die Ausnahme dazu finden."

Die Festlegung des Regel-Ausnahme-Verhältnisses hat Konsequenzen für die Handhabung des § 307 III 1 BGB im Allgemeinen und die Beurteilung der Quotelungsbestimmung im Besonderen: Die eher kontrollfreudige Haltung des BGH wurde bestätigt. Als Ausnahmevorschrift ist § 307 III 1 BGB eng auszulegen.[261] Die Schrankenvorschrift ist nicht analogiefähig. Die Begründungslast wurde den Befürwortern der Kontrollfreiheit einer Bestimmung zugewiesen. Es muss die (ausnahmsweise) Kontrollfreiheit und nicht die (regelmäßige) Kontrollunterworfenheit begründet werden. Dementsprechend müsste eigentlich dargelegt werden, warum gerade die Quotelungsbestimmung kontroll*frei* bleiben soll.

b) Keine Besonderheiten im Entgeltbereich

Die ausnahmsweise Kontrollfreiheit der Quotelungsbestimmung lässt sich – entgegen *Reichold*[262] – jedenfalls nicht mit ihrer bloßen Zugehörigkeit zum Entgeltbereich begründen.

Zum einen beruht die vermeintliche Sonderstellung von Bestimmungen aus dem Entgeltbereich auf einer Fehlinterpretation der Gesetzesmaterialien zum alten AGBG. In der amtlichen Begründung des Regierungsentwurfs heißt es:

> „Die Vorschrift stellt sicher, dass die materiell-rechtlichen Maßstäbe für den Inhalt von AGB (...) nur dort gelten, wo AGB dazu dienen, von Rechtsvorschriften abweichende oder diese ergänzende Regelungen zu treffen. Die Leistungsbeschreibung einschließlich etwaiger in AGB enthaltener Festlegungen des Entgelts unterliegt der Inhaltskontrolle *demnach*[263] ebenso wenig wie AGB, die lediglich den Inhalt gesetzlicher Regelungen wiedergeben. Denn aufgrund der Inhaltskontrolle (...) soll weder eine Kontrolle der Preise oder Leistungsangebote ermöglicht noch sollen Vorschriften anderer Gesetze modifiziert werden."

Einige Autoren[264] zitieren nur den mittleren Satz. Dadurch gelangen sie zu einem unzutreffenden Normverständnis. Der Gesetzeswortlaut lässt keine Sonderstellung von Bestimmungen aus dem Entgeltbereich erkennen. Dieser Befund wird durch die Gesetzesmaterialien eher gestärkt als ausgehebelt. Zwar werden

---

261 Vgl. LAG Hamm v. 24.01.2003, NZA 2003, 499 (501).
262 Siehe oben S. 45.
263 Hervorhebung vom Verfasser.
264 So etwa: *Canaris*, NJW 1987, 609 (613); *Hübner*, FS Steindorff, S. 589 (598) und *Stoffels*, JZ 2001, 843 (844).

„Festlegungen des Entgelts" gesondert hervorgehoben. Das entscheidende Wort ist jedoch das *„demnach"* im mittleren Satz. Es beweist, dass der Gesetzgeber die Kontrollfreiheit der Hauptleistungspflichten nur als *Resultat (!)* der Tatsache ansieht, dass die Kontrollunterworfenheit nur dort besteht, wo einschlägige Rechtsvorschriften ergänzt werden oder von ihnen abgewichen wird. Deshalb hat *Joost*[265] Recht, wenn er meint, die vermeintliche Sonderstellung von Entgeltfestlegungen sei

> „kein eigenständiger Gesetzeszweck, sondern eine bei der Formulierung von § 307 III 1 BGB mitbedachte Folge der Zurücknahme staatlicher Regelungsmacht in diesem Bereich."[266]

Zum anderen ist in den Gesetzesmaterialien die Rede von *„Festlegungen des Entgelts"*. Das meint Bestimmungen zur Entgelt*höhe* und nicht zur Entgelt*risikoverteilung*.[267] Die Entgelthöhe wird durch die Quotelungsbestimmung aber weder festgelegt noch verraten. Entgelthöhewerte dienen lediglich der Ermittlung der Quotelungsbestimmung, die in ihrer Relativität (70:30 oder 60:40) selbst keinerlei Aussagen in puncto Entgelthöhe trifft.

3. Gesetzessystematik

a) Wechselwirkung mit § 306 II BGB

Zur Beurteilung der Kontrollunterworfenheit oder Kontrollfreiheit einer Bestimmung aus dem Entgeltbereich stellen einige Stimmen in der Literatur[268] und ein Teil der Rechtsprechung[269] darauf ab, ob im Falle der Unwirksamkeit einer Bestimmung dispositives *Gesetzes*recht an ihre Stelle treten könnte. Verneinendenfalls müsse die Bestimmung kontrollfrei bleiben. Ansonsten verbliebe eine unausfüllbare Regelungslücke. Methodisch erfolgt eine systematische Auslegung des § 307 III 1 BGB mit § 306 II BGB. Das ist dogmatisch fragwürdig, weil die Rechtsfolge zum Tatbestand erhoben wird.[270] Jedenfalls führt dieser Unterscheidungsansatz nicht zur Kontrollfreiheit der Quotelungsbestimmung. Mit seiner Hilfe möchte der BGH kontrollfreie Entgeltabreden von kontrollunterworfenen Entgelt*neben*abreden scheiden. Kontrollunterworfene Entgeltnebenabreden zeichnen sich nach Ansicht des BGH[271] dadurch aus, dass sie sich zwar mittelbar auf das Entgelt auswirken, an ihre Stelle aber bei Fehlen einer wirksa-

---

265 ZIP 1996, 1685 (1686).
266 AA *Bayreuther*, RdA 2003, 81 (88).
267 *Lieb*, FS Ulmer, S. 1231 (1242).
268 Siehe nur: *Meder*, NJW 1986, 1849 (1851).
269 Siehe nur: BGH v. 19.11.1991, NJW 1992, 688 (689).
270 *Derleder/Metz*, ZIP 1996, 573 (578 und dort Fn. 26).
271 v. 19.11.1991, NJW 1992, 688 (689).

men vertraglichen Bestimmung dispositives Gesetzesrecht treten könnte. Die Quotelungsbestimmung erfüllt beide Voraussetzungen einer kontrollunterworfenen Entgeltnebenabrede: Zum einen wirkt sie sich nur *mittelbar* auf die Entgelthöhe aus. So meint das BAG:[272]

> „Auch wenn (...) das Verhältnis von Festgehalt zu variablen Einkommensbestandteilen generell festgelegt werden soll, ist damit über die Höhe des Gesamteinkommens nicht entschieden. Es kann das Verhältnis von Festgehalt und Provision in verschiedenster Weise festgelegt werden, ohne dass sich die Höhe des Gesamteinkommens auch nur um einen Pfennig ändert."

Zum anderen kann die Quotelungsbestimmung – wie das fünfte Kapitel zeigen wird – im Falle ihrer Unwirksamkeit durch dispositives Gesetzesrecht ersetzt werden.

b) Wechselwirkung mit § 307 II, I 1 BGB

In systematischer Auslegung mit § 307 II, I 1 BGB ergibt sich, dass es sich bei § 307 III 1 BGB um gar keine „echte" Schrankenvorschrift handelt. Als Rechtskontrolle bedarf die materielle Inhaltskontrolle eines normativen Kontrollmaßstabs.[273] Diesen Kontrollmaßstab liefern die einschlägigen Rechtsvorschriften, von denen eine Bestimmung in Allgemeinen Geschäftsbedingungen abweichen muss, um nach § 307 III 1 BGB kontrollunterworfen zu sein. Die vermeintliche *Beschränkung* der materiellen Inhaltskontrolle ist damit untrennbar mit dem *Maßstab* der materiellen Inhaltskontrolle verbunden.[274] § 307 III 1 BGB bringt lediglich *Können* und *Sollen* zur Deckung. Die Vorschrift ist rein deklaratorisch. Sie benennt die immanenten Schranken der materiellen Inhaltskontrolle, anstatt ihr von außen Grenzen zu setzen. Die Inhaltskontrolle *soll* nur dort stattfinden, wo sie als Rechtskontrolle ablaufen *kann*. Abgesehen von der besonderen Klarstellungsfunktion der vermeintlichen Schrankenvorschrift haben § 307 III 1 BGB und § 307 II, I 1 BGB „kongruente Regelungsgehalte".[275]

Für die Quotelungskontrolle bedeutet die systematische Auslegung des § 307 III 1 BGB mit § 307 II, I 1 BGB etwas sehr Simples: Die Quotelungsbestimmung *soll* kontrolliert werden, weil sie kontrolliert werden *kann*. Das nächste Kapitel

---

[272] v. 06.12.1988, AP Nr. 37 zu § 87 BetrVG 1972 Lohngestaltung. Kritisch: *Reuter*, Anm. zu BAG v. 06.12.1988, AP Nr. 37 zu § 87 BetrVG 1972 Lohngestaltung mit dem berechtigten Hinweis, dass die Umquotelung eines Mischlohns niemals völlig einkommensneutral vonstatten gehen könne. Denn je höher der Festlohnanteil, desto weniger schwanke der Gesamtlohn. Freilich dürfte auch *Reuter* von einem nur *mittelbaren* Einfluss auf die Gesamtlohnhöhe ausgehen.

[273] Statt aller: *Fastrich*, Inhaltskontrolle, S. 9; *ders.*, RdA 1997, 65 (79); *Preis*, Vertragsgestaltung, S. 360.

[274] *Schaefer*, VersR 1978, 4 (7).

[275] *Niebling*, WM 1992, 845 (852).

wird zeigen, dass die Quotelungskontrolle weitestgehend normativ vorstrukturiert ist und damit als Rechtskontrolle im Sinne des § 307 II, I 1 BGB ablaufen kann.

4. Sinn und Zweck

§ 307 III 1 BGB hat einen doppelten Normzweck. Der erste Normzweck ist unstreitig: Deklaratorische Bestimmungen sollen von der materiellen Inhaltskontrolle freigestellt werden, weil ansonsten eine mittelbare Normenkontrolle drohte.[276] Nach Art. 20 III GG ist der Richter an Gesetz und Recht gebunden. Der Richter unterliegt den Vorgaben des Gesetzes, nicht das Gesetz dem Angemessenheitsurteil des Richters. Dieser Verfassungsgrundsatz würde auf den Kopf gestellt, wenn der Richter gesetzeswiederholende Bestimmungen – und damit mittelbar das Gesetz – auf ihre Angemessenheit überprüfen dürfte. Die Kontrollfreiheit deklaratorischer Bestimmungen hat – wie bereits aufgezeigt[277] – zur Folge, dass eine Quotelungskontrolle ausscheidet, wenn die Quotelung zwischen Festlohnanteil und Provisionsanteil 100:0 lautet, also ein reiner Festlohn vereinbart ist. Eine Quotelungskontrolle wäre dann ohnehin unsinnig.
Der zweite Normzweck ist umstritten: Die bisherigen Auslegungsmethoden deuten darauf hin, dass § 307 III 1 BGB den Charakter der materiellen Inhaltskontrolle als *Rechts*kontrolle sichern soll. Nach diesem Normverständnis steht der Quotelungskontrolle nichts im Wege.[278] Einer anderen Ansicht zufolge dient § 307 III 1 BGB der Wahrung marktwirtschaftlicher Prinzipien.[279] Für das vertragliche Äquivalenzverhältnis[280] existiere ein eigenes, abgeschlossenes Kontrollsystem in Gestalt von Markt und Wettbewerb.[281] Nach diesem Normverständnis dient § 307 III 1 BGB nicht der Abgrenzung kontrollunterworfener und kontrollfreier Bestimmungen, sondern der Abgrenzung zweier Kontrollmechanismen: Markt und Wettbewerb auf der einen Seite, materielle richterliche Inhaltskontrolle auf der anderen Seite.[282] Allerdings steht zu vermuten, dass auch die Anhänger eines marktbezogenen Ansatzes keine Bedenken gegen die Quote-

---

276 *Canaris*, NJW 1987, 609 (611); *Meder*, NJW 1986, 1849; *Preis*, Vertragsgestaltung, S. 249; *Stoffels*, JZ 2001, 843 (844 und dort Fn. 9).

277 Siehe oben S. 46.

278 Siehe soeben S. 49 f.

279 Siehe nur: *Canaris*, NJW 1987, 609 (613); *Dylla-Krebs*, Schranken, S. 151 ff. (Darf-nicht-Motiv); *Stoffels*, JZ 2001, 843 (844 ff.).

280 Zum – für die Quotelungskontrolle irrelevanten – Versuch, das vertragliche Äquivalenzverhältnis im Wege der *richtlinienkonformen* Auslegung über die Vorgaben des nationalen Rechts hinaus kontrollfrei zu stellen, siehe: *Stoffels*, JZ 2001, 843 (845) einerseits und MünchKomm-BGB/*Basedow* § 307, Rdnr. 4 f. andererseits.

281 *Canaris*, NJW 1987, 609 (613). Ausführlich: *Dylla-Krebs*, Schranken, S. 151 ff.

282 *Stoffels*, JZ 2001, 843 (847 f.).

lungskontrolle hegen würden. Insofern kann dahinstehen, ob der – jedenfalls zurzeit – angespannte *Arbeits*markt überhaupt funktionstüchtig genug ist, um im Entgeltbereich für eine hinreichende Marktregulierung zu sorgen.[283] Denn die Quotelungskontrolle zielt jedenfalls nicht auf die Beurteilung des arbeitsvertraglichen Äquivalenzverhältnisses ab. Sofern sie darauf gerichtet ist, einen größeren Teil des Gesamtlohns erfolgsunabhängig auszugestalten, berührt dies das Äquivalenzverhältnis schon deshalb nicht, weil der Arbeitserfolg vom Arbeitnehmer selbst bei Vereinbarung eines (teilweisen) Provisionslohns nicht geschuldet ist.[284] Das Äquivalenzverhältnis bezeichnet aber stets nur das Verhältnis von *geschuldeter* Leistung und *geschuldeter* Gegenleistung.[285]

II. Theorie von der Erlaubnisnorm

§ 65 HGB anerkennt die Möglichkeit provisionsmäßiger Vergütung unselbständiger Handlungsgehilfen. Die Norm enthält einen Teilverweis auf das Provisionsrecht der selbständigen Handelsvertreter. Dieser Teilverweis gilt – über den Wortlaut und die systematische Stellung hinaus – für alle provisionsmäßig vergüteten Arbeitnehmer; auch für solche, die keine Handlungsgehilfen im Sinne des § 59 HGB sind.[286]
Eine erfolgreiche Quotelungskontrolle wäre undenkbar, wenn § 65 HGB als spezialgesetzliche Erlaubnisnorm einzustufen wäre. Der Vorschrift müsste dann die eindeutige Aussage zu entnehmen sein, dass ein *reiner* Provisionslohn *auch in vorformulierten* Arbeitsverträgen unbedenklich ist.

1. Prüfungsstandort

Die Theorie von der Erlaubnisnorm wird unterschiedlich verortet. *Canaris*[287] möchte § 307 III 1 BGB analog auf Bestimmungen anwenden, die von spezial-

---

[283] Dass viele Arbeitnehmer jedenfalls *alleine* über keine hinreichende Marktmacht verfügen, wird durch die von unserer Rechtsordnung (vgl. Art. 9 III GG) anerkannten Zusammenschlüsse einzelner Arbeitnehmer zu Gewerkschaften und die damit einhergehende *kollektive* Interessenwahrnehmung - ggf. im Wege des Arbeitskampfes - belegt. An die Stelle des Einzelarbeitsvertrages tritt in erheblichem Umfang der Kollektivvertrag in Gestalt des Tarifvertrages (vgl. insbes. §§ 1- 5 TVG).

[284] Siehe bereits oben S. 2 f. sowie ausführlich unten S. 131 f.

[285] BGH v. 09.05.1996, NJW 1996, 1009 (1010). In anderem Zusammenhang auch: MünchKomm-BGB/*Ernst* § 275, Rdnr. 77.

[286] MünchArbR/*Kreßel* § 68, Rdnr. 12; *Schiek*, BB 1997, 310 (313 und dort Fn. 33).

[287] NJW 1987, 609 (611).

gesetzlichen Erlaubnisnormen gedeckt sind.[288] Damit wären Bestimmungen von vornherein der materiellen Inhaltskontrolle entzogen, die lediglich einen spezialgesetzlichen Erlaubnisrahmen ausfüllen. Die Kontrollfreiheit entspreche dem Sinn und Zweck des § 307 III 1 BGB, wonach die Inhaltskontrolle nicht dazu diene, gesetzliche Interessenbewertungen zu überprüfen.[289] Die Kontrollfreiheit decke sich auch mit dem erklärten Willen des Gesetzgebers:[290]

> „Demgemäß haben spezialgesetzliche Vorschriften, die (...) für bestimmte Arten von Verträgen Regelungen treffen, die nach den §§ (...) dieses Gesetzes unwirksam wären, für ihren Anwendungsbereich Vorrang vor dem AGB-Gesetz."

Basedow tritt dieser Einschätzung entgegen. Nach dem Wortlaut des § 307 III 1 BGB *ergänzten* auch Bestimmungen, die eine spezialgesetzliche Erlaubnisnorm ausfüllen, Rechtsvorschriften und unterlägen damit der materiellen Inhaltskontrolle.[291] Für die Kontrollunterworfenheit sprächen auch der gesetzgeberische Wille und die richtlinienkonforme Auslegung.[292] Denn bei Verbraucherverträgen – und damit auch bei Arbeitsverträgen[293] – seien nach § 310 III Nr. 3 BGB die den Vertragsschluss begleitenden Umstände zu berücksichtigen, so dass das Ergebnis im Einzelfall „von der notwendig generalisierenden gesetzgeberischen Wertung abweichen" könne.[294] Dieser Einwand überzeugt. Hinzu tritt ein Weiteres: *Canaris* muss einen Analogieschluss bemühen. Als Ausnahmevorschrift[295] ist § 307 III 1 BGB aber überhaupt nicht analogiefähig.

Trotz allem wird die Theorie von der Erlaubnisnorm bereits an dieser Stelle diskutiert. Das hat zwei Gründe: Zum einen soll das nächste Kapitel, das den Kern der Arbeit bildet, vor einer Überfrachtung bewahrt werden. Zum anderen wäre eine erfolgreiche Quotelungskontrolle unabhängig vom Prüfungsstandort der

---

288 Ähnlich: *Dylla-Krebs*, Schranken, S. 89 ff., 279. Erlaubnisnormausfüllende Bestimmungen seien kontrollfrei. Zwar erfüllten sie den Wortlaut des § 307 III 1 BGB. Die Schrankenvorschrift sei jedoch *teleologisch zu reduzieren*. Insofern unterliegt *Dylla-Krebs* einem Denkfehler. Es geht um die *erweiternde* Anwendung der Schrankenvorschrift. Daher kann allenfalls zur Analogie, nicht aber zur teleologischen Reduktion (= *Einschränkung*) gegriffen werden. Ohne nähere Begründung für eine Verortung bei § 307 III 1 BGB: Palandt/*Heinrichs* § 307, Rdnr. 67.

289 *Canaris*, NJW 1987, 609 (611); *Dylla-Krebs*, Schranken, S. 93 ff., 279.

290 BT-Dr 7/3919, S. 22.

291 MünchKomm-BGB/*Basedow* § 307, Rdnr. 10; *Niebling*, WM 1992, 845 (849).

292 MünchKomm-BGB/*Basedow* § 307, Rdnr. 11.

293 Siehe oben S. 30 ff.

294 MünchKomm-BGB/*Basedow* § 307, Rdnr. 11. Das übersieht das OLG Stuttgart v. 16.06.1987, NJW 1987, 2020 (2022), das den Einordnungsstreit ergebnisorientiert dahinstehen lässt, weil eine Bestimmung, die durch eine spezialgesetzliche Erlaubnisnorm gedeckt sei, jedenfalls nicht als unangemessen bezeichnet werden könne.

295 Siehe oben S. 47.

Theorie der Erlaubnisnorm nur ausgeschlossen, wenn § 65 HGB als spezialgesetzliche Erlaubnisnorm einzustufen wäre. Das ist aber nicht der Fall.

2. Anforderungen an eine spezialgesetzliche Erlaubnisnorm

Eine spezialgesetzliche Erlaubnisnorm erfordert einen tatbestandlich exakt fixierten Erlaubnisrahmen und muss nach Auslegung ihres Sinngehalts gerade (auch) Abweichungen durch Allgemeine Geschäftsbedingungen abdecken.[296] Letzteres ist insbesondere dann der Fall, wenn der Erlaubnisrahmen mit Hilfe von Individualabreden kaum in sinnvoller Weise ausgenutzt werden kann.[297]
§ 65 HGB erfüllt beide Voraussetzungen nicht. Die Vorschrift lässt nicht erkennen, dass gerade (auch) Quotelungsbestimmungen in Allgemeinen Geschäftsbedingungen erfasst sein sollen. Sie gibt auch keinen exakten Erlaubnisrahmen vor. § 65 HGB enthält lediglich die Aussage, dass eine provisionsmäßige Vergütung von Arbeitnehmern *grundsätzlich* möglich ist. Über die zulässige Quotelung von Festlohnanteil und Erfolgsanteil besagt die Norm nichts. Die *Möglichkeit teilweise provisionsmäßiger Vergütung* kann nicht mit der *uneingeschränkten Zulässigkeit rein provisionsmäßiger Vergütung* gleichgesetzt werden.[298] Der Verweis auf das Provisionsrecht der Handelsvertreter ist nur fragmentarisch. Selbst die in Bezug genommenen Vorschriften des Handelsvertreterrechts sind auf Arbeitsverhältnisse nur entsprechend anzuwenden.[299] Das BAG[300] betont, dass bei der Anwendung von Vorschriften des Provisionsrechts der Handelsvertreter

> „die Unterschiede in der rechtlichen und wirtschaftlichen Stellung des Handelsvertreters einerseits und des Arbeitnehmers andererseits zu beachten“

seien. § 65 HGB bezweckt keine vollkommene provisionsrechtliche Gleichstellung von selbständigen Handelsvertretern und unselbständigen Arbeitnehmern. Das gilt nicht nur für die Ausgestaltung des Provisionsanteils, sondern auch für die Zulässigkeit eines *reinen* Provisionslohns.[301] Am deutlichsten wird dies anhand der fehlenden Inbezugnahme von § 92a HGB in § 65 HGB. Nach § 84 I 1

---

296 *Canaris*, NJW 1987, 609 (611); *Canaris*, NJW 1987, 2407 (2408); *Dylla-Krebs*, Schranken, S. 97 ff. u. 279.

297 *Canaris*, NJW 1987, 2407 (2408).

298 Ebenso: LAG Hamm v. 16.10.1989, ZIP 1990, 880 (886); *Rieble*, NZA 2000, Sonderbeilage zu Heft 3, 34 (44): „Soweit es um die Provision des angestellten Handelsvertreters geht, prallen zwei ‚Leitbilder' aufeinander: § 615 BGB versus § 65 HGB."

299 MünchArbR/*Kreßel* § 68, Rdnr. 12; *Schaub* § 76, Rdnr. 7.

300 v. 04.07.1972, AP Nr. 6 zu § 65 HGB (Leitsatz 1) m. zust. Anm. *Herschel*, der das Vorgehen des BAG methodisch sauber als teleologische Reduktion des § 65 HGB einordnet.

301 Ebenso: LAG Hamm v. 16.10.1989, ZIP 1990, 880 (886).

HGB sind Handelsvertreter selbständige Gewerbetreibende. Unter den Selbständigen nehmen sie aber eine Sonderstellung ein.[302] Mit dem Handelsvertreterrecht wurde ihnen ein besonderer, zwingend ausgestalteter Sozialschutz eingeräumt.[303] Einfirmenhandelsvertreter können nach § 5 III ArbGG zu den arbeitnehmerähnlichen Personen gehören, für die nach § 92a I 1 HGB durch Rechtsverordnung die untere Grenze der vertraglichen Leistungen des Vertragspartners festgesetzt werden kann, um ihre notwendigen sozialen und wirtschaftlichen Bedürfnisse sicherzustellen. Derartige staatliche Mindestarbeitsbedingungen könnten[304] gemäß § 92a I 2 HGB vertraglich weder ausgeschlossen noch beschränkt werden. Die Stellung von Einfirmenvertretern ähnelt der Stellung von Arbeitnehmern stark.[305] Anders als Arbeitnehmer können Einfirmenvertreter selbst bei Einstufung als arbeitnehmerähnliche Person keine Tarifverträge schließen (vgl. § 12a IV TVG). Nach § 5 III ArbGG sind sie allenfalls prozessrechtlich Arbeitnehmern gleichgestellt. Die Lücke im materiellen Recht schließt § 92a HGB.[306] Eine Verordnung nach § 92a HGB dient als Ersatz für den fehlenden Tarifvertrag.[307] Zwar könnte eine solche Verordnung kein *vollwertiger* Tarifersatz sein. Während ein Tarifvertrag aufgrund des Aushandelns durch zwei gleichwertige Tarifpartner grundsätzlich eine Angemessenheitsgewähr für die Vergütung in sich trägt, soll eine auf Grundlage des § 92a HGB erlassene Rechtsverordnung dem Einfirmenvertreter nicht zu einem angemessenen Entgelt verhelfen, sondern sich darauf beschränken, ein Existenzminimum zu sichern.[308] Dennoch deutet die fehlende Inbezugnahme von § 92a HGB in § 65 HGB darauf hin, dass nach der Vorstellung des Gesetzgebers die dort genannten Mindestarbeitsbedingungen bei Arbeitnehmern bereits anderweitig sichergestellt werden[309] – sei es über einen arbeitsvertraglichen Festlohnanteil, einen Tarifvertrag oder eine Betriebsvereinbarung.[310] Der Gesetzgeber ging zuvorderst von der *Chancenbeteiligung neben einem Festlohn* und nicht von der *Risikobeteiligung ohne jeglichen Festlohn* aus.[311]

---

302 *Otto*, Gemeinsame Anmerkung zu AP Nr. 34 – 36 zu § 611 BGB Abhängigkeit; *Plander*, RdA 1973, 234 (241).

303 BGH v. 21.01.1965, BGHZ 43, 108 (110); *Birk*, ZVglRWiss 79 (1980), 269 (270); MünchArbR/*Richardi* § 6, Rdnr. 13.

304 Bislang wurde von der Ermächtigung des § 92a HGB noch kein Gebrauch gemacht. *Andelewski*, Mindestarbeitsbedingungen, S. 162; ErfK/*Schaub* § 92a HGB, Rdnr. 1.

305 BT-Dr 1/3856, S. 40.

306 *Andelewski*, Mindestarbeitsbedingungen, S. 164.

307 *Birk*, ZVglRWiss 79 (1980), 269 (273).

308 BT-Dr 1/3865, S. 41; *Andelewski*, Mindestarbeitsbedingungen, S. 160 u. 192.

309 LAG Hamm v. 16.10.1989, ZIP 1990, 880 (886); aA LAG Berlin v. 03.11.1986, AP Nr. 14 zu § 65 HGB = DB 1987, 1899.

310 LAG Berlin v. 03.11.1986, AP Nr. 14 zu § 65 HGB = DB 1987, 1899.

311 § 65 HGB wird zwar nicht an dieser Stelle, durchaus aber in anderen Zusammenhängen relevant. Siehe unten S. 93 u. 128.

III. Kontrollfreiheit mit Blick auf Kollektivverträge

Nach §§ 310 IV 3, 307 III 1 BGB bleiben Bestimmungen in Allgemeinen Geschäftsbedingungen kontrollfrei, wenn sie lediglich eine Bestimmung aus einem Tarifvertrag oder einer Betriebsvereinbarung wiedergeben.[312] Auch eine Quotelungsbestimmung kann über §§ 310 IV 3, 307 III 1 BGB ausnahmsweise kontrollfrei sein.

1. Tarifverträge

a) Entgeltquotelung als Gegenstand eines Tarifvertrages

Selbst in Branchen, in denen eine Provisionsentlohnung üblich ist, begnügen sich Tarifverträge zumeist mit der Festschreibung eines Mindestentgelts. Das tarifliche Mindestentgelt wirkt als Einkommensgarantie.[313] Mitunter finden sich Bestimmungen zur Verrechnung von tariflichem Mindestentgelt und verdienten Provisionen.[314] Im Übrigen ist nach der Rechtsprechung des BAG[315] davon auszugehen, dass über das tarifliche Mindestentgelt hinausgehende Vergütungsansprüche erst entstehen, wenn nach den Maßstäben der vertraglichen Provisionsordnung mehr als das tarifliche Mindestentgelt verdient wurde.

Neuerdings enthalten Tarifverträge auch relative (= prozentuale) Bestimmungen zur Zusammensetzung eines Gesamtlohns aus einem Festlohnanteil und einem variablen Lohnanteil. So sieht der Tarifvertrag zur leistungs- und/oder erfolgsorientierten variablen Vergütung im privaten Bankgewerbe vom 13.12.2002[316] in § 2 vor, dass das „Variabilisierungsvolumen" (Anteil der leistungs- und/oder erfolgsorientierten Vergütung an der Gesamtvergütung) maximal vier Prozent betragen darf. Mit dem nächsten Tarifabschluss soll sich das „Variabilisierungsvolumen" auf acht Prozent erhöhen.[317] Allerdings kann die leistungs- und/oder erfolgsorientierte Vergütung nach § 1 des Tarifvertrages nicht einzelvertraglich, sondern nur durch freiwillige Betriebs-/Dienstvereinbarung eingeführt werden.

---

[312] Zum Normzweck: BT-Dr 14/6857, S. 54 und *Witt*, NZA 2004, 135 (136 ff.). Kritisch für Betriebsvereinbarungen: *Annuß*, BB 2002, 458 (459); *Gotthardt*, Arbeitsrecht, Rdnr. 337; *Reuter*, 50 Jahre BAG, S. 177 (193); *Singer*, RdA 2003, 194 (197).

[313] *Löwisch*, ZHR 139 (1975), 362 (368); *Schiek*, BB 1997, 310 (311); *Seifert*, DB 1979, 2034 (2039). Siehe nur: § 10 Abs. 6 des Manteltarifvertrags für den Einzelhandel in NRW v. 20.09.1996.

[314] Siehe nur: § 19 Ziff. 1 des Manteltarifvertrags für das private Versicherungswesen (Einkommen der Angestellten des Werbeaußendienstes) v. 28.06.1996.

[315] v. 29.10.1986, AP Nr. 14 zu § 1 TVG Tarifverträge: Einzelhandel; v. 19.01.2000, RdA 2002, 110. Dazu auch: *Schiek*, BB 1997, 310 (311).

[316] Dazu: *Domschke*, AuA 2003, 42.

[317] BDA-Mitteilung III/37 v. 16.12.2002.

Trifft ein Tarifvertrag nur Aussagen in puncto Entgelt*höhe*, kann die Quotelungskontrolle nicht über §§ 310 IV 3, 307 III 1 BGB ausgeschlossen sein. Es fehlt an einer tarifvertragliche *Quotelungs*vorgabe, die in einem vorformulierten Arbeitsvertrag beachtet worden sein könnte. Gibt ein Tarifvertrag dagegen ein „Variabilisierungsvolumen" vor, existiert also eine tarifvertragliche Quotelungsbestimmung, kann die Quotelungskontrolle über §§ 310 IV 3, 307 III 1 BGB ausgeschlossen sein.

b) Tarifgebundenheit beider Arbeitsvertragsparteien

Sind beide Arbeitsvertragsparteien nach § 3 I TVG an einen Tarifvertrag gebunden, der eine Quotelungsbestimmung enthält, scheidet eine Quotelungskontrolle wegen §§ 310 IV 3, 307 III 1 BGB in jedem Falle aus. Deckt sich die arbeitsvertragliche Quotelungsbestimmung mit der tarifvertraglichen Quotelungsbestimmung oder weicht die arbeitsvertragliche Quotelungsbestimmung *zugunsten* des Arbeitnehmers von der tarifvertraglichen Quotelungsbestimmung ab (vg. § 4 III TVG), würde im Rahmen der Quotelungskontrolle mittelbar auch die tarifvertragliche Quotelungsbestimmung auf ihre Angemessenheit überprüft. Das soll § 310 IV 3 BGB gerade verhindern.[318] Die Abweichung von Rechtsvorschriften im Sinne des § 307 III 1 BGB ist insofern als arbeitnehmer*feindliche* Abweichung von Rechtsvorschriften zu lesen. Bei beiderseitiger Tarifgebundenheit scheidet eine Quotelungskontrolle aber selbst dann aus, wenn die arbeitsvertragliche Quotelungsbestimmung *zulasten* des Arbeitnehmers von der tarifvertraglichen Quotelungsbestimmung abweicht. Nach § 4 I 1 TVG gelten die Rechtsnormen eines Tarifvertrages, die den Inhalt von Arbeitsverhältnissen ordnen, *unmittelbar und (halb-)zwingend* zwischen den beiderseits Tarifgebundenen. Sie gestalten das Arbeitsverhältnis insofern, als tarifwidrige Vertragsbestimmungen *automatisch* unwirksam sind und *automatisch* durch die tarifvertragliche Bestimmung ersetzt werden.[319] Auf die Kenntnis oder Billigung der Arbeitsvertragsparteien kommt es nicht an.[320] Vor diesem Hintergrund kann es überhaupt keine arbeitnehmerfeindlichere arbeitsvertragliche Quotelungsbestimmung geben.[321] Eine Quotelungskontrolle schiede nach §§ 310 IV 3, 307 III 1 BGB aus, weil die vermeintliche arbeitnehmerfeindliche Abweichung vom Tarifvertrag ein rechtliches Nullum wäre. Die tarifrechtlichen Mechanismen (§ 4 I 1, III TVG) sind insofern gegenüber den Vorschriften des AGB-Abschnitts (§§ 305 – 310 BGB) als lex specialis einzustufen.[322] Bei arbeitnehmerfeindlicher Abwei-

---

318 BT-Dr 14/6857, S. 54; *Witt*, NZA 2004, 135 (136 ff.).

319 ErfK/*Schaub* § 4 TVG, Rdnrn. 32 u. 34; *Schaub* § 204, Rdnrn. 5 u. 15.

320 ErfK/*Schaub* § 4 TVG, Rdnr. 31; *Schaub* § 204, Rdnr. 5.

321 *Hromadka*, NJW 2002, 2523 (2526); *Reuter*, 50 Jahre BAG, S. 177 (194).

322 Zum Verhältnis von materieller Inhaltskontrolle (lex generalis) und tarifrechtlichen Mechanismen (lex specialis): *Annuß*, BB 2002, 458 (460); *Bartz*, AuA 2002, 62 (65); *Bayreuther*, RdA 2003, 81 (82); *Diehn*, NZA 2004, 129 (130); *Hromadka*, NJW 2002, 2523

chung von der tarifvertraglichen Quotelungsvorgabe kann der Arbeitnehmer über § 4 I 1, III TVG „nur“ die Einräumung der tarifvertraglichen Quotelung verlangen. Ein Beispiel:

> Beide Arbeitsvertragsparteien sind tarifgebunden. Der einschlägige Tarifvertrag sieht ein „Variabilisierungsvolumen“ von 30 Prozent vor. Bewegt sich der Provisionsanteil des Arbeitnehmers unterhalb von 30 Prozent des Gesamtlohns oder beträgt er genau 30 Prozent des Gesamtlohns, bleibt die arbeitsvertragliche Quotelungsbestimmung wirksam. Eine gegenüber der tarifvertraglichen Vorgabe arbeitnehmer*freundlichere* arbeitsvertragliche Quotelungsbestimmung hat ebenso wie eine arbeitnehmerfreundlichere Entgelthöhebestimmung nach dem Günstigkeitsprinzip des § 4 III TVG Bestand. Überschreitet der Provisionsanteil 30 Prozent des Gesamtlohns, bleibt die Quotelungsbestimmung trotz der vermeintlich arbeitnehmer*feindlichen* Abweichung von einem Tarifvertrag nach §§ 310 IV 3, 307 III 1 BGB kontrollfrei. Denn in Wahrheit decken sich arbeitsvertragliche und tarifvertragliche Quotelungsbestimmung, weil die tarifvertragliche Quotelungsbestimmung nach § 4 I 1 TVG *unmittelbar und (halb-)zwingend* wirkt und die arbeitnehmerfeindlichere arbeitsvertragliche Quotelungsbestimmung daher automatisch überlagert. Der Arbeitnehmer kann „nur“ eine Umquotelung nach tarifrechtlichen Prinzipien (§§ 4 I 1, III TVG) verlangen. Diese Umquotelung ist ihm freilich gewiss.

c) Keine Tarifgebundenheit beider Arbeitsvertragsparteien

Bei fehlender beiderseitiger Tarifgebundenheit der Arbeitsvertragsparteien scheidet ein Vorgehen des Arbeitnehmers nach § 4 I 1, III TVG aus. Dem Arbeitnehmer bleibt allein die Quotelungskontrolle. Konkurrenzfragen stellen sich nicht. Problematisch ist lediglich die *Reichweite der Kontrollfreiheit* nach §§ 310 IV 3, 307 III 1 BGB. Insofern formuliert *Henssler*[323] die Kernfrage und benennt zugleich die Extreme:

> „Ist jede Vertragsklausel, die mit irgendeiner Klausel in irgendeinem Tarifvertrag identisch ist, von der Inhaltskontrolle ausgenommen oder muss – anderes Extrem – ein kompletter hypothetisch einschlägiger Tarifvertrag wiederholt werden oder liegt die Lösung zwischen diesen Polen?“

Als gesichert dürfte Folgendes gelten: Die Reichweite der Kontrollfreiheit muss sich an der Reichweite der Angemessenheitsvermutung eines Tarifvertrages orientieren.[324] Die Angemessenheitsvermutung greift nur, wenn ein Tarifvertrag

---

(2526); *Joost*, FS Ulmer, S. 1199 (1207); *Lieb*, FS Ulmer, S. 1231 (1244); *Reuter*, 50 Jahre BAG, S. 177 (194); *Richardi*, NZA 2002, 1057 (1061).

323 RdA 2002, 129 (136).

324 Nur *Witt*, NZA 2004, 135 (136 ff.) richtet seine Überlegungen an dem Normzweck der „Verhinderung einer mittelbaren Tarifzensur“ aus, kommt aber zu denselben Ergebnissen

wiederholt wird, der bei beiderseitiger Tarifgebundenheit normativ gelten würde.[325] Es muss sich also um einen räumlich einschlägigen[326] Branchentarifvertrag handeln. Branchen- und ortsfremde Tarifverträge entfalten keine Angemessenheitsvermutung. Ein hypothetisch einschlägiger Tarifvertrag entfaltet seine Angemessenheitswirkung nahezu unstreitig, wenn eine Globalverweisung vorliegt, im Arbeitsvertrag also der gesamte Tarifvertrag in Bezug genommen wurde.[327] Dagegen entfaltet selbst ein hypothetisch einschlägiger Tarifvertrag unstreitig keine Angemessenheitsvermutung, wenn eine Einzelverweisung vorliegt, im Arbeitsvertrag also nur einzelne Bestimmungen des Tarifvertrages in Bezug genommen wurden.[328] Umstritten ist die Rechtslage bei Teilverweisungen.[329] Teilverweisungen stehen zwischen Globalverweisungen (Angemessenheitsvermutung) und Einzelverweisungen (keine Angemessenheitsvermutung).[330] Eine Teilverweisung liegt vor, wenn im Arbeitsvertrag ein gesamter, in sich geschlossener Regelungskomplex aus dem Tarifvertrag in Bezug genommen wurde. Für die Kontroll*unterworfenheit* bei Teilverweisungen sprechen die besseren Argumente: Als Ausnahmevorschrift ist § 310 IV 3 BGB allgemein eng auszulegen. Für eine enge Auslegung gerade in puncto Teilverweisungen sprechen die Gesetzesmaterialien. Dort wird die Kontrollunterworfenheit nur verneint, wenn auf einen Kollektivvertrag *als Ganzes* verwiesen wird.[331] Zwar kann man dort über die Kontrollfreiheit diskutieren, wo das Gesetz Teilverweisungen auf Tarif-

---

wie die hM unter denjenigen, die sich an der „Angemessenheitsvermutung von Tarifverträgen" ausrichten.

325 *Annuß*, BB 2002, 458 (460); *Bayreuther*, RdA 2003, 81 (91); *Diehn*, NZA 2004, 129 (131); ErfK/*Preis* §§ 305-310 BGB, Rdnr. 15 ff.; *Gotthardt*, ZIP 2002, 277 (281); *Gotthardt*, Arbeitsrecht, Rdnr. 266; *Henssler*, RdA 2002, 129 (136); *Hönn*, ZfA 2003, 325 (335); *Joost*, FS Ulmer, S. 1199 (1209); *Lindemann*, AuR 2002, 81 (86); *Richardi*, NZA 2002, 1057 (1062); *Singer*, RdA 2003, 194 (198); *Thüsing*, BB 2002, 2666 (2674); *Witt*, NZA 2004, 135 (137).

326 Auf Grundlage seines Normverständnisses (s.o. Fn. 324) ganz klar: *Witt*, NZA 2004, 135 (137); aA *Singer*, RdA 2003, 194 (198).

327 ErfK/*Preis* §§ 305-310 BGB, Rdnr. 16; *Gotthardt*, Arbeitsrecht, Rdnr. 266; aA ist nur *Löwisch*, FS Wiedemann, S. 311 (320 ff.), der § 310 IV 3 BGB überhaupt nicht auf Kollektivverträge anwenden möchte, die nur kraft Verweisung gelten.

328 Statt aller: *Annuß*, BB 2002, 458 (460); *Bayreuther*, RdA 2003, 81 (91); *Diehn*, NZA 2004, 129 (130 f.); ErfK/*Preis* §§ 305-310 BGB, Rdnr. 19; *Gotthardt*, Arbeitsrecht, Rdnr. 267; *Witt*, NZA 2004, 135 (138).

329 Für Kontroll*freiheit* bei Teilverweisungen: ErfK/*Preis* §§ 305-310 BGB, Rdnr. 21 f.; *Henssler*, RdA 2002, 129 (136). Für Kontroll*unterworfenheit* bei Teilverweisungen: *Däubler*, NZA 2001, 1329 (1335 f.); *Diehn*, NZA 2004, 129 (131); *Gotthardt*, Arbeitsrecht, Rdnr. 268; *Joost*, FS Ulmer, S. 1199 (1209); *Thüsing*, BB 2002, 2666 (2674); *Witt*, NZA 2004, 135 (138).

330 ErfK/*Preis* §§ 305-310 BGB, Rdnr. 20.

331 BT-Dr 14/6857, S. 54. Das muss auch ErfK/*Preis* §§ 305-310 BGB, Rdnr. 20 zugeben.

normkomplexe ausdrücklich ermöglicht.[332] Die Kontrollfreiheit lässt sich aber nicht über diesen Bereich hinaus erstrecken.[333] Würde man die Wertungen des Gesetzes übertragen, müsste man – wie mitunter das Gesetz – konsequenterweise auch Einzelverweisungen zulassen.[334] Für die umfassende Kontrollunterworfenheit bei gesetzlich nicht geregelten Teilverweisungen sprechen zudem Rechtssicherheit und Praktikabilität. Anderenfalls müsste der Richter beurteilen, welche tarifvertraglichen Bestimmungen genau zu einem Regelungskomplex gehören und ob dieser Regelungskomplex in sich geschlossen ist, seine Angemessenheitsvermutung also nicht erst im Zusammenspiel mit kompensatorischen Bestimmungen aus anderen Regelungskomplexen entfaltet.[335] Für das grundsätzliche Erfordernis einer Globalverweisung streitet schließlich eine Parallele zur Einbeziehung der VOB/B.[336] (Nur) Wenn diese kollektiv ausgehandelten AGB als Ganzes ohne ins Gewicht fallende Änderungen einbezogen wurden, entfällt im Ergebnis eine materielle Inhaltskontrolle nach § 307 BGB.[337]
Für die Quotelungskontrolle bedeutet dies: Eine Quotelungsbestimmung bleibt nach §§ 310 IV 3, 307 III 1 BGB kontrollfrei, wenn ein *potentiell einschlägiger* Tarifvertrag eine Quotelungsvorgabe enthält, dieser Tarifvertrag *komplett* in Bezug genommen wurde und die arbeitsvertragliche Quotelungsbestimmung die tarifvertragliche Quotelungsvorgabe einhält.

2. Betriebsvereinbarungen

a) Entgeltquotelung als Gegenstand einer Betriebsvereinbarung

Die Quotelung zwischen Festlohnanteil und Provisionsanteil ist grundsätzlich nach § 87 I Nr. 10 BetrVG mitbestimmungspflichtig. Bei der Quotelungsbestimmung handelt es sich nicht um einen Geldfaktor im Sinne des § 87 I Nr. 11

---

332 ErfK/*Preis* §§ 305-310 BGB, Rdnr. 21; *Gotthardt*, Arbeitsrecht, Rdnr. 268; *Richardi*, NZA 2002, 1057 (1062). Siehe etwa: §§ 622 IV 2 BGB, 13 I 2 BUrlG, 7 III ArbZG, 4 IV 2 EFZG.

333 *Gotthardt*, Arbeitsrecht, Rdnr. 268; aA ErfK/*Preis* §§ 305-310 BGB, Rdnr. 22.

334 *Gotthardt*, Arbeitsrecht, Rdnr. 268.

335 Schwierigkeiten bei der Entwicklung subsumtionsfähiger Kriterien für die Beurteilung der Isolierbarkeit und Ausgewogenheit eines Regelungskomplexes müssen auch *Henssler*, RdA 2002, 129 (136) und *Witt*, NZA 2004, 135 (138) einräumen.

336 *Diehn*, NZA 2004, 129 (131); *Gotthardt*, ZIP 2002, 277 (282); *Gotthardt*, Arbeitsrecht, Rdnr. 268; aA *Henssler*, RdA 2002, 129 (136).

337 BGH v. 16.12.1982, BGHZ 86, 135 (141 f.); *Diehn*, NZA 2004, 129 (131); *Gotthardt*, Arbeitsrecht, Rdnr. 268; MünchKomm-BGB/*Basedow* § 307, Rdnr. 119; Palandt/*Heinrichs* § 307, Rdnr. 11.

BetrVG, sondern nach wohl einhelliger Meinung um einen Entlohnungsgrundsatz[338] im Sinne des § 87 I Nr. 10 BetrVG.[339] Das BAG[340] führt aus:

> „Erhalten Vertriebsbeauftragte (angestellte Verkäufer) ein Einkommen, das sich aus einem Grundgehalt, einem variablen erfolgsabhängigen Einkommen (Provision) und Prämien zusammensetzt, hat der Betriebsrat bei der Festlegung des Verhältnisses von Festgehalt zu den variablen Einkommensbestandteilen sowie bei der Festlegung des Verhältnisses der variablen Einkommensbestandteile untereinander mitzubestimmen."

Das Mitbestimmungsrecht des Betriebsrats in puncto Entgeltquotelung wird nicht (generell) durch den Einleitungssatz des § 87 I BetrVG ausgeschlossen. Der Einleitungssatz zu § 87 I BetrVG statuiert einen Gesetzesvorrang und einen Tarifvorrang. Die gesetzliche Quotelungsbestimmung („reiner Festlohn") steht einem Mitbestimmungsrecht des Betriebsrats niemals entgegen. Denn die gesetzliche Quotelungsbestimmung ist nicht zwingend, sondern dispositiv. Nach ganz herrschender Meinung wird ein Mitbestimmungsrecht des Betriebsrats nur durch zwingende gesetzliche Regelungen ausgeschlossen, die den Betriebsparteien ohnehin keinen Gestaltungsspielraum belassen.[341] Was den Tarifvorrang anbelangt, ist bereits fraglich, ob man davon sprechen kann, dass Mischlohnquotelungen *üblicherweise* in Tarifverträgen geregelt werden (vgl. § 77 III BetrVG). Jedenfalls reicht nach herrschender Meinung die bloße Tarifüblichkeit nicht aus.[342] Es muss tatsächlich eine den Arbeit*geber* (vgl. § 3 II TVG)[343] bindende tarifliche Regelung bestehen. Deshalb wird das Mitbestimmungsrecht des Betriebsrats in Sachen Entgeltquotelung nicht durch einen Tarifvertrag gehindert, der lediglich bestimmt, dass – soweit Provisionen gezahlt werden – der ausgezahlte Betrag mindestens das tarifliche Mindestentgelt erreichen muss.[344] Der Tarifvorrang greift nur, wenn ein Tarifvertrag bei Tarifgebundenheit des Arbeitgebers eine Aussage zu Entgelt*quotelung* trifft.

---

338 Dazu allgemein: *Edenfeld*, Arbeitnehmermitbestimmung, Rdnr. 239; ErfK/*Hanau/Kania* § 87 BetrVG, Rdnr. 100 f.; Schaub/*Koch* § 235, Rdnr. 89 f.

339 BAG v. 06.12.1988, AP Nr. 37 zu § 87 BetrVG 1972 Lohngestaltung mit im Ergebnis zust. Anm. *Reuter*; *Breisig*, Entgelt, S. 337; *Löwisch*, ZHR 139 (1975), 362 (369 f.); MünchArbR/*Kreßel* § 68, Rdnr. 63; Schaub/*Koch* § 235, Rdnr. 98.

340 v. 06.12.1988, AP Nr. 37 zu § 87 BetrVG 1972 Lohngestaltung (Leitsatz).

341 BAG v. 29.03.1977, AP Nr. 1 zu § 87 BetrVG 1972 Provision; *Edenfeld*, Arbeitnehmermitbestimmung, Rdnr. 223; Schaub/*Koch* § 235, Rdnr. 4. Kritisch ggü. der hM: ErfK/*Hanau/Kania* § 87 BetrVG, Rdnr. 11.

342 Zum umstrittenen Verhältnis zwischen § 77 III BetrVG und § 87 I BetrVG (Zwei-Schranken-Theorie, Vorrangtheorie, Exklusivitätstheorie) siehe Darstellung und Nachweise bei: *Edenfeld*, Arbeitnehmermitbestimmung, Rdnr. 222 ff. mwN.

343 Dazu: BAG v. 24.11.1987, AP Nr. 21 zu § 77 BetrVG 1972 sowie *Edenfeld*, Arbeitnehmermitbestimmung, Rdnr. 224 mwN.

344 BAG v. 06.12.1988, AP Nr. 37 zu § 87 BetrVG 1972 Lohngestaltung.

b) Betriebseigene Betriebsvereinbarung

Eine Betriebsvereinbarung gilt nach § 77 IV 1 BetrVG in dem Betrieb, für den sie vereinbart wurde, unmittelbar und (halb-)zwingend. Bei unmittelbarer und (halb-)zwingender Wirkung einer Betriebsvereinbarung[345] gestaltet sich die Situation wie in den Fällen beiderseitiger Tarifgebundenheit.[346] Auch das Betriebsverfassungsrecht kennt trotz fehlender Normierung ein Günstigkeitsprinzip.[347] Für die Quotelungskontrolle bedeutet das: Deckt sich die arbeitsvertragliche Quotelungsbestimmung mit der Quotelungsbestimmung in der Betriebsvereinbarung oder weicht die arbeitsvertragliche Quotelungsbestimmung *zugunsten* des Arbeitnehmers von der Quotelungsbestimmung in der Betriebsvereinbarung ab, ist die Quotelungskontrolle wegen §§ 310 IV 3, 307 III 1 BGB ausgeschlossen. Weicht die arbeitsvertragliche Quotelungsbestimmung *zulasten* des Arbeitnehmers von der Quotelungsbestimmung in der Betriebsvereinbarung ab, scheidet eine Quotelungskontrolle ebenfalls wegen §§ 310 IV 3, 307 III 1 BGB aus. Aufgrund der unmittelbaren und (halb-)zwingenden Wirkung der Betriebsvereinbarung ist eine arbeitnehmerfeindlichere arbeitsvertragliche Quotelungsbestimmung nicht denkbar. Sie würde automatisch durch die Quotelungsbestimmung in der Betriebsvereinbarung überlagert. Der Arbeitnehmer kann „nur" die Einräumung der in der Betriebsvereinbarung festgelegten Quotelung verlangen. Der Gleichlauf mit den Fällen beiderseitiger Tarifgebundenheit wird durch Gesetz und Gesetzesmaterialien angeordnet. Deshalb spielt es keine Rolle, dass eine mittelbare Angemessenheitskontrolle von Betriebsvereinbarungen das System der *Tarif*autonomie entgegen der Gesetzesbegründung[348] überhaupt nicht konterkarieren kann.[349] Auch muss hingenommen werden, dass Betriebsvereinbarungen – anders als Tarifverträge – nicht ohne weiteres eine Angemessenheitsgewähr in sich tragen.[350]

c) Betriebsfremde Betriebsvereinbarung

Fällt das Arbeitsverhältnis nicht in den Geltungsbereich einer Betriebsvereinbarung, kann eine betriebsfremde Betriebsvereinbarung keine Angemessenheitsvermutung entfalten.[351] Eine arbeitsvertragliche Quotelungsbestimmung ist trotz §§ 310 IV 3, 307 III 1 BGB kontrollunterworfen, wenn eine betriebsfremde Betriebsvereinbarung, die eine Quotelungsbestimmung enthält, in Gänze in Bezug

---

345 Dazu: ErfK/*Kania* § 77 BetrVG, Rdnr. 2; Schaub/*Koch* § 231, Rdnr. 31.

346 Siehe oben S. 56 f.

347 Statt aller: BAG (GS) v. 16.09.1986, AP Nr. 17 zu § 77 BetrVG 1972 = NZA 1987, 168; v. 07.11.1989, AP Nr. 46 zu § 77 BetrVG 1972 = NZA 1990, 816.

348 BT-Dr 14/6857, S. 54.

349 *Annuß*, BB 2002, 458 (459); *Gotthardt*, Arbeitsrecht, Rdnr. 337; *Singer*, RdA 2003, 194 (197).

350 *Singer*, RdA 2003, 194 (197): „von geringerer Dignität".

351 *Diehn*, NZA 2004, 129 (131); *Reuter*, 50 Jahre BAG, S. 177 (178 u. 195); *Richardi*, NZA 2002, 1057 (1062); *Singer*, RdA 2003, 194 (198).

genommen wurde. Eine „Außenseiterproblematik" gibt es bei Betriebsvereinbarungen nicht.[352] Der Fall der bloßen arbeitsvertraglichen Inbezugnahme einer betriebsfremden Betriebsvereinbarung als Äquivalent zur arbeitsvertraglichen Inbezugnahme eines räumlich und fachlich einschlägigen Tarifvertrages ist undenkbar. Die unmittelbare und zwingende Wirkung einer Betriebsvereinbarung folgt aus der bloßen Betriebszugehörigkeit. Ein § 3 I TVG entsprechendes Erfordernis der Legitimation einer Betriebsvereinbarung über die Mitgliedschaft in einer „betriebsvereinbarungsschließenden Arbeitnehmervereinigung" sieht das BetrVG nicht vor.

---

[352] *Löwisch*, FS Wiedemann, S. 311 (321); *Richardi*, NZA 2002, 1057 (1062).

C. Zwischenergebnis

- Entgegen *Reichold* führen sämtliche Auslegungsmethoden zur grundsätzlichen Kontrollunterworfenheit einer Quotelungsbestimmung. Mit dem **Wortlaut** des § 307 III 1 BGB bleibt – aufgrund der Wiedergabe der gesetzlichen Quotelungsbestimmung – nur ein reiner Festlohn kontrollfrei. Insofern wäre eine Quotelungskontrolle ohnehin unsinnig.
- Aus den **Gesetzesmaterialien** folgt zum einen, dass die Kontrollunterworfenheit die Regel und die Kontrollfreiheit die Ausnahme ist. Es müsste also nachgewiesen werden, warum gerade die Quotelungsbestimmung kontrollfrei bleiben soll. Zum anderen ergibt die Analyse der Gesetzesmaterialien, dass im Entgeltbereich – entgegen einer verbreiteten Ansicht – keine Besonderheiten gelten. Die Kontrollfreiheit der Quotelungsbestimmung lässt sich deshalb nicht mit ihrer bloßen Zugehörigkeit zum Entgeltbereich begründen.
- Die Beurteilung der Kontrollunterworfenheit in **systematischer Auslegung mit § 306 II BGB** ist unzulässig. Ansonsten würde die Rechtsfolge zum Tatbestand erhoben. Außerdem wäre die Quotelungsbestimmung nach diesem Unterscheidungsansatz kontrollunterworfen. Denn die Lückenfüllung anhand gesetzlicher Vorschriften ist gesichert.
- Zulässig und geboten ist die Beurteilung der Kontrollunterworfenheit in **systematischer Auslegung mit § 307 II BGB**. Richtigerweise sind die Regelungsgehalte von § 307 III 1 BGB und § 307 II BGB identisch. § 307 III 1 BGB ist rein deklaratorisch. Die Norm benennt die immanenten Schranken der materiellen Inhaltskontrolle, anstatt ihr von außen Grenzen zu setzen. § 307 III 1 BGB bringt lediglich *Können* und *Sollen* zur Deckung. Für die Quotelungskontrolle bedeutet dies, dass sie stattfinden *soll*, weil sie als Rechtskontrolle stattfinden *kann*.
- Die **teleologische Auslegung** führt nicht zur ausnahmsweisen Kontrollfreiheit einer Quotelung zwischen Festlohnanteil und Provisionsanteil, die nicht auf 100:0 lautet. Wer den zweiten Normzweck des § 307 III 1 BGB richtigerweise in der Sicherstellung einer *Rechts*kontrolle erblickt, muss nach den Erkenntnissen der vorangegangenen Auslegungsmethoden ohnehin zur Kontrollunterworfenheit der Quotelungsbestimmung kommen. Wer den zweiten Normzweck des § 307 III 1 BGB fälschlich in der Wahrung marktwirtschaftlicher Prinzipien erblickt, muss ebenfalls zur Kontrollunterworfenheit der Quotelungsbestimmung gelangen. Denn das arbeitsvertragliche Äquivalenzverhältnis wird durch die Quotelungskontrolle nicht berührt.
- Am Beispiel der Quotelungskontrolle erweist sich die Tauglichkeit zweier „grober" Unterscheidungsansätze von *Preis* und *Hromadka*. *Preis*[353] versucht die unübersichtliche Diskussion über die Schranken der materiellen In-

[353] Vertragsgestaltung, S. 296.

haltskontrolle auf folgenden Nenner zu bringen: „Rechtsfrage oder bloße Preisfrage?“ Diese Unterscheidung ist deutlich wertvoller, als *Preis* dies für sich in Anspruch nimmt. Zum einen führt die Kontrollfrage dem Richter den Charakter der materiellen Inhaltskontrolle als *Rechts*kontrolle vor Augen. Zum anderen wird dem Richter die Weite der materiellen Inhaltskontrolle verdeutlicht: Die Kontrollunterworfenheit ist die Regel, die Kontrollfreiheit die Ausnahme. Nur wenn eine Bestimmung bloße Preisfragen aufwirft, bleibt sie kontrollfrei. Sobald ein rechtlicher Maßstab existiert, sind auch Bestimmungen aus dem Entgeltbereich kontrollunterworfen. Das zeigt die Quotelungskontrolle. *Hromadka*[354] bewegt sich enger am Wortlaut des § 307 III 1 BGB und übersetzt „von Rechtsvorschriften abweichende Bestimmungen“ in *„risikoumverteilende Bestimmungen“* und „Rechtsvorschriften ergänzende Bestimmungen“ in *„spezialisierende Bestimmungen“*. Die Quotelungskontrolle veranschaulicht auch den Wert dieses Ansatzes: Die Quotelungskontrolle ist eine Entgeltrisikoverteilungskontrolle. Falls die vertragliche Quotelungsbestimmung von der gesetzlichen Quotelungsbestimmung (reiner Festlohn) abweicht, handelt es sich um eine *„risikoumverteilende Bestimmung“* im Sinne von *Hromadka*. Die materielle Inhaltskontrolle ist eröffnet. Über das Merkmal der Risikoumverteilung lassen sich schließlich die Ansätze von *Preis* und *Hromadka* verknüpfen. Bei jeder Risikoumverteilung wird eine Rechtsfrage und keine bloße Preisfrage aufgeworfen. Die risikoumverteilende Bestimmung ist kontrollunterworfen.

- Die **Theorie von der Erlaubnisnorm** steht einer erfolgreichen Quotelungskontrolle nicht im Wege. § 65 HGB erfüllt beide Anforderungen an eine spezialgesetzliche Erlaubnisnorm nicht. Zum einen lässt § 65 HGB nicht erkennen, dass gerade Quotelungsbestimmungen in Allgemeinen Geschäftsbedingungen erfasst sein sollen. Zum anderen gibt § 65 HGB keinen exakten Erlaubnisrahmen vor. Keinesfalls lässt sich der Vorschrift entnehmen, dass die Vereinbarung eines reinen Provisionslohns – zumal in Allgemeinen Geschäftsbedingungen – rechtlich vollkommen unbedenklich ist.
- Enthält ein **Tarifvertrag** eine Quotelungsbestimmung, gestaltet sich die Situation mit Blick auf §§ 310 IV 3, 307 III 1 BGB wie folgt:
  Bei beiderseitiger Tarifgebundenheit der Arbeitsvertragsparteien ist eine Quotelungskontrolle in jedem Falle ausgeschlossen. Bewegt sich die arbeitsvertragliche Quotelungsbestimmung im Rahmen der tarifvertraglichen Quotelungsvorgabe, liegt unproblematisch keine arbeitnehmer*feindliche* Abweichung von einem Tarifvertrag vor. *Zulasten* des Arbeitnehmers kann die arbeitsvertragliche Quotelungsbestimmung bei beiderseitiger Tarifgebundenheit nur scheinbar von der tarifvertraglichen Quotelungsbestimmung abweichen. Denn nach § 4 I 1, III TVG gilt die tarifvertragliche Quotelungsbe-

---

[354] NJW 2002, 2523 (2526).

stimmung unmittelbar und (halb-)zwingend und überlagert eine arbeitnehmerfeindliche arbeitsvertragliche Quotelungsbestimmung. Arbeitsvertrag und Tarifvertrag werden *automatisch* zur Deckung gebracht.
Bei fehlender beiderseitiger Tarifgebundenheit ist die Quotelungskontrolle richtigerweise nur ausgeschlossen, wenn ein räumlich und fachlich einschlägiger Tarifvertrag in Gänze in Bezug genommen wurde. Teilverweisungen auf einen angeblich in sich geschlossenen Regelungskomplex genügen nicht, um die Quotelungskontrolle auszuschließen.

- Enthält eine **Betriebsvereinbarung** eine Quotelungsbestimmung, gestaltet sich die Situation mit Blick auf §§ 310 IV 3, 307 III 1 BGB wie folgt:
  Bei einer betriebseigenen Betriebsvereinbarung ist eine arbeitnehmer*feindliche* Abweichung wegen der unmittelbaren und (halb-) zwingenden Wirkung der Betriebsvereinbarung (§ 77 IV 1 BetrVG) aus denselben Gründen ausgeschlossen wie bei beiderseitiger Tarifgebundenheit. Eine Quotelungskontrolle scheidet in jedem Falle aus. Der Arbeitnehmer kann „nur" die Einräumung der in der Betriebsvereinbarung festgelegten Quotelung verlangen.
  Bei arbeitsvertraglicher Inbezugnahme einer betriebsfremden Betriebsvereinbarung ist die Quotelungskontrolle niemals nach §§ 310 IV 3, 307 III 1 BGB ausgeschlossen. Denn betriebsfremde Betriebsvereinbarungen können keine Angemessenheitsgewähr entfalten.

4. Kapitel: Ablauf der materiellen Inhaltskontrolle

In diesem Kapitel geht es um die Quotelungskontrolle im engeren Sinne. Als Herzstück der Quotelungskontrolle im weiteren Sinne stellt sie einen Fall der materiellen Inhaltskontrolle dar. Im Folgenden meint „Quotelungskontrolle" nur die Quotelungskontrolle *im engeren Sinne* und „Inhaltskontrolle" nur die *materielle* Inhaltskontrolle.[355]
Das besondere Prüfungsprogramm der Quotelungskontrolle leitet sich aus dem allgemeinen Prüfungsprogramm der Inhaltskontrolle ab. Spezielle Klauselverbote nach §§ 308, 309 BGB sind nicht einschlägig.[356] Die Quotelungskontrolle ist daher ein Unterfall der Inhaltskontrolle anhand des Auffangtatbestandes[357] des § 307 BGB.
Der Ablauf der Quotelungskontrolle im Besonderen kann erst nachvollzogen werden, wenn der Gang der Inhaltskontrolle im Allgemeinen verstanden wurde. Insofern bedarf es etlicher Vorklärungen. Denn die Struktur der Inhaltskontrolle nach § 307 BGB ist trotz einer einschlägigen Dissertation[358] bis heute umstritten.
Die Unsicherheiten bezüglich der Inhaltskontrolle im Allgemeinen belasten auch die Quotelungskontrolle im Besonderen. Sämtliche Streitigkeiten werden vorab innerhalb des allgemeinen Prüfungsprogramms der Inhaltskontrolle erörtert.[359] Erst anschließend wird das besondere Prüfungsprogramm der Quotelungskontrolle vorgestellt.[360]

A. Allgemeines Prüfungsprogramm der Inhaltskontrolle

In diesem Abschnitt (A.) gilt es, den Spagat zwischen (zu) langatmigen Ausführungen zur Dogmatik der Inhaltskontrolle und der notwendigen Grundlegung für die Quotelungskontrolle zu wagen. Die Diskussion des allgemeinen Prüfungsprogramms der Inhaltskontrolle beschränkt sich daher auf das Nötigste. Sie dient dem alleinigen Zweck, das nachfolgende besondere Prüfungsprogramm der Quotelungskontrolle auf ein gesichertes Fundament zu stellen.

---

[355] Die formelle Inhaltskontrolle (Transparenzkontrolle) nach § 307 I 2 BGB bleibt in dieser Arbeit außer Betracht. Siehe oben S. 21 f. Die Relevanz der Umstandskontrolle nach § 310 III Nr. 3 BGB wurde bereits skizziert. Siehe oben S. 38 ff.
[356] Insbes. kann nicht auf § 308 Nr. 4 BGB abgestellt werden. Das gilt richtigerweise sogar für – einem (teilweisen) Provisionslohn nahe kommende – einseitige Leistungsbestimmungsrechte des Arbeitgebers. Dazu: *Lindemann*, NZA 2004, 201 (204).
[357] MünchKomm-BGB/*Basedow* § 307, Rdnr. 23; Palandt/*Heinrichs* § 307, Rdnr. 2.
[358] *Becker*, Die Auslegung des § 9 Abs. 2 AGB-Gesetz, Heidelberg 1986.
[359] Sogleich Abschnitt A.
[360] Unten Abschnitt B.

Mit *Canaris*[361] wird dabei ein möglichst gesetzestreuer Ansatz verfolgt: § 307 II, I 1 BGB soll weitestgehend beim Wort genommen und keines seiner Merkmale uminterpretiert[362] oder gar für bedeutungslos[363] erklärt werden. Nur hinsichtlich der abschließenden, umfassenden Interessenabwägung, die das Herzstück der Inhaltkontrolle im Allgemeinen und der Quotelungskontrolle im Besonderen bildet, muss über den – insofern spärlichen – Wortlaut des § 307 II, I 1 BGB hinausgegangen werden. Dazu wird die Methode der normativ strukturierten Interessenabwägung[364] vorgestellt und in das Prüfungsprogramm der Inhaltskontrolle integriert.

I. Einstieg über die Sondertatbestände des § 307 II BGB

Einigkeit besteht hinsichtlich des Einstiegs über einen Sondertatbestand des § 307 II BGB, soweit ein solcher einschlägig erscheint.
Das Verhältnis der beiden Sondertatbestände des § 307 II BGB ist bist heute ungeklärt. Eine umfassende und nach wie vor aktuelle Darstellung des Meinungsstandes findet sich bei *Becker.*[365] Schon deshalb können sich die hiesigen Ausführungen auf einige Grundzüge beschränken. Zudem sind bei der Quotelungskontrolle die Voraussetzungen *beider* Sondertatbestände erfüllt[366] und es entspricht allgemeiner Auffassung, dass § 307 II Nr. 2 BGB nach *Bejahung* der Voraussetzungen des § 307 II Nr. 1 BGB jedenfalls *kumulativ bekräftigend* herangezogen werden kann.[367]
Der Bedeutungsgehalt vieler Voraussetzungen der beiden Sondertatbestände des § 307 II BGB ist bis heute nicht abschließend geklärt. Zur Vorbereitung der Quotelungskontrolle genügt es größtenteils, die unterschiedlichen Auslegungen kurz darzustellen und sich auf deren Gemeinsamkeiten zurückzuziehen.

---

361 FS Ulmer, S. 1073 (1076 ff.).

362 So aber *Becker*, § 9 Abs. 2 AGB-Gesetz, S. 50: Die Worte „im Zweifel" im Einleitungssatz zu § 307 II BGB müssten als „in der Regel" gelesen werden. Zu Recht kritisch: *Canaris*, FS Ulmer, S. 1073 (1081). Siehe ausführlich unten S. 77 ff.

363 So aber Staudinger/*Coester* § 9 AGBG, Rdnr. 165: Die Worte „im Zweifel" im Einleitungssatz zu § 307 II BGB seien „insgesamt überflüssig und funktionslos". Zu Recht kritisch: *Canaris*, FS Ulmer, S. 1073 (1076). Siehe ausführlich unten S. 71 f.

364 Grundlegend: *Hubmann*, AcP 155 (1956), 85 ff.; *ders.*, FS Schnorr von Carolsfeld, S. 173 ff. Siehe außerdem: *Brors*, ZIP 1998, 1663 (1664 ff.); *Feuerborn*, Sachliche Gründe, S. 101 ff.

365 § 9 Abs. 2 AGB-Gesetz, S. 186 ff. Siehe außerdem: *Brors*, ZIP 1998, 1663 (1667); Palandt/*Heinrichs* § 307, Rdnr. 31; Soergel/*Stein* § 9 AGB-Gesetz, Rdnr. 32; Staudinger/*Coester* § 9 AGBG, Rdnr. 198 f.; Ulmer/*Brandner*/Hensen § 9, Rdnr. 130.

366 Siehe unten S. 85 ff. u. 90 f.

367 Dazu insbesondere: Staudinger/*Coester* § 9 AGBG, Rdnr. 199.

1. Voraussetzungen des § 307 II Nr. 1 BGB

Das Merkmal der ***Abweichung* von *der* gesetzlichen Regelung** ist unproblematisch. Es dient als bloßes Identifizierungskriterium.[368] Vor der Feststellung einer Abweichung muss die *einschlägige* gesetzliche Regelung ermittelt werden.[369] Die *Abweichung* von der für einschlägig befundenen gesetzlichen Regelung ist anschließend im Wege eines Rechtslagenvergleichs ohne und mit AGB-Bestimmung festzustellen.[370]
Zur Bestimmung der **wesentlichen Grundgedanken** einer gesetzlichen Regelung unterscheidet der BGH[371] in ständiger Rechtsprechung zwischen Dispositivnormen, denen nur Zweckmäßigkeitserwägungen zugrunde liegen und Dispositivnormen, die auf einem Gerechtigkeitsgebot beruhen. Zweckmäßigkeitsregelungen seien auch formularmäßig frei abänderbar, Gerechtigkeitsgebote nicht. Auch der Bericht des Rechtsausschusses zur Schaffung des AGBG[372] stellt klar, „dass (...) der Gerechtigkeitsgehalt der gesetzlichen Regelung als Richtschnur dienen soll." Dementsprechend hat *Canaris*[373] jüngst dafür plädiert, an der Unterscheidung zwischen Zweckmäßigkeitserwägungen und Gerechtigkeitsgeboten festzuhalten. Das überwiegende Schrifttum kritisiert die Zweiteilung in Zweckmäßigkeitserwägungen und Gerechtigkeitsgebote freilich als wenig praktikabel.[374] Auch jede scheinbar nur der Zweckmäßigkeit dienende Regelung weise einen Gerechtigkeitsgehalt auf.[375] Stattdessen werden verschiedene andere Formeln vorgeschlagen.[376] In der Praxis dürften die verschiedenen Auslegungen zu ähnlichen Ergebnissen führen.[377] Zu den wesentlichen Grundgedanken einer gesetzlichen Regelung zählen jedenfalls die Aussagen des Gesetzgebers über einen als sachgerecht erachteten Interessenausgleich[378] und insbesondere über vertragliche Risikonormalverteilungen – zumal im Hauptleistungsbereich.

---

368 Soergel/*Stein* § 9 AGB-Gesetz, Rdnr. 36; Staudinger/*Coester* § 9 AGBG, Rdnr. 179.

369 *Becker*, § 9 Abs. 2 AGB-Gesetz, S. 136; Staudinger/*Coester* § 9 AGBG, Rdnr. 179.

370 Soergel/*Stein* § 9 AGB-Gesetz, Rdnr. 36; Staudinger/*Coester* § 9 AGBG, Rdnr. 179.

371 Vor Positivierung des AGB-Rechts: v. 17.02.1964, BGHZ 41, 151 (154); BGH v. 04.06.1970, BGHZ 54, 106 (109 f.). Nach Positivierung des AGB-Rechts: v. 21.12.1983, BGHZ 89, 206 (211); v. 25.06.1991, BGHZ 115, 38 (42).

372 BT-Dr 7/5422, S. 6.

373 FS Ulmer, S. 1073 (1081 ff.). Keine Kritik auch bei: MünchKomm-BGB/*Basedow* § 307, Rdnr. 56.

374 Siehe nur: Soergel/*Stein* § 9 AGB-Gesetz, Rdnr. 35.

375 *Becker*, § 9 Abs. 2 AGB-Gesetz, S. 205; Staudinger/*Coester* § 9 AGBG, Rdnr. 185; Ulmer/*Brandner*/Hensen § 9, Rdnr. 132.

376 Siehe nur: *Becker*, § 9 Abs. 2 AGB-Gesetz, S. 205; Soergel/*Stein* § 9 AGB-Gesetz, Rdnr. 35; Staudinger/*Coester* § 9 AGBG, Rdnr. 183 f.; Ulmer/*Brandner*/Hensen § 9, Rdnr. 133; *Wolf*/Horn/Lindacher § 9, Rdnr. 70.

377 Ebenso: Palandt/*Heinrichs* § 307, Rdnr. 27.

378 Zutreffend spricht *Fastrich*, RdA 1997, 65 (79) von der Ausrichtung der Angemessenheitskontrolle an der zentralen „Norm des sachgerechten Interessenausgleichs".

Auch der Bedeutungsgehalt des Merkmals der ***Unvereinbarkeit*** mit wesentlichen Grundgedanken der einschlägigen gesetzlichen Regelung ist umstritten.[379] An dieser Stelle werden zunächst nur diejenigen Ansichten erörtert, die für eine zweistufige Prüfung (§ 307 II BGB *vor und nicht statt* § 307 I 1 BGB) plädieren und in dem Merkmal der Unvereinbarkeit *nicht* den Standort der abschließenden, umfassenden Interessenabwägung erblicken.[380] Diesen Ansichten ist gemein, dass sie eine Unvereinbarkeit mit wesentlichen Grundgedanken der gesetzlichen Regelung bejahen, wenn zentrale gesetzliche Interessenbewertungen – insbesondere gesetzliche Risikoverteilungen – merklich[381] und einseitig verschoben werden. Die Feststellung der Unvereinbarkeit sei demnach „das Resultat eines wertenden Ergebnisvergleichs".[382] Es sei zu fragen, ob lediglich *ein anderer Weg* unter Wahrung der gesetzlichen Risikoverteilung gewählt oder ob *ein anderes Ziel* unter einseitiger Risikoverschiebung erstrebt werde.[383]

2. Voraussetzungen des § 307 II Nr. 2 BGB

Die **Natur des Vertrages** wird durch Zweck und Inhalt des Vertrages bestimmt.[384] Bei gesetzlich geregelten Verträgen – wie dem Arbeitsvertrag – ergibt sich die Natur des Vertrages vor allem aus den wesentlichen gesetzlichen Schutznormen.[385] Bezugspunkt der Leitbildkonkretisierung ist niemals der Einzelvertrag, sondern stets der *Vertragstypus*, dem der konkret zu beurteilende Vertrag zuzuordnen ist.[386] Den Einzelvertrag zum Kontrollmaßstab seiner selbst zu erheben, wäre zirkelschlüssig.[387]
Der Begriff der **wesentlichen Rechte und Pflichten** ist weiter als der der sog. Kardinalpflichten.[388] Wesentlich sind alle Rechte und Pflichten, die nach dem Parteiwillen den Vertragscharakter prägen oder der Sicherung der vertragsspezi-

---

379 *Canaris*, FS Ulmer, S. 1073 (1077) vermutet gar, dass das „ziemlich dunkle" Merkmal der Unvereinbarkeit mit dem Merkmal der Abweichung gleichzusetzen sei. Die Bindung an das unglücklich formulierte Gesetz zwinge jedoch dazu, „der ‚Unvereinbarkeit' zumindest eine gewisse Eigenständigkeit" einzuräumen.

380 Zur abweichenden Auffassung von Staudinger/*Coester* § 9 AGBG, Rdnr. 165 siehe unten S. 71 f.

381 Soergel/*Stein* § 9 AGB-Gesetz, Rdnr. 37.

382 *Becker*, § 9 Abs. 2 AGB-Gesetz, S. 205.

383 *Becker*, § 9 Abs. 2 AGB-Gesetz, S. 206. Ganz ähnlich: *Canaris*, FS Ulmer, S. 1073 (1077 f.).

384 Palandt/*Heinrichs* § 307, Rdnr. 32.

385 Palandt/*Heinrichs* § 307, Rdnr. 32.

386 *Niebling*, WM 1992, 845 (847); Staudinger/*Coester* § 9 AGBG, Rdnr. 204.

387 *Fastrich*, Inhaltskontrolle, S. 288; Staudinger/*Coester* § 9 AGBG, Rdnr. 203; *Stoffels*, JZ 2001, 843 (846).

388 Palandt/*Heinrichs* § 307, Rdnr. 33.

fischen Erfüllungs- und Schutzinteressen des Vertragspartners dienen und zur Erfüllung eines angemessenen Interessenausgleichs billigerweise in einen derartigen Vertrag aufzunehmen sind.[389] Jedenfalls zu den wesentlichen Rechten und Pflichten zählen die im Gegenseitigkeitsverhältnis stehenden Hauptleistungspflichten[390] sowie die grundsätzlichen Lasten- und Risikoverteilungen.[391]
Eine **Einschränkung** wesentlicher Rechte und Pflichten im Rahmen des § 307 II Nr. 2 BGB ergibt sich ebenso wie die Abweichung von der einschlägigen gesetzlichen Regelung im Rahmen des § 307 II Nr. 1 BGB[392] aus einem Rechtslagenvergleich ohne und mit AGB-Bestimmung.[393] Eingeschränkt werden wesentliche Rechte und Pflichten dadurch, dass sie oder die Haftung für ihre Verletzung ganz ausgeschlossen oder teilweise abbedungen werden oder ihre Durchsetzung auf andere Weise vereitelt wird.[394]
Zum Merkmal der **Vertragszweckgefährdung** gilt zunächst das bei § 307 II Nr. 1 BGB zum Merkmal der Unvereinbarkeit Gesagte:[395] An dieser Stelle werden zunächst nur diejenigen Ansichten erörtert, die die abschließende, umfassende Interessenabwägung nicht – fälschlich – bei § 307 II BGB, sondern – zutreffend – bei § 307 I 1 BGB verorten.[396] Diese Stimmen sind sich einig: Der Gefährdungstatbestand ist nur bei gewichtigen Einschränkungen oder der realistischen Möglichkeit der Nichterreichung des Vertragszwecks erfüllt.[397] Das Leistungsversprechen des Verwenders muss ausgehöhlt werden.[398] Eine sichere Zweck*vereitelung* ist allerdings nicht erforderlich.[399]

---

389 Soergel/*Stein* § 9 AGB-Gesetz, Rdnr. 43.

390 OLG Saarbrücken v. 30.09.1994, NJW-RR 1995, 117 (118); Palandt/*Heinrichs* § 307, Rdnr. 33; Soergel/*Stein* § 9 AGB-Gesetz, Rdnr. 43; Staudinger/*Coester* § 9 AGBG, Rdnr. 208.

391 Staudinger/*Coester* § 9 AGBG, Rdnr. 207.

392 Siehe oben S. 68.

393 Staudinger/*Coester* § 9 AGBG, Rdnr. 211.

394 Soergel/*Stein* § 9 AGB-Gesetz, Rdnr. 43.

395 Siehe oben S. 69.

396 Zur abweichenden Auffassung von Staudinger/*Coester* § 9 AGBG, Rdnr. 165 siehe unten S. 71 f.

397 Staudinger/*Coester* § 9 AGBG, Rdnr. 212.

398 Staudinger/*Coester* § 9 AGBG, Rdnr. 212.

399 Palandt/*Heinrichs* § 307, Rdnr. 34; Soergel/*Stein* § 9 AGB-Gesetz, Rdnr. 44; Staudinger/*Coester* § 9 AGBG, Rdnr. 212.

II. Interessenabwägung

Von einer Interessenabwägung ist in § 307 BGB keine Rede. Gleichwohl entspricht es einhelliger Auffassung, dass die Inhaltskontrolle – meist[400] – mit einer umfassenden Interessenabwägung endet.[401]

1. Verortung der Interessenabwägung

Für die Verortung der Interessenabwägung werden verschiedene Anknüpfungspunkte vorgeschlagen. Dabei spielt es keine entscheidende Rolle, bei welchem Merkmal des § 307 I 1 BGB man die Interessenabwägung verankern möchte.[402] Umso wichtiger ist demgegenüber die Zuordnung der Interessenabwägung zu einem der beiden ersten Absätze des § 307 BGB.

Eine Ansicht betrachtet die beiden Nummern des § 307 II BGB als *in sich abgeschlossene* Sondertatbestände.[403] Die Prüfung des § 307 BGB erfolge stets *einstufig*. Eines Rückgriffs auf § 307 I 1 BGB bedürfe es weder zur Begründung des Unwirksamkeitsurteils noch zur Durchführung einer Interessenabwägung.[404] Die Interessenabwägung fände ihren Platz in den Prüfungsstationen der „Unvereinbarkeit" (§ 307 II Nr. 1 BGB) bzw. der „Vertragszweckgefährdung" (§ 307 II Nr. 2 BGB).[405]

---

[400] Richtigerweise findet *stets* eine abschließende, umfassende Interessenabwägung statt, weil die von *Becker* und seinen Anhängern propagierte „Widerlegungsprüfung" bereits Teil der Interessenabwägung *im weiteren Sinne* ist. Dazu unten S. 76 f.

[401] Siehe nur: BT-Dr 7/3919, S. 13 u. 22; BT-Dr 7/5422, S. 6; BGH v. 23.10.1996, ZIP 1996, 2075 (2078); v. 03.11.1999, NJW 2000, 1110 (1112); *Brors*, ZIP 1998, 1663 (1664); *Fastrich*, Inhaltskontrolle, S. 306 ff.; MünchKomm-BGB/*Basedow* § 307, Rdnr. 31; Palandt/*Heinrichs* § 307, Rdnr. 8; *Preis*, Vertragsgestaltung, S. 300 f.; Staudinger/*Coester* § 9 AGBG, Rdnrn. 74, 165 u. 213.

[402] Für das Merkmal der Unangemessenheit: Staudinger/*Coester* § 9 AGBG, Rdnr. 74 f. (Bezugnahme auf die Gebote von Treu und Glauben allenfalls ergänzend = Interessenausgleich muss fair erfolgen). Für eine (gleichrangige) Heranziehung beider Merkmale: *Preis*, Vertragsgestaltung, S. 300 f. Für das Abstellen – zumindest auch – auf die Gebote von Treu und Glauben spricht die Tatsache, dass diese Gebote an zahlreichen Stellen im BGB auftauchen und generell als Aufforderung zur Erzielung eines verantwortungsvollen Interessenausgleichs verstanden werden müssen. Die Verortung (auch) bei den Geboten von Treu und Glauben eröffnet daher die Chance zur Entwicklung einer (möglichst) einheitlichen Methode der Interessenabwägung im Zivilrecht. So konkretisiert etwa *Feuerborn*, Sachliche Gründe, S. 37 ff. u. 101 ff. den Begriff des sachlichen Grundes auf Grundlage der Gebote von Treu und Glauben und unter Heranziehung der Methode der normativ strukturierten Interessenabwägung.

[403] Staudinger/*Coester* § 9 AGBG, Rdnr. 165 f. u. 212 f.

[404] Staudinger/*Coester* § 9 AGBG, Rdnr. 166.

[405] Staudinger/*Coester* § 9 AGBG, Rdnr. 165.

Die Gegenansicht betrachtet die beiden Nummern des § 307 II BGB als *lediglich vorgelagerte* Sondertatbestände.[406] Die Prüfung des § 307 BGB erfolge *zweistufig*. Selbst wenn die Voraussetzungen einer Nummer des § 307 II BGB erfüllt seien, bedürfe es – zumindest nach erfolgreicher „Widerlegungsprüfung"[407] – einer umfassenden Interessenabwägung, die bei § 307 I 1 BGB zu verorten sei.[408]
Die erste Ansicht ist abzulehnen. Handelte es sich bei den beiden Nummern des § 307 II BGB tatsächlich um *abschließende* Sondertatbestände, wären die Worte „im Zweifel" in § 307 II BGB funktionslos und überflüssig.[409] Eine derartige Handhabung des § 307 II BGB ist methodisch nicht haltbar.[410] Für ein Redaktionsversehen fehlen die Anhaltspunkte.[411] Eine einschränkende Auslegung darf den möglichen Wortsinn nicht unterschreiten und gesetzliche Merkmale daher *erst recht* nicht „interpretatorisch (...) eliminieren".[412] Und eine teleologische Reduktion muss sich auf Ausnahmekonstellationen beschränken und darf gesetzliche Merkmale nicht für auf ganzer Linie bedeutungslos erklären.[413] Selbst *Coester*[414] muss einräumen, dass das zweistufige Verständnis des § 307 BGB „methodisch stimmig" erscheint. Ein Weiteres kommt hinzu: Die Verteilung der Inhaltskontrolle auf die Absätze I und II des § 307 BGB und die Worte „im Zweifel" leisten einen wesentlichen Beitrag zur Strukturierung der erforderlichen Interessenabwägung.[415] Daher ist die Funktionsaufteilung im Wege einer zweistufigen Prüfung weder konstruiert noch überflüssig.[416]

2. Mindestanforderungen an die Interessenabwägung

Das Grundgesetz enthält gewisse *Mindestanforderungen* an eine Interessenabwägung. Aus Art. 20 III GG folgt das Gebot der Rechtssicherheit und die Bin-

---

406 *Canaris*, FS Ulmer, S. 1073 (1075 ff.).
407 Dazu unten S. 76 f.
408 *Canaris*, FS Ulmer, S. 1073 (1076 f.). So auch: BGH v. 01.12.1981, BGHZ 82, 238 (240 f.); v. 25.06.1991, BGHZ 115, 38 (43 f.); v. 07.05.1996, BGHZ 133, 10 (15 f.).
409 Das stellt Staudinger/*Coester* § 9 AGBG, Rdnr. 165 selbst fest, stört sich aber nicht weiter daran.
410 *Canaris*, FS Ulmer, S. 1073 (1076).
411 *Canaris*, FS Ulmer, S. 1073 (1076).
412 *Canaris*, FS Ulmer, S. 1073 (1076).
413 *Canaris*, FS Ulmer, S. 1073 (1076).
414 Staudinger/*Coester* § 9 AGBG, Rdnr. 164.
415 Siehe unten S. 77 ff. u. 94 f.
416 So aber: Staudinger/*Coester* § 9 AGBG, Rdnr. 164. Dort findet sich zudem der überaus zweifelhafte Hinweis auf den oftmals undifferenzierten Rekurs des BGH auf „§ 307 BGB". Nur: Warum sollte man es selbst nicht besser machen?

dung des Richters an Gesetz und Recht. Damit verpflichtet Art. 20 III GG den Richter,

> „die einzelnen Argumentationsschritte der Abwägung überprüfbar zu gestalten und die Bewertung und Gewichtung der Interessen so weit wie möglich aus gesetzlichen Wertungen abzuleiten.“[417]

Gegenüber der Subsumtion ist die richterliche Interessenabwägung der freiere Rechtsfindungsprozess.[418] Das kann Bedenken hervorrufen. Diesen Bedenken muss der Abwägungsprozess begegnen. Zwar lassen sich eigenständige Wertungen des Rechtsanwenders niemals – nicht einmal bei der Subsumtion – vermeiden.[419] Und auch die Trennung einzelner Abwägungsschritte bleibt angesichts fließender Grenzen eher idealtypisch.[420] Jedoch kann das Vertrauen in die richterliche Entscheidungsfindung dadurch gestärkt werden, dass die Interessenabwägung in verschiedene Teilschritte zerlegt und unter enger Bindung an gesetzliche Vorgaben durchgeführt wird.[421] Dazu müssen die einzelnen Prüfungsschritte nicht nur erkennbar, sondern auch nachvollziehbar[422], überprüfbar[423] und verallgemeinerbar sein. *Richterliche* Wertungen müssen als solche offen gelegt[424] und soweit wie möglich aus *gesetzlichen* Wertungen abgeleitet werden.[425] Die Beachtung dieser Vorgaben fördert Rechtssicherheit und richterliche Selbstkontrolle, vermeidet scheinrationale Begründungen und leistet einen Beitrag zur „Methodenwahrheit und -klarheit“.[426]

3. Struktur der Interessenabwägung

Die Struktur der abschließenden, umfassenden Interessenabwägung im Rahmen der Inhaltskontrolle wurde bislang eher stiefmütterlich behandelt. Nach ständi-

---

417 *Feuerborn*, Sachliche Gründe, S. 101.
418 *Feuerborn*, Sachliche Gründe, S. 40.
419 *Feuerborn*, Sachliche Gründe, S. 104.
420 Staudinger/*Coester* § 9 AGBG, Rdnr. 79.
421 *Feuerborn*, Sachliche Gründe, S. 103 f.
422 *Hubmann*, FS Schnorr von Carolsfeld, S. 173 (177); Staudinger/*Coester* § 9 AGBG, Rdnr. 79.
423 *Feuerborn*, Sachliche Gründe, S. 101.
424 *Feuerborn*, Sachliche Gründe, S. 104.
425 *Feuerborn*, Sachliche Gründe, S. 101.
426 Ausführlich: *Feuerborn*, Sachliche Gründe, S. 104. In ihren Einsatzgebieten, Anforderungen, Möglichkeiten und Grenzen weist die Interessenabwägung übrigens erstaunliche Gemeinsamkeiten mit der Gesetzesauslegung auf. Bei der Gesetzesauslegung ist die Dogmatik indes deutlich weiter als bei der Interessenabwägung. Es haben sich „klassische“ Auslegungskanones herausgebildet. Abschließende Klarheit hat sich aber auch dort noch nicht eingestellt. Dazu: *Kudlich/Christiansen*, JA 2004, 74 (82 f.).

ger Rechtsprechung des BGH[427] und der Kommentarliteratur[428] liegt eine unangemessene Benachteiligung im Sinne des § 307 BGB[429] vor,

> „wenn der Verwender einseitig seine eigenen Interessen auf Kosten des Vertragsgegners durchzusetzen versucht, ohne auch dessen Interessen hinreichend zu berücksichtigen und ihm ggf. einen angemessenen Ausgleich zuzugestehen."

Es bedürfe einer umfassenden Abwägung, in die die – berechtigten –Interessen beider Parteien, die Verkehrsanschauung und die sich aus der Gesamtheit der Rechtordnung ergebenden Bewertungskriterien einzubeziehen seien.[430] Auszugehen sei von Gegenstand, Zweck und Eigenart des Vertrages.[431] Dabei müsse der gesamte Vertragsinhalt – inklusive etwaiger Individualabreden – berücksichtigt werden.[432] Denn innerhalb eines Gesamtvertragswerks seien sowohl summierende als auch kompensierende Effekte denkbar.[433]
Diese Aussagen sind zutreffend. Allerdings lassen sie keine hinreichend differenzierten „Abwägungsschritte" erkennen. Auch an dieser Stelle kann die Struktur der Interessenabwägung im Zivilrecht nicht abschließend geklärt werden. Da aber Einigkeit darüber besteht, dass eine Interessenabwägung weitgehend normativ vorstrukturiert sein sollte, wird ohne kritische Hinterfragung auf die *Methode der normativ strukturierten Interessenabwägung*[434] zurückgegriffen und versucht, deren Teilschritte möglichst nahtlos in das Prüfungsprogramm der Inhaltskontrolle nach § 307 II, I 1 BGB zu integrieren. Nach der Methode der normativ strukturierten Interessenabwägung verläuft eine Interessenabwägung in fünf[435] Teilschritten. Vor der Interessenabwägung im engeren Sinne erfolgt eine

---

427 v. 23.10.1996, ZIP 1996, 2075 (2078); v. 03.11.1999, NJW 2000, 1110 (1112).

428 Palandt/*Heinrichs* § 307, Rdnr. 8.

429 Man beachte die häufig undifferenzierte Inbezugnahme des § 307 BGB als Ganzem.

430 Palandt/*Heinrichs* § 307, Rdnr. 8.

431 BGH v. 08.01.1986, NJW 1986, 2102 (2103); v. 01.07.1987, NJW 1987, 2575 (2576); Palandt/*Heinrichs* § 307, Rdnr. 8.

432 ErfK/*Preis* §§ 305-310 BGB, Rdnr. 47; Palandt/*Heinrichs* § 307, Rdnr. 9.

433 ErfK/*Preis* §§ 305-310 BGB, Rdnr. 47; *Fastrich*, Inhaltskontrolle, S. 301 ff.; *Gotthardt*, Arbeitsrecht, Rdnr. 300; MünchKomm-BGB/*Basedow* § 307, Rdnr. 32; *Preis*, Vertragsgestaltung, S. 319.

434 Grundlegend: *Hubmann*, AcP 155 (1956), 85 ff.; *ders.*, FS Schnorr von Carolsfeld, S. 173 ff. Zudem: *Brors*, ZIP 1998, 1663 (1664 ff.); *Fastrich*, Inhaltskontrolle, S. 306 ff.; *Feuerborn*, Sachliche Gründe, S. 101 ff.; *Preis*, Vertragsgestaltung, S. 300 f.; Staudinger/*Coester* § 9 AGBG, Rdnr. 74.

435 *Hubmann*, FS Schnorr von Carolsfeld, S. 173 (177) und *Feuerborn*, Sachliche Gründe, S. 104 f. unterscheiden *drei* Teilschritte, die auseinander gehalten werden müssten: Auffinden der einschlägigen Interessen (1), Bewertung und Gewichtung dieser Interessen (2), Abwägung im engeren Sinne (3). Beide nehmen aber noch weitere Unterteilungen vor, so dass ihr „Abwägungsmodell" letztlich dem hier vertretenen entspricht. Auch Staudinger/*Coester* § 9 AGBG, Rdnr. 79 unterscheidet *drei* Teilschritte: Feststellung der Interes-

vierstufige Vorprüfung.[436] Diese Vorprüfung ist von großer Bedeutung. Dort wird bereits ein Großteil der „Abwägungsarbeit" geleistet.

a) Ermittlung der Parteiinteressen

Bei der Interessen*abwägung* werden Interessen gegeneinander *abgewogen*. Diese Interessen müssen bekannt sein.[437] Es stehen sich die Gestaltungsinteressen des Verwenders und die Gegeninteressen des Vertragspartners gegenüber.[438] Die beiden Fragen lauten:[439] Welche Interessen hat der Verwender an der Aufrechterhaltung der Bestimmung? Welche Interessen hat sein Vertragspartner an dem Wegfall der Bestimmung?

Die Gesichtspunkte, die die Interessenlage beider Parteien bestimmen, sind möglichst vollständig zu erfassen.[440] Der Blick des Abwägenden muss dazu zwischen Recht und Sachverhalt hin- und herwandern.[441] Man kann von einer „wertenden Sachverhaltsermittlung" sprechen.[442]

Entscheidender Zeitpunkt für die Feststellung der Interessenlagen ist der Vertragsschluss.[443] Bei Einfachbedingungen kommt es auf die Interessen der konkreten Vertragsparteien an.[444] Bei Mehrfachbedingungen entscheiden die Interessen *typischerweise* an einem solchen Vertragsschluss beteiligter Parteien.[445] Zulässig und geboten[446] ist allerdings eine Differenzierung nach typisierbaren Fallgestaltungen und unterschiedlichen Interessenlagen voneinander abgrenzbarer Personen*gruppen*.[447]

---

sen (1), Aufsuchen der einschlägigen Beurteilungskriterien (2), eigentliche Abwägung (3). Schließlich scheint *Fastrich*, Inhaltskontrolle, S. 317 eine drei- bzw. fünfstufige Prüfung vorzuschweben, wenn er auf das Verhältnismäßigkeitsprinzip [Legitimer Zweck, Mittel, Zweck-Mittel-Relation (Geeignetheit, Erforderlichkeit, Angemessenheit)] abhebt.

436 *Brors*, ZIP 1998, 1663 (1664) spricht von „Vorbereitung" der eigentlichen Interessenabwägung.

437 *Brors*, ZIP 1998, 1663 (1664); MünchKomm-BGB/*Basedow* § 307, Rdnr. 31.

438 Vgl. *Feuerborn*, Sachliche Gründe, S. 105.

439 MünchKomm-BGB/*Basedow* § 307, Rdnr. 31.

440 *Feuerborn*, Sachliche Gründe, S. 105; *Hubmann*, FS Schnorr von Carolsfeld, S. 173 (177).

441 Staudinger/*Coester* § 9 AGBG, Rdnr. 79.

442 *Feuerborn*, Sachliche Gründe, S. 105.

443 *Brors*, ZIP 1998, 1663 (1665); Palandt/*Heinrichs* § 307, Rdnr. 3; Staudinger/*Coester* § 9 AGBG, Rdnr. 76.

444 *Michalski*, DB 1999, 677 (678); Palandt/*Heinrichs* § 307, Rdnr. 19.

445 BGH v. 23.10.1996, ZIP 1996, 2075 (2078); *Brors*, ZIP 1998, 1663 (1665); *Michalski*, DB 1999, 677; Palandt/*Heinrichs* § 307, Rdnr. 4; Staudinger/*Coester* § 9 AGBG, Rdnr. 80.

446 Sonst würde Ungleiches gleich behandelt: Staudinger/*Coester* § 9 AGBG, Rdnr. 82.

447 Palandt/*Heinrichs* § 307, Rdnr. 8; *Preis*, Vertragsgestaltung, S. 314; Staudinger/*Coester* § 9 AGBG, Rdnr. 82.

b) Bewertung der Parteiinteressen

Aus den Interessen der Vertragsparteien müssen die *berechtigten* Interessen herausgefiltert werden. Nur diese sind abwägungsrelevant.[448] Ob ein Interesse berechtigt ist, ist in erster Linie dem Gesetz zu entnehmen.[449]

Als Erstes müssen die Gestaltungsinteressen des Verwenders auf ihre Berechtigung untersucht werden.[450] Hat der Verwender schon keine berechtigten Gestaltungsinteressen in die Waagschale zu werfen, kann und muss die Interessenabwägung im engeren Sinne unterbleiben.[451] Es gibt nichts abzuwägen. Die Unwirksamkeit der Bestimmung steht fest.[452] Als Zweites müssen die Gegeninteressen des Vertragspartners auf ihre Berechtigung untersucht werden. Freilich folgt deren Berechtigung meist schon daraus, dass über § 306 II BGB die gesetzlichen Vorschriften an die Stelle einer unwirksamen Bestimmung treten, der Vertragspartner mit der Inhaltskontrolle also nur zur gesetzlichen „Normalregelung" zurück steuert.

Entsprechend obigen Erkenntnissen überprüft die auf *Becker* zurückgehende und mittlerweile wohl herrschende „Regelbeispiels-Theorie"[453] die Gestaltungsinteressen des Verwenders seit jeher auf ihre Berechtigung. Insofern hat sich der Ausdruck „Widerlegungsprüfung" eingebürgert. Nach *Becker*[454] und seinen Anhängern wird die Regelwirkung des § 307 II BGB (nur) widerlegt, wenn die besondere Interessenlage der Parteien es möglich erscheinen lässt, dass eine vertragliche Abweichung gerechtfertigt sein könnte.[455] Nur bei *berechtigten* Abweichungsinteressen (Gestaltungsinteressen) des Verwenders sei eine abschließende, umfassende Interessenabwägung durchzuführen.[456]

Diese Trennung von Widerlegungsprüfung und Interessenabwägung verträgt sich nicht mit den Grundsätzen der normativ strukturierten Interessenabwägung. Denn sie verkennt die Struktur der Interessenabwägung *im weiteren Sinne*. Eine Widerlegung der – vermeintlichen[457] – gesetzlichen Regelwirkung kommt in der Tat nur in Betracht, wenn berechtigte Gestaltungsinteressen des Verwenders existieren. Die Feststellung berechtigter Gestaltungsinteressen des Verwenders ist der Interessenabwägung *im weiteren Sinne* indes nicht vorgelagert, sondern bereits deren zweite Stufe. Diese Verzahnung zwischen der gesetzlichen „Zweifelsregelungstechnik" des § 307 II BGB und der abschließenden, umfassenden

---

448 *Brors*, ZIP 1998, 1663 (1665); *Preis*, Vertragsgestaltung, S. 301.

449 *Feuerborn*, Sachliche Gründe, S. 105; *Hubmann*, AcP 155 (1956), 85 (98); *Wolf*/Horn/Lindacher § 9, Rdnr. 72 f.

450 *Feuerborn*, Sachliche Gründe, S. 105.

451 *Brors*, ZIP 1998, 1663 (1664); *Feuerborn*, Sachliche Gründe, S. 106.

452 *Brors*, ZIP 1998, 1663 (1664); *Feuerborn*, Sachliche Gründe, S. 106.

453 Dazu ausführlich unten S. 77 f.

454 § 9 Abs. 2 AGB-Gesetz, S. 137.

455 *Becker*, § 9 Abs. 2 AGB-Gesetz, S. 137.

456 *Becker*, § 9 Abs. 2 AGB-Gesetz, S. 137.

457 Dazu ausführlich unten S. 77 ff.

Interessenabwägung nach § 307 I 1 BGB setzt sich auf der nächsten Stufe (Gewichtung der Parteiinteressen) fort.

c) Gewichtung der Parteiinteressen

Nach ihrer Bewertung müssen die verbliebenen – berechtigten – Interessen gewichtet werden.[458] Auch die Gewichtung erfolgt anhand gesetzlicher Vorgaben.[459] Es ist zu fragen, ob das Gesetz ein Rangverhältnis unter den – berechtigten – Parteiinteressen erkennen lässt, ob also bestimmten Interessen sog. „Vorzugs- oder Vorrangtendenzen" anhaften.[460]
Zwar lässt sich der Gewichtungsvorgang nur idealtypisch von der Interessenabwägung im engeren Sinne trennen, „weil eine abstrakte, absolute Bestimmung der Interessengewichte allenfalls beschränkt möglich ist."[461] Jedoch entlastet der Versuch einer separaten Gewichtung den späteren Abwägungsvorgang und gestaltet ihn dadurch transparenter.[462]
Für die Feststellung von Vorzugstendenzen sind verschiedene allgemein anerkannte Präferenzregeln entwickelt worden.[463] Hinzu gesellt sich eine besondere Präferenzregel der Inhaltskontrolle. Diese Präferenzregel erschließt sich aus dem zutreffenden Verständnis der Worte „im Zweifel" im Einleitungssatz zu § 307 II BGB. Insofern besteht indes Streit.

aa) Keine Umkehr der Argumentationslast

Die auf *Becker*[464] zurückgehende und inzwischen wohl herrschende[465] „Regelbeispiels-Theorie" erblickt in den Sondertatbeständen des § 307 II BGB Regelbeispiele unwirksamer Bestimmungen. In Abwesenheit besonderer Umstände werde die umfassende Interessenabwägung nach § 307 I 1 BGB durch konkrete Prüfungsgesichtspunkte samt einer Regelwertung ersetzt.[466] Die Gesetzesformulierung „im Zweifel" müsse als „in der Regel" gelesen werden.[467] Die gesetzliche Regelwirkung entfalle nur ausnahmsweise aufgrund besonderer Umstände. Insofern sei der Richter zu einer Widerlegungsprüfung berechtigt und verpflich-

---

[458] *Feuerborn*, Sachliche Gründe, S. 106.
[459] *Feuerborn*, Sachliche Gründe, S. 105; *Wolf*/Horn/Lindacher § 9, Rdnr. 73.
[460] *Feuerborn*, Sachliche Gründe, S. 106; *Hubmann*, AcP 155 (1956), 85 (97); *ders.*, FS Schnorr von Carolsfeld, S. 173 (178).
[461] *Feuerborn*, Sachliche Gründe, S. 107.
[462] *Feuerborn*, Sachliche Gründe, S. 107.
[463] Dazu ausführlich: *Feuerborn*, Sachliche Gründe, S. 111 ff.; *Hubmann*, AcP 155 (1956), 85 (107 ff.).
[464] § 9 Abs. 2 AGB-Gesetz, S. 41 ff.
[465] Zustimmend: Palandt/*Heinrichs* § 307, Rdnr. 25 (Mischung aus Regelbeispiel und Unwirksamkeitsvermutung). Ablehnend: Staudinger/*Coester* § 9 AGBG, Rdnr. 165 f.
[466] Staudinger/*Coester* § 9 AGBG, Rdnr. 163.
[467] *Becker*, § 9 Abs. 2 AGB-Gesetz, S. 50; Staudinger/*Coester* § 9 AGBG, Rdnr. 163.

tet.[468] Diese müsse sich im Sinne einer effektiven Inhaltskontrolle allerdings auf wirkliche Ausnahmefälle beschränken.[469] Bei Erfüllung eines Sondertatbestandes des § 307 II BGB sei grundsätzlich kein Raum mehr für richterliche Wertungen.[470] Durch eine ausnahmsweise erfolgreiche Widerlegungsprüfung werde die Regelwirkung entkräftet und § 307 II BGB somit funktionslos.[471] Erst dann sei eine umfassende Interessenabwägung nach § 307 I 1 BGB vorzunehmen.[472]

bb) Umkehr der Argumentationslast

Eine andere Meinung geht mit Blick auf die Worte „im Zweifel" davon aus, dass es sich bei den Sondertatbeständen des § 307 II BGB nicht um Regelbeispiele, sondern um widerlegbare Unwirksamkeitsvermutungen handelt.[473] Diese Auffassung deckt sich mit der „Regelbeispiels-Theorie" in dem Erfordernis einer „Widerlegungsprüfung".[474] Anders als die „Regelbeispiels-Theorie" lässt sie die Indizwirkung der Sondertatbestände des § 307 II BGB aber im weiteren Gang der Interessenabwägung fortwirken. Die Bejahung der Voraussetzungen eines Sondertatbestandes des § 307 II BGB führe zu einer Umkehr der *Beweis*last.[475] Nach erfolgreicher „Widerlegungsprüfung" würden die Sondertatbestände des § 307 II BGB daher nicht funktionslos. Ihre Bejahung behalte vielmehr Einfluss auf die Gewichtung der Parteiinteressen.

Diesen Ansatz bestätigt *Canaris* im Wesentlichen. Die „Theorie der widerlegbaren Unwirksamkeitsvermutung" kritisiert er nur hinsichtlich der Terminologie.[476] In der Sache sei es zutreffend, dass die Worte „im Zweifel" nicht nur eine „Widerlegungsprüfung" herausfordern, sondern ihre Indizwirkung auch nach erfolgreicher „Widerlegungsprüfung" insofern fortwirkt, als es zu einer Umkehr der Argumentationslast kommt.[477] Zur Vermeidung terminologischer Unsicherheiten[478] spricht *Canaris*[479] von der *Indikations*funktion des § 307 II BGB unter Umkehrung der *Argumentations*last.

---

[468] *Becker*, § 9 Abs. 2 AGB-Gesetz, S. 203; Staudinger/*Coester* § 9 AGBG, Rdnr. 163.
[469] *Becker*, § 9 Abs. 2 AGB-Gesetz, S. 206.
[470] *Becker*, § 9 Abs. 2 AGB-Gesetz, S. 203.
[471] *Becker*, § 9 Abs. 2 AGB-Gesetz, S. 137; Staudinger/*Coester* § 9 AGBG, Rdnr. 163.
[472] *Becker*, § 9 Abs. 2 AGB-Gesetz, S. 137; Staudinger/*Coester* § 9 AGBG, Rdnr. 163. Zur „Widerlegungsprüfung" als Teil der Interessenabwägung im weiteren Sinne siehe oben S. 76 f.
[473] Palandt/*Heinrichs* § 307, Rdnr. 25 (Mischung aus Unwirksamkeitsvermutung und Regelbeispiel); *Wolf*, JZ 1974, 41 (42 f.).
[474] *Preis*, Vertragsgestaltung, S. 302.
[475] *Wolf*, JZ 1974, 41 (42 f.).
[476] *Canaris*, FS Ulmer, S. 1073 (1080).
[477] *Canaris*, FS Ulmer, S. 1073 (1078 ff.).
[478] *Canaris*, FS Ulmer, S. 1073 (1080).
[479] FS Ulmer, S. 1073 (1078).

cc) Stellungnahme

Die Geister scheiden sich an der Bedeutung der Worte „im Zweifel“ im Einleitungssatz zu § 307 II BGB. *Coester*[480] erklärt sie kurzer Hand für funktionslos. *Becker*[481] liest sie als „in der Regel“. Nur *Canaris*[482] nimmt das Gesetz beim Wort.

Die komplette „Weginterpretation“ von *Coester* lässt sich methodisch nicht halten.[483] Die „Uminterpretation“ von *Becker* verkennt die Struktur der Interessenabwägung im weiteren Sinne[484] und die Existenz einer eigenständigen Rechtsfigur der Argumentationslast[485]. Gegen die Einstufung der Sondertatbestände des § 307 II BGB als widerlegbare Unwirksamkeitsvermutungen spricht allein die Terminologie. Der Ausdruck Vermutung wird üblicherweise im Rahmen von *Beweis*lastregelungen verwendet und hat „demgemäß Tatsachen, nicht aber Argumente zum Gegenstand.“[486] Zutreffenderweise geht es nicht um die Umkehr der *Beweis*last, sondern um die Umkehr der *Argumentations*last.[487]

Zumeist wird eine Umkehr der Beweislast kategorisch mit dem Argument verneint, Rechts- und Wertungsfragen seien einer Beweislastregelung nicht zugänglich.[488] Das wäre zutreffend, wenn es sich bei § 307 II BGB wirklich um eine *Beweis*lastregelung handeln würde. Dem ist aber nicht so. § 307 II BGB ist eine *Argumentations*lastregelung. Eine Argumentationslastregelung beschränkt sich keineswegs auf periphere Fälle eines argumentativen Patts (sog. non-liquet).[489] Zu Unrecht wird daher angenommen, dass sich der Richter seiner Abwägungs- und Wertungsaufgabe über den Hinweis auf die Argumentationslastverteilung entziehen könne.[490] Die Begründungslast trifft vielmehr auch eine Aussage darüber, „welcher Art und wie hoch die argumentative *Hürde* ist, die es (...) zu überwinden gilt.“[491] Bei jeder Interessenabwägung ist es von wesentlicher Bedeutung, „für und gegen welche Lösung zu argumentieren ist und welches *Ge-*

---

[480] Staudinger/*Coester* § 9 AGBG, Rdnr. 165.

[481] § 9 Abs. 2 AGB-Gesetz, S. 50.

[482] FS Ulmer, S. 1073 (1081).

[483] Siehe oben S. 71 f.

[484] *Canaris*, FS Ulmer, S. 1073 (1079).

[485] Dazu: *Krebs*, AcP 195 (1995), 171 ff.

[486] *Canaris*, FS Ulmer, S. 1073 (1080).

[487] Die Begriffe Argumentationslast und Begründungslast werden hier synonym verwendet. Ebenso: *Canaris*, FS Ulmer, S. 1073 (1078 und dort Fn. 14) sowie *Krebs*, AcP 195 (1995), 172 ff.

[488] So etwa: *Becker*, § 9 Abs. 2 AGB-Gesetz, S. 202 und Staudinger/*Coester* § 9 AGBG, Rdnrn. 162 u. 167.

[489] So aber die Annahme von: Staudinger/*Coester* § 9 AGBG, Rdnr. 162 und *Becker*, § 9 Abs. 2 AGB-Gesetz, S. 202.

[490] So etwa die Befürchtung von: Staudinger/*Coester* § 9 AGBG, Rdnr. 162.

[491] *Canaris*, FS Ulmer, S. 1073 (1078 f.).

wicht[492] die Argumente haben müssen".[493] Es geht nicht um die Erleichterung oder gar Abnahme der richterlichen Interessenabwägung, sondern um deren „saubere" Strukturierung. Insofern trifft die Bejahung eines Sondertatbestandes des § 307 II BGB eine Aussage zur *Gewichtung* der Parteiinteressen: Selbst nach erfolgreicher „Widerlegungsprüfung" (zutreffender Standort: *Berechtigung* der Verwenderinteressen) gilt die Indizwirkung der Sondertatbestände unter Umkehr der Argumentationslast fort. Die Parteiinteressen werden gewichtet, indem die Argumentationslast gegenüber den Fällen eines unmittelbaren Einstiegs über § 307 I 1 BGB umgekehrt wird.[494] Den Gegeninteressen des Vertragspartners haftet nun eine gesetzlich angeordnete Vorzugstendenz an. Während bei der Konkretisierung der Gebote von Treu und Glauben – deren Ausprägung die Inhaltskontrolle nach § 307 BGB letztlich darstellt[495] – normalerweise geringe Interessenunterschiede genügen,[496] ist nunmehr ein klares Überwiegen der Gestaltungsinteressen des Verwenders erforderlich.[497]

d) Ermittlung der Abwägungskriterien

Der allgemeine Gleichheitssatz (Art. 3 I GG) bildet die Grundlage einer jeden Abwägung.[498] Die gegenläufigen Interessen der Vertragsparteien müssen auf einen gemeinsamen Nenner gebracht werden. Um sie vergleichen zu können, bedarf es einer gemeinsamen Eigenschaft (sog. tertium comparationis).[499] Das tertium comparationis

> „(...) muss diejenige Eigenschaft sein, auf die es für das Recht, für den zu beurteilenden Fall ankommt. Bei Interessen ist dies ihre Schutzwürdigkeit."[500]

Der Umfang der Schutzwürdigkeit des einen oder des anderen Interesses muss seinerseits anhand von Abwägungskriterien ermittelt werden. Insofern folgt erst aus dem jeweiligen Sachverhalt,

> „welche Kriterien aus dem allgemeinen Arsenal von Wertungsgesichtspunkten in concreto potentiell einschlägig sind."[501]

---

492 Hervorhebung vom Verfasser.
493 *Canaris*, FS Ulmer, S. 1073 (1079). Ebenso: *Wolf*, JZ 1974, 41 (43).
494 *Canaris*, FS Ulmer, S. 1073 (1081).
495 Dazu: *Fastrich*, Inhaltskontrolle, S. 61 ff.; *Preis*, Vertragsgestaltung, S. 237 ff.
496 *Hubmann*, AcP 155 (1956), 85 (87).
497 *Canaris*, FS Ulmer, S. 1073 (1079 u. 1081).
498 *Hubmann*, FS Schnorr von Carolsfeld, S. 173 (178).
499 *Feuerborn*, Sachliche Gründe, S. 107; *Hubmann*, FS Schnorr von Carolsfeld, S. 173 (178).
500 *Hubmann*, FS Schnorr von Carolsfeld, S. 173 (178).
501 Staudinger/*Coester* § 9 AGBG, Rdnr. 79.

Die durch den Sachverhalt „indizierten“ Abwägungskriterien sollten sich zudem aus gesetzlichen Wertungen ableiten lassen.[502] Dies gilt vor allem dann, wenn vertragliche Risikoverteilungen in Rede stehen. Gesetzliche Wertungen geben oftmals darüber Aufschluss, welche Partei das fragliche Risiko eher tragen kann und soll.[503]

e) Interessenabwägung im engeren Sinne

Ein Großteil der Arbeit wurde bei der Vorprüfung (Schritte 1 – 4 der Interessenabwägung *im weiteren Sinne*) geleistet. Die eigentliche Interessenabwägung (= die Interessenabwägung *im engeren Sinne*) bezeichnet die nunmehr erfolgende Gegenüberstellung der beiderseitigen *berechtigten*[504] Interessen unter Berücksichtigung ihrer *Gewichtung*[505] sowie ihre „Verdichtung und (...) Integration zu einer Gesamtwertung“[506] durch Anwendung der einschlägigen *Abwägungskriterien*[507].

---

502 *Brors*, ZIP 1998, 1663 (1664); *Feuerborn*, Sachliche Gründe, S. 108 ff.
503 MünchKomm-BGB/*Basedow* § 307, Rdnr. 44.
504 Ergebnis von Schritt 2 der Interessenabwägung im weiteren Sinne.
505 Ergebnis von Schritt 3 der Interessenabwägung im weiteren Sinne.
506 Staudinger/*Coester* § 9 AGBG, Rdnr. 79.
507 Ergebnis von Schritt 4 der Interessenabwägung im weiteren Sinne.

III. Zwischenergebnis

Viele – auch höchstrichterliche – Urteile bestechen nicht gerade durch eine saubere Prüfung des § 307 BGB. Oft wird pauschal auf die Norm als Ganzes rekurriert, ohne die Prüfung in irgendwelche Teilschritte zu zerlegen. Darunter leidet nicht nur die Dogmatik der Inhaltskontrolle, sondern vor allem auch die rechtsstaatlich gebotene Nachvollziehbarkeit und Überprüfbarkeit der richterlichen Entscheidungsfindung. Dem kann begegnet werden, indem man § 307 BGB beim Wort nimmt und die Grundsätze der normativ strukturierten Interessenabwägung in das Prüfungsprogramm der Inhaltskontrolle integriert. Dann gilt:

- Der Einstieg sollte – soweit möglich – über die Zweifelsregelungen des § 307 II BGB erfolgen. Zwar ist das **Verhältnis der Zweifelsregelungen** ungeklärt. Jedoch kann die Diskussion dahinstehen, wenn die Voraussetzungen *beider* Zweifelsregelungen erfüllt sind. Es spricht nichts dagegen, § 307 II Nr. 2 BGB *kumulativ bekräftigend* heranzuziehen, wenn die Voraussetzungen des § 307 II Nr. 1 BGB *bejaht* wurden. Ohne Not sollte bei gesetzlich geregelten Verträgen ein *alleiniger* Zugriff auf § 307 II Nr. 2 BGB unterbleiben, weil ansonsten der Vorrang des Gesetzes gefährdet würde. Zudem ist § 307 II Nr. 1 BGB mit seinem Rekurs auf die „wesentlichen Grundgedanken der gesetzlichen Regelung" besser in der Lage, die abschließende *normativ* strukturierte Interessenabwägung vorzubereiten. Dementsprechend wird bei der nachfolgenden Darstellung des besonderen Prüfungsprogramms der Quotelungskontrolle den Voraussetzungen des § 307 II Nr. 1 BGB größere Aufmerksamkeit gewidmet als denen des § 307 II Nr. 2 BGB.
- Der Bedeutungsgehalt vieler **Voraussetzungen der beiden Sondertatbestände** des § 307 II BGB ist bis heute nicht abschließend geklärt. Glücklicherweise führen die verschiedenen Auslegungen zu ähnlichen Ergebnissen. Zumeist kann „parallel" unter alle Ansichten subsumiert werden.
- Am ***Erfordernis* einer Interessenabwägung** im Rahmen der Prüfung des § 307 II, I 1 BGB bestehen keine Zweifel, obwohl das Wort „Interessenabwägung" an keiner Stelle des Gesetzes fällt.
- Dagegen ist die ***Verortung* der Interessenabwägung** umstritten. Eine Verortung innerhalb der Sondertatbestände des § 307 II BGB ist methodisch nicht haltbar. Diese Ansicht würde zur kompletten „Weginterpretation" der durchaus bedeutsamen Worte „im Zweifel" führen. Zutreffend ist die Verortung der Interessenabwägung bei § 307 I 1 BGB. Insofern spielt es keine entscheidende Rolle, ob auf die Gebote von Treu und Glauben, das Merkmal der Unangemessenheit oder auf beides gemeinsam abgestellt wird.
- Bei den ***Anforderungen* an die Interessenabwägung** ist man sich theoretisch einig, obwohl sie in der richterlichen Praxis oft missachtet werden. Die Mindestvorgaben liefert Art. 20 III GG. Jede Interessenabwägung muss das Gebot der Rechtssicherheit und die Bindung des Richters an Gesetz und

Recht beachten. Deshalb ist die Interessenabwägung in einzelne Teilschritte zu zerlegen. Diese Teilschritte müssen erkennbar, nachvollziehbar, überprüfbar und verallgemeinerbar sein. Innerhalb der einzelnen Teilschritte ist die freie richterliche Wertung auf ein Minimum zu reduzieren. Stattdessen müssen die Bewertung und Gewichtung der Interessen sowie die Abwägungskriterien soweit wie möglich aus gesetzlichen – sei es bereichsspezifischen oder allgemeinen – Vorgaben abgeleitet werden.

- Äußerst Problematisch ist die Umsetzung dieser groben Vorgaben in eine **konkrete *Struktur* der Interessenabwägung**. Insofern wird ohne kritische Hinterfragung der **Methode der normativ strukturierten Interessenabwägung nach *Hubmann*** gefolgt. Wie jede Interessenabwägung verläuft danach die Interessenabwägung *im weiteren Sinne* im Rahmen des § 307 I 1 BGB in fünf Schritten. Vor der Interessenabwägung *im engeren Sinne* findet eine vierstufige *Vorprüfung* statt.
- Als Erstes erfolgt die **Ermittlung der jeweiligen Parteiinteressen**. Dazu bedarf es einer umfassenden Ausschöpfung des Sachverhalts.
- Als Zweites erfolgt die **Bewertung der ermittelten Parteiinteressen**. Die berechtigten müssen von den unberechtigten Interessen getrennt werden. Die Berechtigung eines Interesses ist aus gesetzlichen Vorgaben abzuleiten. Nur die berechtigten Interessen sind abwägungsrelevant. Kann der Verwender schon keine berechtigten Gestaltungsinteressen anführen, ist die Interessenabwägung im weiteren Sinne an dieser Stelle beendet. Die Anhänger der „Regelbeispiels-Theorie" nach *Becker* würden sagen, dass die „Widerlegungsprüfung" negativ ausgefallen sei und eine Interessenabwägung daher unterbleibe. Das ist nicht ganz richtig. Es fehlt die Differenzierung zwischen der Interessenabwägung im weiteren Sinne und der Interessenabwägung im engeren Sinne. Nach Bejahung der Voraussetzungen einer Zweifelsregelung des § 307 II BGB ist *in jedem Fall* eine Interessenabwägung *im weiteren Sinne* nach § 307 I 1 BGB durchzuführen. Nur bleibt diese bereits in der Vorprüfung stecken, wenn es an einem berechtigten Gestaltungsinteresse des Verwenders fehlt. Dann entfällt die Interessenabwägung *im engeren Sinne.* Die Bestimmung ist ohne weiteres unwirksam.
- Als Drittes erfolgt die **Gewichtung der – berechtigten – Interessen**. Anhand gesetzlicher Vorgaben muss geprüft werden, ob den berechtigten Interessen gewisse Vorzugstendenzen anhaften. Für die Interessenabwägung im Rahmen des § 307 I 1 BGB sind zwei Aspekte von besonderer Relevanz: Zum einen die Interessenhäufung nach dem Kumulationsprinzip. Mehrere Interessen einer Vertragspartei können sich derart verstärken, dass sie gemeinsam ein für sich genommen gewichtigeres Gegeninteresse überwiegen. Zum anderen die Worte „im Zweifel" im Einleitungssatz zu § 307 II BGB. Diese sind entgegen der herrschenden Meinung nicht als „in der Regel" zu lesen und schon gar nicht bedeutungslos. Entsprechend ihrer allgemeinen

Wortbedeutung führen sie zu einer Umkehr der *Argumentations*last. Die Argumentationslast ist als eigenständige Rechtsfigur anzuerkennen und darf nicht mit der *Beweis*last auf Tatsachenebene verwechselt werden. Die Verteilung der Argumentationslast spielt eine wichtige Rolle bei der Interessenabwägung. Sie ist nicht nur im Falle eines argumentativen Patts (sog. nonliquet) von Bedeutung, sondern weist den Interessen des Vertragspartners des Verwenders eine Vorzugstendenz zu.

- Als Viertes folgt die **Ermittlung der Abwägungskriterien**. Den Vergleichsmaßstab für gegenläufige und unterschiedliche Interessen bildet deren Schutzwürdigkeit. Über den Grad der Schutzwürdigkeit wiederum befindet das Gesetz. Es kann auf bereichsspezifische und hilfsweise auf allgemeine gesetzliche Wertungen zurückgegriffen werden.
- Als Fünftes und Letztes schließt sich die **Interessenabwägung im engeren Sinne** an. Nachdem ein Großteil der Arbeit bereits bei den vier Schritten der Vorprüfung geleistet wurde, sind nunmehr die berechtigten Interessen beider Vertragsparteien unter Beachtung ihrer Gewichtung und unter Anwendung der einschlägigen Abwägungskriterien zu einem Gesamtergebnis zu „verdichten".

B. Besonderes Prüfungsprogramm der Quotelungskontrolle

I. Einstieg über die Sondertatbestände des § 307 II BGB

Die Gewährung eines – teilweisen – Provisionslohns stellt eine Modifikation der in § 611 I BGB normierten Hauptleistungspflicht des Arbeitgebers dar.[508] Bei einer Modifikation gesetzlich geregelter Hauptleistungspflichten ist richtigerweise § 307 II Nr. 1 BGB und nicht § 307 II Nr. 2 BGB einschlägig.[509] Bei Maklerverträgen sieht der BGH dies genauso. Dort geht er in gefestigter Rechtsprechung davon aus, dass das Leitbild des Maklervertrages in § 652 BGB normiert und

> „die Vereinbarung einer erfolgsunabhängigen Maklerprovision durch vorformulierte Klauseln (...) im Hinblick auf § 9 Abs. 2 Nr. 1 AGBG[510] nicht möglich"

sei.[511] Die Übertragbarkeit ist augenscheinlich: Die Vereinbarung einer erfolgs*un*abhängigen Maklerprovision ist ein Spiegelbild der Vereinbarung einer – teilweise – erfolgsabhängigen Arbeitsvergütung. Beim Maklervertrag geht es um die Frage, ob der Makler sich entgegen dem gesetzlichen Regelfall eine erfolgs*un*abhängige Provision versprechen lassen darf. Beim Arbeitsvertrag geht es um die Frage, ob der Arbeitgeber dem Arbeitnehmer entgegen dem gesetzlichen Regelfall eine – teilweise – erfolgsabhängige Vergütung gewähren darf. In beiden Fällen geht es um die Zuweisung eines Arbeits*erfolgs*risikos. In beiden Fällen sollte der Einstieg in die Inhaltskontrolle über § 307 II Nr. 1 BGB erfolgen. Daher werden zunächst die Voraussetzungen des § 307 II Nr. 1 BGB ausführlich erörtert und anschließend die Tatbestandsmerkmale des § 307 II Nr. 2 BGB nur in knapper Form und lediglich *kumulativ bekräftigend* bejaht.[512]

1. Voraussetzungen des § 307 II Nr. 1 BGB

a) Abweichung von der gesetzlichen Regelung

Das Leitbild für die Quotelungskontrolle liefert unzweifelhaft das *Arbeits*vertragsrecht. Denn Gegenstand der Abhandlung sind nur solche Verträge, die aus-

---

[508] Dazu sogleich.

[509] *Becker*, § 9 Abs. 2 AGB-Gesetz, S. 207.

[510] Der wortgleichen Vorgängernorm zu § 307 II Nr. 1 BGB.

[511] BGH v. 28.01.1987, BGHZ 99, 374 (382); v. 02.11.1983, BGHZ 88, 368 (370) sowie v. 20.03.1985, NJW 1985, 2477 (2478).

[512] Zur Unbedenklichkeit dieser Vorgehensweise siehe oben S. 67.

drücklich als *Arbeits*vertrag deklariert wurden. Mit dieser Einordnung können die Parteien beim Wort genommen werden.[513]
Bei Vereinbarung eines – wenn auch nur teilweisen – Provisionslohns liegt stets eine Abweichung vom Arbeitsvertragsrecht vor, weil ein reiner Festlohn als gesetzlicher Regelfall anzusehen ist, die *„gesetzliche Quotelungsbestimmung"* zwischen Festlohnanteil und Provisionsanteil also auf 100:0 lautet.
Zwar benennt das Gesetz die Normalquotelung nicht ausdrücklich. Jedoch wird bei genauerem Hinsehen deutlich, dass ein reiner Festlohn die gesetzliche Regel sein muss. Gerade für den Bereich des Außendienstes mag das überraschen. Allerdings darf nicht verkannt werden, dass *rechtlicher* und *faktischer* Regelfall sich nicht immer decken müssen.[514]

aa) Entgeltrisiko beim Arbeitgeber
Nach allgemeiner Auffassung ist dem Arbeitgeber nicht nur das Betriebs-, sondern *erst recht* auch das allgemeine Wirtschaftsrisiko zugewiesen.[515] Während das Betriebsrisiko sich bei einer von keiner Vertragspartei zu vertretenden Betriebsstörung realisiert,[516] meint das Wirtschaftsrisiko Fälle, in denen die Arbeit zwar technisch möglich, wirtschaftlich jedoch sinnlos ist.[517] Auftrags- und *Absatzmangel* fallen daher grundsätzlich in den Risikobereich des Arbeitgebers.[518] Das Betriebsrisiko wird dem Arbeitgeber ausdrücklich über § 615 S. 3 BGB zugeordnet,[519] das Wirtschaftrisiko richtigerweise schon über § 615 S. 1 BGB unter dem Gesichtspunkt des Annahmeverzugs.[520] Eine beachtliche Meinung geht daher davon aus, dass § 615 BGB – trotz seiner Dispositivität – eine generelle Gerechtigkeitsaussage zu entnehmen sei: Das *Entgeltrisiko* treffe grundsätzlich den Arbeitgeber und dürfe jedenfalls nicht unbegrenzt auf den Arbeitnehmer abgewälzt werden.[521]
Angesichts der grundsätzlichen Zuweisung des Entgeltrisikos an den Arbeitgeber muss die gesetzliche Normalquotelung zwischen Festlohnanteil und Provisionsanteil auf 100:0 lauten. Denn über einen Provisionsanteil wird der Arbeit-

---

513 Siehe oben S. 17 ff.
514 *Löwisch*, ZHR 139 (1975), 362 (366); *Schiek*, BB 1997, 310; *Seifert*, DB 1979, 2034.
515 Aus der Rechtsprechung nur: BAG v. 22.12.1981, NJW 1981, 937; v. 23.06.1994, NZA 1995, 468 (469). Aus der Literatur nur: ErfK/*Preis* §§ 305-310 BGB, Rdnr. 49.
516 MünchArbR/*Boewer* § 79, Rdnr. 1.
517 MünchArbR/*Boewer* § 79, Rdnr. 6.
518 BAG v. 22.12.1981, NJW 1981, 937; v. 23.06.1994, NZA 1995, 468 (469).
519 Zur „halbherzigen" Neufassung des § 615 BGB: *Auktor*, ZTR 2002, 464 und *Luke*, NZA 2004, 244.
520 Grundlegend zum Annahmeverzug als „Figur der Risikozuweisung": *Picker*, JZ 1985, 693 (701). Zudem: *Lindemann*, AuR 2004, 201 (205); MünchArbR/*Boewer* § 79, Rdnr. 8.
521 ErfK/*Preis* §§ 305-310 BGB, Rdnr. 79; *Gotthardt*, Arbeitsrecht, Rdnr. 321; *Preis*, Vertragsgestaltung, S. 332; *Rieble*, NZA 2000, Sonderbeilage zu Heft 3, 34 (44); Staudinger/*Richardi* § 615 BGB, Rdnr. 10; aA wohl *Löwisch*, FS Wiedemann, S. 311 (331).

nehmer am Betriebs- und vor allem Marktrisiko des Arbeitgebers beteiligt.[522] Für den Arbeitnehmer spielt es keine Rolle, ob ihm das Marktrisiko als „Arbeits*tätigkeits*risiko" oder als „Arbeits*erfolgs*risiko" zugewiesen wird. Es drängt sich im Gegenteil sogar ein Erst-Recht-Schluss auf: Soweit der Arbeitgeber selbst das Risiko des Nicht*tätigwerdens* des Arbeitnehmers trägt, muss er erst recht das Risiko des Nicht*erfolges* der Tätigkeit des Arbeitnehmers tragen. Das wird am Beispiel eines *reinen* Provisionslohns besonders deutlich: Bei einem reinen Provisionslohn muss der Arbeitgeber nicht einmal erklären, er könne die Arbeits*leistung* des Arbeitnehmers angesichts der schlechten Absatzlage zurzeit nicht entgegennehmen und in der Folge auch keinen Lohn zahlen. Vielmehr kann er den Arbeitnehmer bedenkenlos „laufen lassen". Schließlich entsteht ein Lohnanspruch erst mit Eintritt eines Absatz- oder Vermittlungs*erfolges*. Diese Überlegungen treffen auch auf die Gewährung eines *Misch*lohns zu: Infolge des erfolgsabhängigen Provisionsanteils kann der Arbeitgeber den Arbeitnehmers zumindest bedenkenlos*er* „laufen lassen" als bei Gewährung eines reinen Festlohns in gleicher Höhe. Der BGH[523] sieht dies letztlich genauso und führt aus:

> „Im gesetzlichen Regelfall ist der Vergütungsanspruch des Dienstnehmers unabhängig davon, ob der Dienstgeber das Ergebnis der von ihm erbrachten Dienste wirtschaftlich gewinnbringend verwerten kann."

bb) Verbot der verschuldensunabhängigen Lohnminderung

Die Annahme eines reinen Festlohns als gesetzlichem Regelfall ist auch in anderer Hinsicht geboten: Indem das Entgelt des Arbeitnehmers – teilweise – durch einen Erfolg bedingt ist, wird dem Arbeitnehmer das Risiko seines eigenen Mindererfolges auferlegt.[524] Mit einer – teilweise – erfolgsabhängigen Vergütung wird ein *Minderungstatbestand* geschaffen.[525] Allerdings wurde im Zuge der Schuldrechtsreform bekräftigt, dass für den Fall eines unzureichenden Arbeitseinsatzes kein verschuldensunabhängiges Lohnminderungsrecht des Arbeitgebers bestehen soll.[526] Zwar findet das Allgemeine Schuldrecht auch auf das Arbeitsrecht Anwendung.[527] Jedoch ist im Allgemeinen Schuldrecht ganz

---

[522] Ebenso: LAG Hamm v. 16.10.1989, ZIP 1990, 880 (Leitsatz 1 u. 885 f.); *Rieble*, NZA 2000, Sonderbeilage zu Heft 3, 34 (43 f.); *Rieble/Gutzeit*, JbArbR 37 (2000), 41 (51 ff.) sowie *Wank*, Anm. zu BAG v. 19.01.2000, RdA 2002, 112 (114 ff.).

[523] v. 09.05.1996, NJW-RR 1996, 1009 (1010).

[524] *Rieble/Gutzeit*, JbArbR 37 (2000), 41 (51).

[525] *Rieble/Gutzeit*, JbArbR 37 (2000), 41 (51).

[526] Schon vor der Schuldrechtsreform: BAG v. 06.06.1972, AP Nr. 71 zu § 611 BGB Haftung des Arbeitnehmers; v. 17.09.1998, NZA 1999, 141 (142); MünchArbR/*Blomeyer* § 58, Rdnr. 14 ff.

[527] *Gotthardt*, Arbeitsrecht, Rdnr. 6 ff. mN auch zur (kaum noch vertretenen) Gegenansicht.

bewusst keine verschuldensunabhängige Minderungsmöglichkeit vorgesehen.[528] Das stellt § 326 I 2 BGB ausdrücklich klar.[529] In Betracht kommt daher nur die Aufrechnung mit einem verschuldensabhängigen (!) Schadensersatzanspruch aus § 280 I BGB.[530]
Nach der gesetzgeberischen Konzeption soll der Arbeitgeber bei unzureichender Arbeitsleistung also nicht ohne weiteres zur Zurückbehaltung der Vergütung berechtigt sein.[531] Dieses Anliegen erfordert einen reinen Festlohn als gesetzlichen Regelfall.[532] Beim Provisionslohn wird dies besonders deutlich: Dort wird eine Vergütung, die zurückbehalten werden könnte, bei ausbleibendem Absatz- oder Vermittlungserfolg gar nicht erst verdient – und zwar selbst dann nicht, wenn die allein geschuldete Arbeits*leistung* (= das *Bemühen* um den Absatz- oder Vermittlungs*erfolg*) völlig tadellos, ja vielleicht sogar überobligationsgemäß, war. Die Provisionseinbuße kann sich daher als verschuldens- und sogar leistungsunabhängige Lohnminderung darstellen.

cc) Abgrenzung zum Werkvertrag
Schließlich wird in Abgrenzung des Arbeitsvertrags zum Werkvertrag noch deutlicher, dass der gesetzliche Regelfall ein reiner Festlohn sein muss. Zwar wird die Alternativität der Entgeltrisikozuweisung – anders als die Verschiedenheit des Leistungsversprechens – in §§ 611 I, 631 I u. II BGB nicht hinreichend deutlich. Jedoch sprechen die Motive zum BGB eine eindeutige Sprache.[533] Dort heißt es:

> „Bei dem Dienstvertrage wird für die Arbeit als solche, bei dem Werkvertrage für das Arbeitsprodukt die Vergütung versprochen“.[534]

Nach dem klaren Willen des historischen Gesetzgebers kann der Regelfall im Arbeitsvertragsrecht nur ein reiner Festlohn sein. Schließlich erhält der Arbeitnehmer eine Provision nicht – wie in den Motiven vorgesehen – für seine bloße *Tätigkeit*, sondern nur bei Herbeiführung eines – wenn auch ungeschuldeten – Erfolges.[535]

---

[528] BT-Dr 14/6040, S. 189 u. 223; *Schubel*, JuS 2002, 313 (318).
[529] *Gotthardt*, Arbeitsrecht, Rdnr. 190.
[530] *Gotthardt*, Arbeitsrecht, Rdnr. 191; MünchArbR/*Blomeyer* § 58, Rdnr. 21 ff.; *Lindemann*, AuR 2002, 81 (83).
[531] *Maschmann*, NZA 2001, Sonderbeilage zu Heft 24, 21 (27).
[532] Zu „der gesetzlichen Regelung“ i.S.d. § 307 II Nr. 1 BGB gehören auch die vom Gesetzgeber bewusst gelassenen Lücken. Dazu: *Niebling*, WM 1992, 845 (846).
[533] So auch die Einschätzung von: MünchArbR/*Richardi* § 6, Rdnr. 7; *Reichold*, RdA 2002, 321 (328) und Staudinger/*Richardi* Vorbem zu §§ 611 ff, Rdnr. 39.
[534] Mot II, S. 471.
[535] MünchArbR/*Kreßel* § 68, Rdnr. 16; *Schaub* § 76, Rdnr. 17.

Jeglicher Provisionsanteil innerhalb eines Gesamtlohns stellt eine Abweichung vom *Arbeits*vertragsrecht dar, weil die Vergütung des Arbeitnehmers insofern

> „an dem für selbständige Unternehmer geltenden *Werk*vertragsrecht“ [536]

– und damit nicht an der *einschlägigen* gesetzlichen Regelung – ausgerichtet wird.[537]

dd) Keine Durchbrechung über § 65 HGB

Der Regelcharakter des reinen Festlohns wird auch nicht über § 65 HGB durchbrochen.[538] Insofern kann weitgehend auf die obigen Ausführungen zur Theorie der Erlaubnisnorm verwiesen werden.[539] Hier nur noch soviel: § 65 HGB ist eine bloße Verweisungsnorm. Der Verweis auf das Provisionsrecht der Handelsvertreter bleibt zudem fragmentarisch. Und selbst die in Bezug genommenen Vorschriften des Handelsvertreterrechts sind auf Arbeitsverhältnisse nur *entsprechend* anzuwenden. § 65 HGB bezweckt also bereits in Sachen „Ausgestaltung der Provisionsordnung“ keine vollkommene Gleichstellung von selbständigen Handelsvertretern und unselbständigen Arbeitnehmern. Keinesfalls wird ein *reiner Provisions*lohn – zumal in vorformulierten Arbeitsverträgen – für rechtlich völlig unbedenklich erklärt.[540] Aber auch der gesetzliche Regelcharakter des *reinen Fest*lohns wird durch die Existenz des § 65 HGB nicht in Frage gestellt. Die Norm beweist lediglich, dass es keinen Rechtssatz gibt, wonach ein Arbeitnehmer *unter keinen Umständen einen Teil* des Arbeitserfolgsrisikos tragen darf.[541] Das ändert indes nichts daran, dass der gesetzliche *Regelfall* – auch für die Arbeitsverhältnisse von Handlungsgehilfen – ein reiner Festlohn bleibt. Angesichts des *strikten* Tätigkeitsbezugs des Arbeitsvertrages hätte es mehr als einer bloßen Teilverweisungsnorm bedurft, um ein „Gegenleitbild“ zu erzeugen. Hinzu kommt die systematische Stellung des § 65 HGB im besonderen Recht der Handlungsgehilfen. Jedenfalls um *alle* Arbeitnehmer zu erfassen, hätte eine Regelung an zentraler Stelle – in den §§ 611 ff. BGB – erfolgen müssen.

§ 65 HGB die „Gegenleitbildfunktion“ abzusprechen, bedeutet indes nicht, dass eine – teilweise – arbeitsvertragliche Provisionsentlohnung keinen Bestand vor § 307 II, I 1 BGB haben könnte. Den Besonderheiten gerade der Arbeitsverhält-

---

536 LAG Berlin v. 17.02.1997, NZA-RR 1997, 371 (372). Hervorhebung vom Verfasser.

537 Ähnlich das LAG Hamm v. 16.10.1989, ZIP 1990, 880 (884) unter Bezugnahme auf *Wank*, Arbeitnehmer, S. 82 ff.: „Mischform zwischen Arbeitsvertrag und Werkvertrag“, die mit dem – angeblich – dualen System der Erwerbstätigkeit unvereinbar sei.

538 So eventuell: *Rieble*, NZA 2000, Sonderbeilage zu Heft 3, 34 (44): „Soweit es um die Provision des angestellten Handelsvertreters geht, prallen zwei „Leitbilder“ aufeinander: § 615 BGB versus § 65 HGB.“

539 Siehe oben S. 51 ff.

540 Siehe oben S. 53 f.

541 *Rieble*, NZA 2000, Sonderbeilage zu Heft 3, 34 (43); *Seifert*, DB 1979, 2034 (2036).

nisse im Außendienst tätiger Handlungsgehilfen kann und muss im Rahmen der abschließenden, umfassenden Interessenabwägung nach § 307 I 1 BGB Rechnung getragen werden. Dabei kann § 65 HGB herangezogen werden, um ein *berechtigtes* Gestaltungsinteresse des Arbeitgebers zu begründen.[542] Außerdem kann § 65 HGB auf Rechtsfolgenseite eine ergänzende Vertragsauslegung – und damit eine arbeitgeberfreundliche(re) Lückenfüllung – legitimieren.[543]

b) Unvereinbarkeit mit wesentlichen Grundgedanken

Ein reiner Festlohn verkörpert die gesetzliche Normalverteilung des Arbeitserfolgsrisikos. Die Normalverteilung des Arbeitserfolgsrisikos zählt nach allen vorgeschlagenen Formeln[544] zu den wesentlichen Grundgedanken des Arbeitsvertragsrechts. Gesetzgeberische Aussagen zu vertraglichen Risikonormalverteilungen gehören erstens in den Bereich der Gerechtigkeitsgebote, dienen zweitens dem Schutz des Vertragspartners des Verwenders und betreffen drittens Fragen eines als sachgerecht erachteten Interessenausgleichs. Dies muss umso mehr gelten, als sich die Quotelungskontrolle im *Hauptleistungsbereich* abspielt. Die Vereinbarung eines – teilweisen – Provisionslohns ist nach sämtlichen mit dem Wortlaut des § 307 II BGB in Einklang stehenden Ansätzen[545] mit wesentlichen Grundgedanken des Arbeitsvertragsrechts *unvereinbar*. Indem ein Teil des Gesamtlohns unter eine Erfolgsbedingung gestellt wird, verschiebt sich das Arbeitserfolgsrisiko einseitig zulasten des Verwendungsgegners (= des Arbeitnehmers). Da der Hauptleistungsbereich betroffen ist, sollte eine merkliche (= beachtliche) Risikoabwälzung bei jedem noch so geringen Provisionsanteil angenommen werden.
Welches Verhältnis zwischen Festlohnanteil und Provisionsanteil letztlich vor der Quotelungskontrolle bestehen kann, ist richtigerweise erst bei der abschließenden, umfassenden Interessenabwägung nach § 307 I 1 BGB zu klären. Denn die Unvereinbarkeit mit wesentlichen Grundgedanken des Arbeitsvertragsrechts führt nur *im Zweifel* zur Unwirksamkeit einer Quotelungsbestimmung.

2. Voraussetzungen des § 307 II Nr. 2 BGB

Die Voraussetzungen des § 307 II Nr. 2 BGB sind bei Vereinbarung eines – teilweisen – Provisionslohns ebenfalls erfüllt.
Zu den sich aus der Natur des Arbeitsvertrages ergebenden *wesentlichen Rechten und Pflichten* gehören zumindest die im Gegenseitigkeitsverhältnis stehen-

---

[542] Dazu unten S. 93.
[543] Dazu unten S. 128.
[544] Siehe oben S. 68 f.
[545] Siehe oben S. 69.

den Hauptleistungspflichten,[546] also auch die Vergütungspflicht des Arbeitgebers.

Eine *Einschränkung* der vertragswesentlichen Vergütungspflicht des Arbeitgebers liegt in der – teilweisen – Einführung einer Erfolgsbedingung.

Schließlich ist auch der *Gefährdungstatbestand* erfüllt. Die Einführung einer – wenn auch nur teilweisen – Erfolgsbedingung droht das Hauptleistungsversprechen des Verwenders (= des Arbeitgebers) auszuhöhlen. Es besteht die realistische Möglichkeit der Nichterreichung des Vertragszwecks. Denn der Eintritt entsprechender Absatz- oder Vermittlungserfolge ist keinesfalls garantiert. Eine sichere Zweck*vereitelung* (= die Gewissheit, dass die „angepeilten" Absatz- oder Vermittlungserfolge ausbleiben werden) ist nach einhelliger Auffassung nicht erforderlich.[547]

II. Interessenabwägung

1. Ermittlung der Parteiinteressen

a) Gestaltungsinteresse des Arbeitgebers

Das Gestaltungsinteresse des Arbeitgebers zielt tendenziell[548] auf einen hohen Provisionsanteil. Denn damit ist eine weitgehende Abwälzung des Marktrisikos auf den Arbeitnehmer verbunden. Hinter dieser Risikoabwälzung wiederum

---

546 Siehe oben S. 70.

547 Siehe oben S. 70.

548 Oftmals wird der Arbeitgeber – ohne sich nähere Gedanken über die Gesamtlohn*quotelung* zu machen – einen gewissen Festlohn garantieren, um dem Sicherheitsbedürfnis des Arbeitnehmers entgegenzukommen. Das ist ratsam. Zwar wird in Betriebswirtschaftslehre und Psychologie vermutet, dass die Anreizwirkung eines Provisionslohns tendenziell umso größer ist, je höher der Provisionsanteil am Gesamtlohn ausfällt. Dazu: *Breisig*, Entgelt, S. 158. Jedoch ist weiterhin ungeklärt, ob und wo prozentuale Obergrenzen gezogen werden sollten. So steht noch nicht abschließend fest, ob und wie sich die Anreizwirkung von Geld bei wachsender Risikoübernahme verändert. Dazu: *Breisig*, Entgelt, S. 254. Vorsicht dürfte – ganz im Sinne dieser Arbeit – insbes. deswegen angezeigt sein, weil mit einem Provisionsanteil stets auch eine Verlagerung des „unbeherrschbaren" Marktrisikos im engeren Sinne auf den Arbeitnehmer einhergeht und die extrinsische Anreizwirkung erfolgsbezogener Vergütung insofern „verpuffen" muss. Denn jeglicher Anreiz macht nur Sinn, wenn und soweit der Arbeitnehmer den Erfolg steuern (= durch seine Entscheidungen [mit] herbeiführen) kann. Dazu: *Breisig*, Entgelt, S. 75 u. 260 ff. Mangels Steuerbarkeit „verpufft" auch die mit dem Anreiz verbundene „indirekte Kontrolle" des Leistungsverhaltens des Arbeitnehmers. Zur „indirekten Kontrollwirkung" der Provision: LAG Berlin v. 03.11.1986, AP Nr. 14 zu § 65 HGB; *Löwisch*, ZHR 139 (1975), 362 (366); *Reuter*, Anm. zu BAG v. 06.12.1988, AP Nr. 37 zu § 87 BetrVG 1972 Lohngestaltung; *Schiek*, BB 1997, 310; *Seifert*, DB 1979, 2034.

verbirgt sich das Interesse des Arbeitgebers an Kostenflexibilisierung und Gewinnoptimierung. Da der Arbeitgeber die Provision nur bei Eintritt eines Absatz- oder Vermittlungs*erfolges* zahlen muss, werden die grundsätzlich fixen Personalkosten insofern an die Absatz- oder Vermittlungslage und demnach an die Ertragslage des Unternehmens angepasst.[549] Im Umfang des Provisionsanteils „atmen" die Personalkosten.[550] Indem weniger Personalkosten „erfolglos" aufgewendet werden, optimieren sich zudem die Vertriebskosten und damit verbessert sich auch die Gewinnsituation.[551] Unter dem Gesichtspunkt der Kostenflexibilisierung und Gewinnoptimierung hat der Arbeitgeber also ein Interesse daran, den Provisions*anteil* am Gesamtlohn „eher hoch ausfallen zu lassen".[552]

b) Gegeninteresse des Arbeitnehmers

Der Arbeitnehmer möchte nur ungern Marktrisiken übernehmen. Sein Gegeninteresse zielt in Richtung Berechenbarkeit und Planbarkeit und deshalb eher dahin, den Provisionsanteil gering zu halten.[553] Der Arbeitnehmer möchte möglichst viel Geld sicher haben.[554]

Unzulässig wäre es, in diesem Zusammenhang darauf zu verweisen, dass ein – teilweiser – Provisionslohn in der Regel zu einem Mehrverdienst gegenüber rein festentlohnten Arbeitnehmern führt.[555] Denn die Gesamtlohnhöhe bleibt durch Quotelungskontrolle und anschließende Lückenfüllung unberührt. Selbst wenn man der noch näher vorzustellenden „Festlohnlösung" folgt und eine unwirksame Quotelungsbestimmung durch die gesetzliche Normalquotelung – also einen reinen Festlohn in gleicher Höhe – ersetzt, bleibt die Provisionsordnung dabei richtigerweise „im Hintergrund" aufrechterhalten.[556] Durch die Anhebung des Festlohn(anteil)s wird der Arbeitnehmer also lediglich von Entgeltrisiken befreit, nicht aber seiner Entgeltchancen beraubt: In schlechten Monaten (= bei *sinkenden* Absatz- oder Vermittlungserfolgen) erhält er zumindest den erhöhten Festlohn. In guten Monaten (= bei *steigenden* Absatz- oder Vermittlungserfolgen) fällt sein Gesamtlohn genauso höher aus, wie dies vor erfolgreicher Quotelungskontrolle der Fall gewesen wäre.

---

549 *Breisig*, Entgelt, S. 244; *Rieble/Gutzeit*, JbArbR 37 (2000), 41 (42).

550 *Breisig*, Entgelt, S. 244.

551 *Seifert*, DB 1979, 2034 (2037).

552 *Breisig*, Entgelt, S. 432.

553 *Breisig*, Entgelt, S. 158 f. u. 432.

554 *Breisig*, Entgelt, S. 282 f.

555 Dazu: *Breisig*, Entgelt, S. 309; *Seifert*, DB 1979, 2034 (2039); *Wank*, Anm. zu BAG v. 19.01.2000, RdA 2002, 112 (116).

556 Dazu ausführlich unten S. 112 f.

c) Einfach- und Mehrfachbedingungen

Für die Ermittlung der Interessenlage kommt es bei Einfachbedingungen auf die Interessen der *konkreten* Vertragsparteien, bei Mehrfachbedingungen auf die Interessen *typischerweise* an einem solchen Vertragsschluss beteiligter Parteien an.[557] Freilich dürfte diese Differenzierung bei der Quotelungskontrolle eher theoretisch bleiben. Denn weder auf Arbeitgeberseite („viel Marktrisiko abwälzen") noch auf Arbeitnehmerseite („wenig Marktrisiko übernehmen") ist ersichtlich, inwiefern die Interessen der konkreten Vertragsparteien von denen typischer Vertragsparteien abweichen sollten.

2. Bewertung der Parteiinteressen

a) Gestaltungsinteresse des Arbeitgebers

Das sich hinter einer möglichst weitgehenden Abwälzung des Marktrisikos verbergende Interesse des Arbeitgebers an Kostenflexibilisierung und Gewinnoptimierung ist zunächst rein betriebswirtschaftlicher Natur. Das „Risikoabwälzungsinteresse" des Arbeitgebers hat aber auch vor der Rechtsordnung Bestand. Es wird von Gesetzes wegen als berechtigt anerkannt. *An dieser Stelle* erlangt § 65 HGB Bedeutung: Zwar stellt § 65 HGB keine spezialgesetzliche Erlaubnisnorm dar und ändert auch nichts am gesetzlichen Regelcharakter eines reinen Festlohns.[558] Jedoch geht der Gesetzgeber in § 65 HGB davon aus, dass der Gesamtlohn eines Arbeitnehmers einen gewissen Provisionsanteil beinhalten darf. Damit erkannt das Gesetz mittelbar an, dass das Interesse des Arbeitgebers an einer Abwälzung von Marktrisiken auf den Arbeitnehmer jedenfalls im Ansatz berechtigt ist. Der (noch) angemessene Umfang des Provisionsanteils ist dann – wie schon mehrfach angedeutet – eine Frage der Interessenabwägung im engeren Sinne.

b) Gegeninteresse des Arbeitnehmers

Das Gegeninteresse des Arbeitnehmers wird ebenfalls schon von Gesetzes wegen als berechtigt anerkannt. Der Arbeitnehmer möchte das grundsätzlich komplett dem Arbeitgeber zugewiesenen Marktrisiko bei diesem *belassen*. Dieses – bereits bei Vertragsschluss bestehende Interesse – bekräftigt er nun dadurch, dass er mit der Quotelungskontrolle (näher) zur gesetzlichen Risikonormalverteilung *zurück* strebt.[559]

---

557 Siehe oben S. 75.

558 Siehe oben S. 51 ff. u. 89 f.

559 Vgl. für den Fall der „Rückkehr" zur gesetzlichen Regelung des § 276 BGB bei Haftungsbeschränkungen gegenüber Endverbrauchern: *Brors*, ZIP 1998, 1663 (1666).

3. Gewichtung der Parteiinteressen

Zwar wird das Gestaltungsinteresse des Arbeitgebers durch § 65 HGB als grundsätzlich berechtigt anerkannt. Jedoch ändert dies nichts daran, dass der gesetzliche Regelfall ein reiner Festlohn bleibt und bei jedem – auch nur teilweisen – Provisionslohn die Voraussetzungen des § 307 II BGB zu bejahen sind. Damit haftet dem Gegeninteresse des Arbeitnehmers eine Vorzugstendenz an. Denn nach zutreffendem Gesetzesverständnis ist mit den Worten „im Zweifel" im Einleitungssatz zu § 307 II BGB eine Umkehr der Argumentationslast gegenüber den Fällen eines direkten Kontrolleinstiegs über § 307 I 1 BGB verbunden.[560]
Die Umkehr der Argumentationslast hat zur Folge, dass nunmehr ein klares Überwiegen des Gestaltungsinteresses des Arbeitgebers erforderlich ist.[561] Auf diese Weise wird der konzeptionelle Unterschied zwischen der Negativformulierung des Gesetzes („unangemessen benachteiligend") und deren positivem Gegenstück („angemessen") überwunden. Soll heißen: Die Negativformulierung in § 307 I 1 BGB ist dem Rangverhältnis von Privatautonomie und staatlicher Intervention geschuldet.[562] Auch bei Verwendung Allgemeiner Geschäftsbedingungen ist die privatautonome Gestaltungsfreiheit nicht völlig *beseitigt*, sondern lediglich *eingeschränkt*.[563] Im Falle eines direkten Kontrolleinstiegs über § 307 I 1 BGB muss der Rechtsanwender daher für ein Unwirksamkeitsurteil zu der *Überzeugung* gelangen, dass die streitbefangene Bestimmung den Vertragsgegner im negativen Sinne unangemessen benachteiligt. Im Falle der vorgelagerten Bejahung – mindestens – eines Sondertatbestandes des § 307 II BGB muss der Rechtsanwender dagegen für ein Unwirksamkeitsurteil „lediglich" zu der *Möglichkeit* gelangen, dass die streitbefangene Bestimmung nicht im positiven Sinne angemessen ist.
Diese Unterscheidung ist keine akademische Wortklauberei, sondern erlangt sogar *doppelte* praktische Bedeutung – wie das Beispiel der Quotelungskontrolle belegt. Im Rahmen der Interessenabwägung im engeren Sinne gelangt bei der Quotelungskontrolle das Abwägungskriterium der Kompensation zur Anwendung.[564] Es wird gefragt, ob und in welchem Umfang der Übernahme von Marktrisiken eine entsprechende Einräumung von Marktchancen gegenübersteht. Dazu gilt es, den Grad der Marktöffnung des Vertrages zu ermitteln. Selbst wenn man den Grad der Marktöffnung eines Arbeitsvertrages mit letzter mathematischer Exaktheit ermitteln könnte, bliebe bei der durch § 307 I 1 BGB zunächst angeordneten negativen Kontrollfrage (unangemessene Benachteiligung?) ein Problem: Was, wenn die Quotelung zwischen Festlohn- und Provisi-

---

[560] Siehe oben S. 78 ff.
[561] Siehe oben S. 80.
[562] Staudinger/*Coester* § 9 AGBG, Rdnr. 73.
[563] Staudinger/*Coester* § 9 AGBG, Rdnr. 73.
[564] Siehe sogleich S. 95 f.

onsanteil auf 70:30 lautet und der Arbeitsrichter zu der Erkenntnis gelangt, dass der Grad der Marktöffnung des Arbeitsvertrages zwar nicht ganz 30%, aber doch immerhin 29% beträgt? Im positiven Sinne angemessen ist die Quotelungsbestimmung dann sicher nicht; aber ist sie bereits im negativen Sinne unangemessen benachteiligend? Falls nein: Ab welchem Grad der Marktöffnung wäre sie unangemessen benachteiligend? Bereits bei 28% oder erst bei weniger als 25%? Die Frage einer eventuellen „Grauzone“ zwischen positiver Angemessenheit und negativer Unangemessenheit stellt sich nicht, wenn der Arbeitsrichter infolge der Umkehr der Argumentationslast von der positiven Angemessenheit der Quotelungsbestimmung überzeugt werden muss. Kurzum: Eine Quotelung zwischen Festlohnanteil und Provisionsanteil von 70:30 bliebe nur wirksam, wenn der Arbeitsrichter zu der *Überzeugung* gelangt, dass der Grad der Marktöffnung *mindestens* 30% beträgt. Schon bei einem Marktöffnungsgrad von nur 29% wäre die Quotelungsbestimmung dagegen unwirksam. In diesem Zusammenhang wird auch die zweite praktische Bedeutung der Umkehr der Argumentationslast offenbar: Verbleibende „Marktöffnungszweifel“ gehen zulasten des Arbeitgebers. Bereits bei der *Möglichkeit* einer Marktöffnung des Arbeitsvertrages von unter 30% ist die Quotelungsbestimmung mit dem Wortlaut des Gesetzes „im Zweifel“ unwirksam. Etwas anderes gilt nur, wenn die nachgelagerte Umstandskontrolle *zugunsten des Arbeitgebers* ausfällt. Dann kann eine „grenzwertige“ oder „zweifelhafte“ Quotelungsbestimmung der dreistufigen Angemessenheitskontrolle in der abschließenden Gesamtabwägung doch noch standhalten.[565]

4. Ermittlung der Abwägungskriterien

a) Kompensationsgedanke als *Haupt*kriterium

Das Hauptabwägungskriterium ist der Kompensationsgedanke. Es ist allgemein anerkannt, dass bei der Inhaltskontrolle der gesamte Vertragsinhalt in den Blick genommen werden muss, damit sowohl summierende als auch kompensierende Effekte innerhalb des Vertragswerkes – inklusive etwaiger Individualabreden – berücksichtigt werden.[566] Die durch eine Vertragsbestimmung begründeten Nachteile können also durch die Vorteile anderer Vertragsbestimmungen ausge-

---

[565] Siehe oben S. 40.

[566] ErfK/*Preis* §§ 305-310 BGB, Rdnr. 47; *Fastrich*, Inhaltskontrolle, S. 301 ff.; *Gotthardt*, Arbeitsrecht, Rdnr. 300; *Lindemann*, AuR 2004, 201 (207); MünchKomm-BGB/*Basedow* § 307, Rdnr. 32; Palandt/*Heinrichs* § 307, Rdnr. 9; *Preis*, Vertragsgestaltung, S. 319 sowie bereits oben S. 74.

glichen werden.[567] Das gilt jedenfalls, wenn und soweit zwischen den fraglichen Vertragsbestimmungen ein sachlicher Zusammenhang besteht.[568]
Gemünzt auf die Quotelungskontrolle bedeutet dies: Die Quotelungsbestimmung muss im Lichte *aller* – jedenfalls aller absatz- oder vermittlungsrelevanten – Vertragsbestimmungen betrachtet werden. Damit die Quotelungsbestimmung vor § 307 BGB Bestand hat, muss die Vertragsgesamtschau ergeben, dass die durch den Provisionsanteil am Gesamtlohn verkörperte Belastung des Arbeitnehmers mit unternehmerischen Markt*risiken* durch die Einräumung entsprechender unternehmerischer Markt*chancen* kompensiert wird.[569] Anders gewendet: Es geht um einen ausgewogenen Risiko-Chancen-Ausgleich, von dem dann auszugehen ist, wenn dem Provisionsanteil am Gesamtlohn eine entsprechende „Marktöffnung des Arbeitsvertrags" gegenübersteht.

b) Nähe zum „Selbständigenvertrag" als *Unter*kriterium
Das Schlagwort von der „Marktöffnung eines Arbeitsvertrags" muss mit Leben gefüllt werden. Zwar lässt sich die Ausgewogenheit vertraglich zugewiesener Risiken und Chancen am Markt nur schwer beurteilen.[570] In Anlehnung an das – angeblich[571] – duale System der Erwerbstätigkeit nach *Wank* kann die Marktöffnung eines Arbeitsvertrags jedoch anhand dessen Nähe zum „Selbständigenver-

---

567 BGH v. 03.11.1999, BGHZ 143, 104 (113 u. 117 f.).

568 So die Einschränkung bei: Palandt/*Heinrichs* § 307, Rdnr. 10.

569 Ebenso ausdrücklich: *Rieble/Gutzeit*, JbArbR 37 (2000), 41 (53). Siehe außerdem: ErfK/*Preis* §§ 305-310, Rdnr. 79; *Lindemann*, AuR 2004, 201 (205 f.); *Wank*, Anm. zu LAG Hamm v. 16.10.1989, EWiR § 138 BGB 9/90, 645 (646); *Wank*, Anm. zu BAG v. 19.01.2000, RdA 2002, 112 (114 ff.). Mit Hilfe des Kompensationsgedankens lässt sich auch unschwer erklären, warum und wann ein – teilweiser – Provisionslohn trotz des Verbots einer verschuldensunabhängigen Lohnminderung wirksam vereinbart werden kann. Insofern muss es darauf ankommen, ob das mit dem Provisionsanteil verbundene Risiko von Lohn*minderungen* durch eine korrespondierende Chance auf Lohn*steigerungen* kompensiert wird. Für die Beurteilung der Ausgewogenheit des Risiko-Chancen-Ausgleichs gilt dann nichts anderes als bei der Gegenüberstellung von Marktrisiken und Marktchancen.

570 Siehe bereits oben S. 5.

571 Kritisch etwa: *Griebeling*, RdA 1998, 208 (214). Richtig ist jedenfalls, dass der *Wanksche* Dualismus so nicht im Gesetz steht. Die Begriffe „Abhängigenvertrag" und „Selbständigenvertrag" sind dem BGB fremd. Die Gesetzessystematik präsentiert sich vielmehr asymmetrisch. Dem Arbeitsvertrag als einzigem gesetzlich so nicht tituliertem „Abhängigenvertrag" stehen der freie Dienstvertrag und der Werkvertrag als gesetzlich so nicht benannte „Selbständigenverträge" gegenüber. Um zu einem symmetrischen – dualen – System zu gelangen, behilft sich *Wank*, Arbeitnehmer, S. 152 mit einer Unterteilung des „Abhängigenvertrages" in Arbeitsverträge *dienst*vertraglicher Art und Arbeitsverträge *werk*vertraglicher Art.

trag" gemessen werden.[572] Dahinter steckt folgender Gedankengang: Der Prototyp des Arbeitnehmers wird fremdgesteuert und fremdnützig tätig.[573] Innerhalb des arbeitsvertraglich vorgegebenen Rahmens unterliegt er den Weisungen seines Arbeitgebers, dem allein der unmittelbare wirtschaftliche Erfolg der Arbeitsleistung zugute kommt. Die extreme Fremdsteuerung beraubt den Prototyp des Arbeitnehmers jeglichen unternehmerischen Spielraums und damit jeglicher Möglichkeit, unternehmerisch am Markt aufzutreten. Als Ausgleich für den Ausschluss eigener unternehmerischer Chancen befreit ihn das Arbeitsrecht von sämtlichen unternehmerischen Risiken.[574] Zu einem weitestgehenden Existenz- und Kontinuitätsschutz trägt dabei vor allem die Gewährung eines reinen Festlohns bei.[575] Demgegenüber darf der Prototyp des Selbständigen rein provisionsmäßig entlohnt, also vollumfänglich mit dem unternehmerischen Marktrisiko belastet werden. Das rechtfertigt sich daraus, dass ein Selbständiger – zumindest idealtypisch – über vollen unternehmerischen Entscheidungsspielraum verfügt.[576] Da er alle Marktchancen genießt, muss er auch alle Marktrisiken tragen. Vor diesem Hintergrund hat der Arbeitgeber die freie Wahl

> „zwischen einem Vertrag nach Selbständigenrecht und damit auch mit Chancen und Risiken für den Beschäftigten und einem Vertrag nach Arbeitsrecht, bei dem der Beschäftigte zwar keine Marktchancen wahrnehmen kann, aber auch von Marktrisiken entlastet wird."[577]

Unzulässig ist dagegen eine „Kombination schlechter Risiken" dergestalt, dass die Abhängigkeit nach Arbeitsrecht mit dem Entgeltrisiko nach Selbständigenrecht kombiniert wird.[578] Insofern kann als grobe Marschroute ausgegeben werden: Je näher ein Arbeitsvertrag dem „Selbständigenvertrag" kommt, desto größer ist seine Marktöffnung und desto höher darf der Provisionsanteil am Gesamtlohn und die damit verbundenen Abwälzung des Marktrisikos ausfallen. Oder anders gewendet: Je unternehmerähnlicher der Arbeitnehmer aufgrund seiner Vertragsgestaltung erscheint, desto unternehmerähnlicher (= stärker erfolgsbezogen) darf er entlohnt werden. Eine solche Anlehnung der Vertrags*inhalts*kontrolle an die Vertrags*wahl*kontrolle ist nichts Ungewöhnliches. Schon *Wank*[579] spricht von einer „merkwürdigen Beziehung" zwischen der Qualifikati-

---

572 Auf das duale System der Erwerbstätigkeit nach *Wank* heben auch ab, um die Abwälzung von Entgeltrisiken zu kontrollieren: LAG Hamm v. 16.10.1989, ZIP 1990, 880 (884 ff.) und LAG Berlin v. 17.02.1997, NZA-RR 1997, 371 (372).

573 BAG v. 15.03.1978, DB 1978, 1035 (1036).

574 LAG Hamm v. 16.10.1989, ZIP 1990, 880 (Leitsatz 1).

575 LAG Hamm v. 16.10.1989, ZIP 1990, 880 (Leitsatz 1).

576 Dazu: *Wank*, NZA 1999, 225 (227 ff.).

577 *Wank*, Anm. zu LAG Hamm v. 16.10.1989, EWiR § 138 BGB 9/90, 645 (646).

578 *Wank*, Anm. zu LAG Hamm v. 16.10.1989, EWiR § 138 BGB 9/90, 645 (646).

579 Arbeitnehmer, S. 130.

on eines Gesamtvertrages und der Wirksamkeit einzelner Vertragsbestimmungen.

c) Vertragsabgrenzungskriterien als *Unterunter*kriterien

Wenn man einen fließenden Übergang zwischen den Vertragstypen anerkennt und die Marktöffnung eines Arbeitsvertrages an dessen Nähe zum „Selbständigenvertrag" misst, kann im Rahmen der Vertrags*inhalts*kontrolle – mit der gebotenen Vorsicht – auf die zur Vertrags*wahl*kontrolle erarbeiteten Abgrenzungskriterien zurückgegriffen werden. Interessieren soll dabei nur die Abgrenzung des Arbeitsvertrages vom freien Dienstvertrag. Denn die Frage der Abhängigkeit oder Selbständigkeit eines Beschäftigten entscheidet sich richtigerweise zwischen diesen beiden Vertragstypen.[580]

Schwierigkeiten verbleiben freilich insofern, als über die Abgrenzung des Arbeitsvertrages vom freien Dienstvertrag Streit besteht:

Das BAG stellt in ständiger Rechtsprechung auf das Merkmal der persönlichen Abhängigkeit ab. Da dieses Merkmal als solches kaum subsumtionsfähig ist, wurden „Untermerkmale" entwickelt. So soll es im Rahmen einer Gesamtbetrachtung vor allem auf den Grad der Weisungsgebundenheit[581], den Umfang der geschuldeten Arbeitskraft[582] und den Grad der Eingliederung in einen fremden Organisationsbereich[583] ankommen. Allerdings muss das BAG[584] selbst einräumen, dass „bei der Frage, in welchem Maße der Mitarbeiter persönlich abhängig ist, (...) vor allem die Eigenart der jeweiligen Tätigkeit" berücksichtigt werden muss und es „keine abstrakten, für alle Arten von Arbeitnehmern schlechthin geltenden Kriterien" gibt.

Dem „herkömmlichen Arbeitnehmerbegriff" des BAG steht der – nach seiner Ansicht – „zeitgemäße Arbeitnehmerbegriff" *Wanks* gegenüber. Laut *Wank*[585] muss ein Vertrag darauf überprüft werden, ob den dem Beschäftigten zugewiesenen unternehmerischen Risiken hinreichende unternehmerische Chancen ge-

---

[580] Für unselbständige Arbeit existiert allein der Vertragstypus des Arbeitsvertrages. Dementsprechend sollte bei der Vertragwahlkontrolle vorweg die (Un-)Selbständigkeit des Dienstleistenden geprüft werden. Ist bereits die Selbständigkeit zu verneinen, kann im Folgenden auch kein Erfolg geschuldet, also kein Werkvertrag vereinbart sein. Denn wer einen Erfolg schuldet, muss die Art und Weise, wie er diesen bewerkstelligt, selbst bestimmen können. Zu alledem: Soergel/*Kraft* Vor § 611, Rdnr. 40; *Tomandl*, Wesensmerkmale, S. 115 und *Wank*, Gemeinsame Anmerkung zu AP Nr. 34-36 zu § 611 BGB Abhängigkeit. AA bzgl. der Abgrenzungsreihenfolge: *Maschmann*, NZA 2001, Sonderbeilage zu Heft 24, 21 (27).

[581] Dazu nur: BAG v. 06.05.1998, NZA 1999, 205 (207).

[582] Dazu nur: BAG v. 30.11.1994, NZA 1995, 622 (624).

[583] Dazu nur: BAG v. 13.08.1980, AP Nr. 37 zu § 611 BGB Abhängigkeit.

[584] v. 15.03.1978, DB 1978, 1035 (1036).

[585] NZA 1999, 225 (227).

genüberstehen. Nach *Wanks*[586] Auffassung steht damit der unternehmerische Entscheidungsspielraum im Vordergrund. Maßgeblich sei, ob der Arbeitnehmer nach der Vertragsgestaltung die Möglichkeit hat, unternehmerisch am Markt tätig zu werden.[587] Dabei gehe es nicht darum, ob der Beschäftigte in der Zukunft tatsächlich selbständig sein wird, sondern vielmehr darum, ob der Vertrag so angelegt ist, dass er die Wahrnehmung unternehmerischer Chancen *ermöglicht.*[588]
Die sachgerechte Lösung für die Quotelungskontrolle dürfte in einer „Kombination" der beiden Arbeitnehmerbegriffe liegen. Selbst *Wank*[589] spricht den vom BAG aufgestellten Kriterien nicht jeglichen Wert ab[590] und führt aus:

> „Unter dem Gesichtspunkt der angemessenen Verteilung von Chancen und Risiken können auch die von der Rechtsprechung verwandten Kriterien der zeitlichen, örtlichen und inhaltlichen Weisungsbindung nutzbar gemacht werden. Eine enge Bindung an Weisungen kann zur Folge haben, dass dem Beschäftigten keine unternehmerischen Chancen eröffnet sind, während er andererseits das volle unternehmerische Risiko trägt."

Sofern man den Wert der vom BAG propagierten Kriterien stets im Lichte einer möglichen Beschneidung unternehmerischer Chancen betrachtet, kann man noch weiter gehen als *Wank* und den gesamten Kriterienkatalog des BAG heranziehen.[591] Denn auch mit Hilfe der anderen Kriterien kann die Möglichkeit der Wahrnehmung von Marktchancen beurteilt werden:
Darf ein Arbeitnehmer aufgrund seines Vertrages nicht für andere Arbeitgeber tätig werden oder ist ihm dies wegen des Umfangs der geschuldeten Arbeitskraft nicht möglich, kann er über die eigene Arbeitskraft nicht mehr frei verfügen und hat insofern nicht mehr die Möglichkeit eigener unternehmerischer Marktteilnahme.[592] Allein aufgrund ihres ausschließlichen Tätigwerdens für nur einen Arbeitgeber wird vielen Arbeitnehmern folglich ein gewisser Festlohnanteil eingeräumt werden müssen. Das folgt letztlich schon aus der gesetzlichen Wertung des § 92a HGB.[593]
Ist ein Arbeitnehmer – insbesondere räumlich – in einen fremden Organisationsbereich eingegliedert, wird sein unternehmerischer Entscheidungsspielraum da-

---

586 NZA 1999, 225 (227 ff.).
587 *Wank*, NZA 1999, 225 (229).
588 *Wank*, NZA 1999, 225 (229).
589 NZA 1999, 225 (227). Ganz ähnlich schon: *Lieb*, ZVersWiss 1976, 207 (218 ff.).
590 Darauf weist auch hin: *Griebeling*, RdA 1998, 208 (214).
591 Dafür spricht nicht zuletzt der Umstand, dass *Wank* und das BAG auch bei der Vertrags*wahl*kontrolle meist identische Ergebnisse erzielen.
592 BAG v. 30.11.1994, NZA 1995, 622 (624); v. 09.06.1993, NZA 1994, 169 (170).
593 Dazu ausführlich oben S. 53 f.

durch eingeengt, dass die *Möglichkeit*[594] einer starken Fremdbestimmung und Kontrolle durch den Arbeitgeber und Vorgesetzte besteht und der Arbeitnehmer auf die Koordination seiner Tätigkeit mit derjenigen seiner Kollegen angewiesen ist.[595] Über das Kriterium der räumlichen Eingliederung in einen fremden Organisationsbereich und insbesondere die damit verbundenen Kontrollmöglichkeiten lässt sich erklären, warum für Außendienstler meist – aber nicht immer[596] – ein höherer Provisionsanteil vereinbart werden darf als für Innendienstler. *Außen*dienstler operieren per definitionem *außer*halb der Betriebsstätte. Mangels räumlicher Eingliederung in den Betrieb[597] genießen sie meist mehr unternehmerische Freiheiten und sind der direkten (= physischen) Kontrolle durch den Arbeitgeber entzogen. Sein berechtigtes Kontrollbedürfnis darf der Arbeitgeber mit Hilfe einer – verstärkten[598] – Rückkopplung über das Entgelt befriedigen. Die *Kontrolle* wird durch den *Anreiz* ersetzt, indem ein Eigeninteresse des Arbeitnehmers am Erfolgseintritt geweckt wird.[599] Dementsprechend stellt das LAG Berlin[600] für den Fall eines Weinberaters im Außendienst fest:

> „Die Vereinbarung eines Leistungslohnes[601] stellt sich für die Kl. als ArbGeb. als wirksames und schutzwürdiges Instrument dar, sich dagegen zu wehren, dass ihre ADM[602] ihren vertraglichen Pflichten nicht oder nicht in gehöriger Form nachkommen. Bei mehr als 200 ADM, die die Kl. beschäftigt, besteht für sie *faktisch keine wirksame Überwachungsmöglichkeit*[603], ob ihre ADM wirklich im Sinne ihres Arbeitsvertrages sich einsetzen oder nicht, zumal jeder ADM in der Gestaltung seines Arbeitstages gänzlich frei ist. Er hat sich nur an bestimmte, gelegentl. feste Kundentermine zu halten, die vorher für ihn telefonisch vereinbart werden. Selbst dann kann nicht festgestellt werden, ob der betreffende ArbN sich im Sinne seines Arbeitsvertrages auch gehörig einsetzt, um einen Abschluss zu tätigen, oder ob er es am erforderl. Einsatz fehlen lässt."

d) Vertragstext v. Vertragsdurchführung

Zwar können die vom BAG verwendeten Abgrenzungskriterien etwas über den von *Wank* ins Zentrum gerückten unternehmerischen Entscheidungsspielraum

---

594 Zum Ausreichen der bloßen *Möglichkeit* der Beschneidung unternehmerischer Chancen des Arbeitnehmers und der Annahme des „worst case" siehe sogleich unter d).

595 Dazu: ErfK/*Preis* § 611 BGB, Rdnr. 87 f.

596 Da es stets auf eine Vertrags*gesamt*schau ankommt. Dazu nur unten S. 106 f.

597 Dazu: *Boemke*, ZfA 1998, 285 (302).

598 Die Anreiz- und indirekte Kontrollwirkung fällt tendenziell umso größer aus, je höher der Provisionsanteil am Gesamtlohn ist. Dazu oben in diesem Kapitel Fn. 548.

599 Dazu bereits oben S. 4.

600 v. 03.11.1986, AP Nr. 14 zu § 65 HGB.

601 Zutreffend wäre: *Erfolgs*lohnes.

602 Außendienstmitarbeiter.

603 Hervorhebung vom Verfasser.

besagen, insofern also unter teilweiser „Versöhnung" der beiden Arbeitnehmerbegriffe auf die Vertragsinhaltskontrolle übertragen werden. Jedoch soll es nach dem BAG bei der Vertrags*wahl*kontrolle – zumindest für das Vorliegen eines freien Dienstvertrages – nicht auf den Vertragstext, sondern auf die tatsächliche Vertrags*durchführung* ankommen.[604] Bei der Vertrags*inhalts*kontrolle muss anderes gelten. Hier entscheidet allein der Vertrags*text*, so wie *Wank*[605] es für die Vertragswahlkontrolle vertritt.
Bei der Vertragsinhaltskontrolle gibt der Vertragstext aus mehreren Gründen den Ausschlag:[606] Erstens muss jede Inhaltskontrolle nach § 307 BGB strikt auf den Zeitpunkt des Vertragsschlusses ausgerichtet sein.[607] Zweitens bereitet eine vom Arbeitsvertragstext *zugunsten* des Arbeitnehmers abweichende – „lockerere" – Vertragsdurchführung keine Probleme. Denn dadurch wird der unternehmerische Entscheidungsspielraum des Arbeitnehmers allenfalls erhöht. Drittens kann eine vom Arbeitsvertragstext *zulasten* des Arbeitnehmers abweichende – „striktere" – Vertragsdurchführung abgewehrt werden. Denn der Arbeitgeber darf sein Direktionsrecht nur in bestimmten Grenzen (Arbeitsvertrag, Billigkeit, Gesetz, Kollektivvereinbarungen) ausüben.[608] Im Beispiel: Hat der Arbeitgeber sich im Arbeitsvertrag *kein* Versetzungsrecht vorbehalten, wird die Zuweisung eines anderen Absatzgebietes in der Regel schon deswegen unwirksam sein.[609] Hat der Arbeitgeber sich im Arbeitsvertrag *ein* Versetzungsrecht vorbehalten, muss die Zuweisung eines anderen Absatzgebietes immer noch der Billigkeit nach § 315 BGB entsprechen.
Kurzum: In der Theorie spielt es keine Rolle, wann eine Quotelungskontrolle eingeleitet wird. Stets muss allein anhand des Arbeitsvertrags*textes* ermittelt werden, inwieweit ein Arbeitnehmer nach der Vertragsgestaltung die *Möglichkeit* hat, unternehmerisch tätig zu werden.[610] Die tatsächliche Vertrags*durchführung* muss hingegen ausgeblendet werden. Soweit der Arbeitgeber sich im Arbeitsvertrag etwaige Weisungs- oder Versetzungsrechte vorbehalten hat, die erst im Zuge der Vertragsdurchführung relevant werden (können), muss hinsichtlich deren tatsächlicher Ausübung der *„worst case"* innerhalb der oben bezeichneten Grenzen – vor allem der Billigkeit nach § 315 BGB – angenommen werden. Ebenso wie es auf Seiten des Arbeitnehmers allein auf die *Möglichkeiten* der Wahrnehmung unternehmerischer Chancen ankommt, entscheiden auf Seiten

---

604 BAG v. 12.09.1996, AP Nr. 122 zu § 611 BGB Lehrer, Dozenten.
605 NZA 1999, 225 (229).
606 Man beachte auch, dass Gegenstand dieser Abhandlung nur ausdrückliche „*Arbeits*verträge" sind. Siehe oben S. 17 ff.
607 Dazu auch unten S. 141 f.
608 Siehe oben S. 14.
609 Siehe oben S. 14 f.
610 Vgl. *Wank*, NZA 1999, 225 (229) für die Vertrags*wahl*kontrolle.

des Arbeitgebers allein die vorbehaltenen – „provisionsrelevanten" – *Möglichkeiten* der Beschneidung der unternehmerischen Chancen des Arbeitnehmers. Die strikte Ausrichtung der Quotelungskontrolle auf den Zeitpunkt des Vertragsschlusses und damit auf den Arbeitsvertragstext dürfte freilich eher idealtypisch bleiben. Selbst bei „herkömmlichen" Bestimmungen besteht die ständige Gefahr einer ex-post-Betrachtung durch den Richter.[611] Diese Gefahr existiert bei der Quotelungskontrolle umso mehr, als die Quotelungsbestimmung zwar rein rechtlich schon im Zeitpunkt des Vertragsschlusses feststeht, in der Praxis jedoch zumeist erst in der Rückschau sichtbar (gemacht) wird.[612] Der mit einer Quotelungskontrolle befasste Arbeitsrichter wird die bisherige Vertragsdurchführung daher nur schwer ausblenden können und aus dieser seine Rückschlüsse nicht nur für die *Ermittlung*, sondern auch für die *Beurteilung* der Quotelungsbestimmung ziehen. Außerdem wird er seinen Blick zu schon länger laufenden Verträgen vergleichbarer Arbeitnehmer schweifen lassen, um über die Marktöffnung des streitgegenständlichen Arbeitsvertrages zu befinden. Letzteres ist vollkommen unproblematisch. Zum einen stellen sich – wenn auch anders *lautende* – Quotelungsbestimmungen bei identischer Vertragsgestaltung als *Mehrfach*bedingungen dar,[613] die deshalb einheitlich *beurteilt* werden müssen, weil Arbeitnehmer mit derselben Vertragsgestaltung von derselben Marktöffnung eines Vertrages profitieren.[614] Zum anderen kann die schwer „greifbare" Marktöffnung eines Vertragwerkes letztlich nur anhand von „Querschnittswerten" aus der Vergangenheit zuverlässig beurteilt werden. Auch bei der *Ermittlung* der Quotelungsbestimmung und im Falle der Entgeltfortzahlung im Krankheitsfall dienen Erfahrungswerte aus der Vergangenheit dazu, eine fundierte Prognose für die Zukunft abgeben zu können.[615] Schließlich erleichtert der Blick auf „Parallelverträge" eine gewisse Fallgruppenbildung und trägt damit zu mehr Rechtssicherheit bei.

---

611 Auf die latente Gefahr einer „Perspektivvermischung" (ex ante – ex post) weist zutreffend hin: *Brors*, ZIP 1998, 1663 (1665) sowie unten S. 142.

612 Dazu ausführlich unten S. 141 f. u. 144 ff.

613 Siehe oben S. 33.

614 Dazu auch unten S. 142.

615 Dazu ausführlich unten S. 143 ff.

e) Schaubild

Prototyp des Arbeitnehmers	**Prototyp des Selbständigen**
↓	↓
Muss *reinen Festlohn* kriegen, darf also *keine* Marktrisiken tragen.	Darf *reinen Provisionslohn* kriegen, muss dann *alle* Marktrisiken tragen.
↓	↓
Grund: Kann *keine* unternehmerischen Chancen am Markt wahrnehmen.	Grund: Kann *alle* unternehmerischen Chancen am Markt wahrnehmen.
↓	↓
Gründe: ▶ Schuldet seine gesamte Arbeitskraft einem Arbeitgeber. ▶ Ist stark in eine fremde Arbeitsorganisation eingegliedert. ▶ Ist stark weisungsgebunden in puncto - Art und Weise der Tätigkeit - Zeit und Dauer der Tätigkeit - Ort der Tätigkeit.	Gründe: ▶ Kann und darf für mehrere Auftraggeber tätig werden. ▶ Verfügt über seine eigene Arbeitsorganisation. ▶ Ist nicht weisungsgebunden in puncto - Art und Weise der Tätigkeit - Zeit und Dauer der Tätigkeit - Ort der Tätigkeit.

↘ ↙

Dazwischen:
Mischentlohnter Arbeitnehmer

↓

Ausgewogener Risiko-Chancen-Ausgleich dadurch, dass er nur in dem Umfang Markt*risiken* tragen darf, in welchem er Markt*chancen* wahrnehmen kann.

↓

Über die Marktöffnung seines Arbeitsvertrages
= die Möglichkeiten der Chancenwahrnehmung
= den zulässigen Umfang des Provisionsanteils
entscheidet die Nähe zum Selbständigenvertrag.

5. Interessenabwägung im engeren Sinne

Im Rahmen der Interessenabwägung im engeren Sinne gilt es, die berechtigten Interessen beider Vertragsparteien unter Beachtung ihrer Gewichtung gegenüberzustellen und unter Anwendung der soeben erarbeiteten Abwägungskriterien ein Gesamtergebnis zu erzielen. Der Grad der Marktöffnung eines Arbeitsvertrages kann dabei unmöglich mit letzter mathematischer Exaktheit bemessen werden. Trotz aller normativen Vorstrukturierung bleibt die Entscheidung des Arbeitsrichters in gewissem Maße dezisionistisch. Allerdings können freie richterliche Wertungen bis zur Interessenabwägung im engeren Sinne „hinausgezögert" und dort ehrlich als solche ausgewiesen werden. Auf diese Weise lassen sich weitgehend nachvollziehbare – und durchaus praxisgerechte – Ergebnisse erzielen.

Um eine Analyse des gesamten Arbeitsvertrages kommt man nicht herum. Allgemeine Richtwerte lassen sich kaum aufstellen. Wird die gesamte Arbeitskraft geschuldet, scheidet schon deswegen eine 100%ige Marktöffnung des Vertrages aus.[616] Als weitere „Wegweiser" können die Branche, in welcher der Arbeitnehmer tätig ist, sowie die Unterscheidung zwischen Innen- und Außendienst dienen. Derartige Kategorisierungen sind freilich nicht zwingend. Zwar wird der Provisionsanteil eines Außendienstlers regelmäßig höher ausfallen dürfen als der eines Innendienstlers.[617] Jedoch muss das nicht immer der Fall sein. Letztlich entscheidet meist der Grad der Weisungsgebundenheit eines Arbeitnehmers. Der Vergleich zwischen einem Außendienstler in der Versicherungswirtschaft, einem Reisenden in der Lebensmittelbranche – ebenfalls ein Außendienstler – und einem Innendienstverkäufer in einem Möbelgeschäft soll im Folgenden zur Illustration dienen. Dabei können nur einige Aspekte angerissen werden. Eine abschließende Entscheidung über die Marktöffnung eines bestimmten Arbeitsvertragswerkes muss der richterlichen Spruchpraxis überlassen bleiben.

a) Beispiel: Verkäufer in einem Möbelgeschäft[618]

Ein Verkäufer in einem Möbelgeschäft ist als Innendienstler in seiner Zeiteinteilung beschränkt. Zunächst ist er an die Öffnungszeiten des Geschäftes gebunden. Meist werden ihm auch innerhalb der Öffnungszeiten bestimmte Arbeits-

---

616 Siehe oben S. 99. Überhaupt könnte ein reiner Provisionslohn (= die komplette Umkehrung der gesetzlichen Risikonormalverteilung!) allenfalls vor der Quotelungskontrolle Bestand haben, wenn sich unter der parteiautonom gewählten Überschrift „*Arbeits*vertrag" nach dem Rechte- und Pflichtenteil der Prototyp des freien Dienstvertrages verbirgt. Das dürfte kaum jemals der Fall sein.

617 Siehe oben S. 100.

618 Dazu: *Seifert*, DB 1979, 2034. Vgl. auch den Sachverhalt, der den Entscheidungen des LAG Düsseldorf v. 04.04.1975, DB 1974, 1534 und des BAG v. 17.04.1975, DB 1975, 1948 zugrunde lag.

zeiten zugewiesen. Daher kann der Verkäufer seine Beratungstätigkeit nicht – zumindest nicht ausschließlich – auf besonders kundenintensive und/oder erfahrungsgemäß verkaufsträchtige Zeiten ausrichten. Keinesfalls kann er seinen Fleiß und sein Engagement dadurch ausspielen, dass er den Kunden auch außerhalb fester Öffnungszeiten zur Verfügung steht.
Auf die Auswahl – besonders kaufwilliger und finanzstarker – Kunden hat ein Verkäufer in der Möbelbranche keinen Einfluss. Vielmehr sieht er sich mit den Kunden „konfrontiert", die das Geschäft von sich aus aufsuchen. Soweit der Möbelverkäufer innerhalb des Geschäfts „Gebietsschutz" gegenüber seinen Kollegen genießt, muss er im Gegenzug diejenigen Kunden weiter verweisen, die sich für eine andere Produktgruppe aus einer anderen Abteilung interessieren. Soweit der Möbelverkäufer keinen „Gebietsschutz" genießt, muss er sich die Kunden mit seinen Kollegen „teilen".
Dem Verkaufsgespräch dürfte nur mittlere Bedeutung zukommen. Zwar sind die Kunden in einem Möbelgeschäft nicht per se kaufbereit,[619] mit der Folge, dass die Qualität der Beratung von vornherein irrelevant wäre. Jedoch werden die Kunden meist schon bestimmte Möbelarten im Auge haben. Besucher, die ein Bett kaufen wollen, gehen selten (auch) mit einer Küche nachhause. Der Möbelverkäufer kann nur die – angeblichen – Vorzüge der Produkte schildern. Ein Qualitäts- und Preisvergleich mit der Konkurrenz wird den Kunden nicht schwer fallen. Oft werden sie mehrere Möbelhäuser aufsuchen, bevor sie sich zum Kauf entschließen. Der Arbeitnehmer kann sein Beratungs- und Absatzgeschick daher nur begrenzt einsetzen. Häufig werden allein die – nicht vom Arbeitnehmer zu bestimmenden – Preise entscheiden. Insofern ist der Verkaufserfolg auch vom Standort des Geschäfts und von der regionalen Konkurrenzsituation abhängig.
Angesichts vorgegebener Arbeitszeiten und der räumlichen und organisatorischen Eingliederung in den Betrieb erscheint ein Möbelverkäufer insgesamt recht nahe am Prototyp des Arbeitnehmers. Sein unternehmerischer Entscheidungs- und Gestaltungsspielraum ist äußerst begrenzt. Auf den Absatzerfolg kann er letztlich nur über seine Freundlichkeit und durch die Qualität des Beratungsgesprächs Einfluss nehmen. In ihrer Ausgestaltung dürften sich die Arbeitsverträge verschiedener Möbelverkäufer nicht allzu dramatisch unterscheiden. Dennoch fällt es schwer, den Grad der Marktöffnung derartiger Arbeitsverträge zu beziffern und einen gezielten „Quotelungsvorschlag" zu unterbreiten. Als grober Richtwert sollte gelten, dass der Provisionsanteil am Gesamtlohn 20% nicht überschreiten darf.

[619] BAG v. 17.04.1975, DB 1975, 1948; aA LAG Düsseldorf v. 04.04.1974, DB 1974, 1534.

b) Beispiel: Reisender in der Lebensmittelbranche[620]

Der Vertrag eines Reisenden in der Lebensmittelbranche weist trotz der Tätigkeit im Außendienst eine geringe Marktöffnung auf, *wenn* dem Arbeitnehmer Zahl und Reihenfolge der Kundenbesuche minutiös vom Arbeitgeber vorgeschrieben werden (dürfen) und dem Arbeitnehmer damit keine/kaum Möglichkeit verbleibt, seine Verkaufstätigkeit auf besonders abnahmefreudige Kunden auszurichten und/oder abnahmewillige Neukunden zu gewinnen.

Hinzu kommt, dass dem Verkaufsgespräch an der Haustür wiederum nur mittlere Bedeutung zukommt. Zwar kann der Reisende die Kunden auf bestimmte Produkte hinweisen und versuchen, ihnen diese „schmackhaft" zu machen. Jedoch hat er nur begrenzten Einfluss auf die abgenommene Menge. Eine vierköpfige Familie wird auch bei „bester" Beratung nicht für sieben Personen einkaufen. Jedenfalls ginge eine einmalige „Überabnahme" wohl zulasten des Absatzes beim nächsten Verkaufstermin.

Auch an dieser Stelle fällt es schwer, den genauen Grad der Marktöffnung zu bestimmen und einen gezielten „Quotelungsvorschlag" zu unterbreiten. Als grober Richtwert sollte gelten, dass der Provisionsanteil am Gesamtlohn – wie bei einem Möbelverkäufer im *Innen*dienst – 20% nicht überschreiten darf. Der Provisionsanteil kann sich aber erhöhen, wenn dem Reisenden durch eine entsprechende „Selbstbeschränkung des Arbeitgebers" im Arbeitsvertrag größere Freiheiten in Sachen Kundenwerbung und Kundenbesuche (z.B. keine festen Arbeitszeiten, keine festen Routenvorgaben) belassen werden.

c) Beispiel: Außendienstler in der Versicherungsbranche[621]

Für Außendienstler in der Versicherungsbranche gelten meist keine festen Arbeitszeiten.[622] Auch hinsichtlich Art und Ort ihrer Tätigkeit sind Außendienstler in der Versicherungsbranche weitgehend frei. Neben der Betreuung und Verwaltung des Versicherungsbestandes verbleibt ihnen in aller Regel genügend Zeit, angestammte Versicherungsnehmer – auch am Abend oder am Wochenende – über neue, veränderte oder erweiterte Versicherungsangebote zu informieren oder neue Versicherungsnehmer zu werben.

Wegen der Komplexität der angebotenen Versicherungsleistungen und ständiger Gesetzesänderungen kommt der Beratungstätigkeit großes Gewicht für die Abschlussentscheidung des Kunden zu. Angesichts einer Vielzahl am Markt befindlicher Anbieter und des schwer überschaubaren „Leistungs- und Tarifdschungels" ist ein unfassender Preisvergleich für die Kunden kaum möglich.

Der Versicherungsaußendienstler hat die Möglichkeit, auf Bedürfnisse und Wünsche seiner Kunden einzugehen und ihnen und ggf. ihrer Familie ganze „Rund-um-Sorglos-Pakete" auf den Leib zu schneidern. Außerdem kann er ver-

---

620 Dazu: *Seifert*, DB 1979, 2034.
621 Dazu: *Seifert*, DB 1979, 2034.
622 Siehe oben S. 17 (und dort Fn. 115).

suchen, potenzielle Kunden unter Hinweis auf umfassendere Leistungen und/oder günstigere Tarife von einem Wechsel des Versicherers zu überzeugen. Nach alledem weist der Arbeitsvertrag eines Außendienstlers in der Versicherungsbranche eine tendenziell hohe Marktöffnung auf. Als grober Richtwert sollte dennoch gelten, dass der Provisionsanteil am Gesamtlohn 50 % nicht überschreiten darf.

III. Zwischenergebnis

- Durch die Vereinbarung eines Misch- oder reinen Provisionslohns wird eine gesetzlich geregelte Hauptleistungspflicht – teilweise – unter eine Erfolgsbedingung gestellt. Deshalb sollte der Einstieg in die Quotelungskontrolle über den Sondertatbestand des § 307 II *Nr. 1* BGB erfolgen. *Kumulativ bekräftigend* kann der Sondertatbestand des § 307 II Nr. 2 BGB herangezogen werden. Denn es sind die Voraussetzungen beider Zweifelsregelungen des § 307 II BGB erfüllt.
- Zu § 307 II Nr. 1 BGB: Die gesetzliche Regelung, von der abgewichen wird, ist das *Arbeits*vertragsrecht. Eine *Abweichung* liegt bei Vereinbarung eines Misch- oder reinen Provisionslohns vor, weil der **gesetzliche Regelfall ein reiner Festlohn** ist. Das folgt schon aus der grundsätzlich vollumfänglichen Zuweisung des Marktrisikos an den Arbeitgeber, lässt sich zudem aber auch über das Verbot der verschuldensunabhängigen Lohnminderung und in Abgrenzung des Arbeitsvertrags zum Werkvertrag begründen. An dem gesetzlichen Regelcharakter eines reinen Festlohns ändert auch § 65 HGB nichts. Die Vereinbarung eines – teilweisen – Provisionslohns ist schließlich mit wesentlichen Grundgedanken des Arbeitsvertragsrechts unvereinbar, weil eine vertragliche Risikoverteilung – zumal aus dem Hauptleistungsbereich – einseitig zulasten des Arbeitnehmers verschoben wird.
- Zu § 307 II Nr. 2 BGB: Die tätigkeitsbezogene Vergütungspflicht des Arbeitgebers aus § 611 I BGB gehört zu den sich aus der Natur des Arbeitsvertrages ergebenden wesentlichen Rechten und Pflichten. Die – teilweise – Einführung einer Erfolgsbedingung erfüllt den Tatbestand der Vertragszweck*gefährdung*. Eine vertragliche Hauptleistungspflicht droht ausgehöhlt zu werden. Denn der Eintritt der „angepeilten" Absatz- oder Vermittlungserfolge ist ungewiss. Eine sichere Zweck*vereitelung* ist nach einhelliger Meinung nicht erforderlich.
- An die Bejahung der Voraussetzungen beider Sondertatbestände des § 307 II BGB schließt sich eine umfassende und normativ strukturierte Interessenabwägung nach § 307 I 1 BGB an. Auch bei der Quotelungskontrolle verläuft die Interessenabwägung im weiteren Sinne in fünf Stufen.
- Auf der ersten Stufe müssen die jeweiligen Parteiinteressen ermittelt werden. Das **Gestaltungsinteresse des Arbeitgebers** geht tendenziell dahin, das Marktrisiko über einen hohen Provisionsanteil soweit wie möglich auf den Arbeitnehmer abzuwälzen. Dahinter steckt das Interesse des Arbeitgebers an Kostenflexibilisierung und Gewinnoptimierung. Denn im Umfang des Provisionsanteils „atmen" die Personalkosten.
  Das **Gegeninteresse des Arbeitnehmers** geht tendenziell dahin, das Marktrisiko – bei gleicher Gesamtlohnhöhe! – so weit wie möglich beim Arbeitge-

ber zu belassen. Der Arbeitnehmer verfolgt ein Interesse an Berechenbarkeit, Planbarkeit und Sicherheit.

- Auf der zweiten Stufe müssen die ermittelten Parteiinteressen bewertet werden. Nur berechtigte Interessen sind abwägungsrelevant.
  Das **Gestaltungsinteresse des Arbeitgebers** an einer weitgehenden Abwälzung des Marktrisikos und der damit verbundenen Kostenflexibilisierung und Gewinnoptimierung ist zunächst rein betriebswirtschaftlicher Natur. Indes wird das „Risikoabwälzungsinteresse" des Arbeitgebers durch § 65 HGB gesetzlich als berechtigt anerkannt.
  Das **Gegeninteresse des Arbeitnehmers** an Berechenbarkeit, Planbarkeit und Sicherheit ist ebenfalls berechtigt. Denn es zielt lediglich auf die Rückkehr zur gesetzlichen Entgeltrisikonormalverteilung.
- Auf der dritten Stufe müssen die berechtigten Parteiinteressen gewichtet werden. Es ist zu fragen, ob ihnen Vorzugstendenzen anhaften. Auf Seiten des Arbeitnehmers ist dies der Fall. Denn es sind die Voraussetzungen beider Zweifelsregelungen des § 307 II BGB erfüllt. Das bewirkt eine **Umkehr der Argumentationslast** zugunsten des Arbeitnehmers. **Dem Gegeninteresse des Arbeitnehmers haftet eine Vorzugstendenz an.** Das wiederum hat zur Folge, dass die Quotelungsbestimmung – anders als in Fällen des direkten Kontrolleinstiegs über § 307 I 1 BGB – im positiven Sinne angemessen sein muss und dass verbleibende „Marktöffnungszweifel" zulasten des Arbeitgebers gehen. Im Beispiel: Eine Quotelung zwischen Festlohnanteil und Provisionsanteil von 70:30 ist nur wirksam, wenn der Arbeitsrichter zu der *Überzeugung* gelangt, dass die Marktöffnung des Vertrages *mindestens* 30% beträgt.
- Auf der vierten Stufe müssen die einschlägigen Abwägungskriterien identifiziert werden. Bei der Quotelungskontrolle kann der **Kompensationsgedanke** fruchtbar gemacht werden: Die Verlagerung von Markt*risiken* auf den Arbeitnehmer ist soweit zulässig, wie dem Arbeitnehmer korrespondierende Markt*chancen* eingeräumt werden. Es geht um einen **ausgewogenen Risiko-Chancen-Ausgleich.** Dazu muss mit einem bestimmten Provisionsanteil eine entsprechende **Marktöffnung des Arbeitsvertrages** einhergehen.
  Die Marktöffnung eines Arbeitsvertrages lässt sich nur schwer bemessen. Entscheidend dürfte der **unternehmerische Entscheidungsspielraum** sein, der dem Arbeitnehmer belassen wird. Es kommt darauf an, ob und inwieweit der Arbeitnehmer nach seiner Vertragsgestaltung die *Möglichkeit* hat, unternehmerisch (= selbstbestimmt) tätig zu werden. Damit gilt die **Faustformel, dass der Provisionsanteil am Gesamtlohn umso höher ausfallen darf, je näher ein Arbeitsvertrag dem „Selbständigenvertrag" kommt.** Denn bei einem „Selbständigenvertrag" spricht eine Vermutung dafür, dass der Beschäftigte eben aufgrund der Selbständigkeit (= Selbstbestimmung) alle

Marktchancen wahrnehmen kann und daher auch alle Marktrisiken tragen muss.
Vor diesem Hintergrund kann – mit der gebotenen Vorsicht – auf die zur Vertrags*wahl*kontrolle entwickelten **Abgrenzungskriterien zwischen Arbeitsvertrag und freiem Dienstvertrag** zurückgegriffen werden. Insbesondere muss geprüft werden, inwieweit der unternehmerische Gestaltungsspielraum eines Arbeitnehmers – unter Berücksichtigung der Besonderheiten der jeweiligen Branche – durch im Arbeitsvertrag vorbehaltene Direktionsrechte beschnitten wird. Bei dieser Vorgehensweise können die Abgrenzungsansätze des BAG und *Wanks* zumindest ein Stück weit miteinander „versöhnt" werden.

- Auf der fünften Stufe folgt die Interessenabwägung im engeren Sinne. Dort müssen die berechtigten Parteiinteressen unter Beachtung ihrer Gewichtung gegenübergestellt und anhand des soeben vorgestellten Kriterienkataloges zu einem Gesamtergebnis verdichtet werden.
  An dieser Stelle verlässt der Arbeitsrichter den Bereich der normativen Vorstrukturierung. Das ist aber dann nicht tragisch, wenn freie richterliche Wertungen – die *nie* ganz vermieden, wohl aber auf ein Minimum reduziert werden können – im Urteil offen als solche ausgewiesen werden.
  Die Marktöffnung eines Arbeitsvertrages erweist sich nur in einer **Vertragsgesamtschau**. Zwar mögen die Branche, in welcher der Arbeitnehmer tätig ist, und die Unterscheidung zwischen Innen- und Außendienst als erste Wegweiser dienen. Letztlich kommt es jedoch stets auf den Umfang des unternehmerischen Entscheidungsspielraums an, der dem Arbeitnehmer aufgrund seiner Vertragsgestaltung belassen wird. Fest steht lediglich, dass ein reiner Provisionslohn der Quotelungskontrolle nicht wird standhalten können. Die komplette Verkehrung der gesetzlichen Risikonormalverteilung wäre höchstens zulässig, wenn sich unter der Überschrift „*Arbeits*vertrag" ein Prototyp des freien Dienstvertrages „verbergen" würde. Das wird kaum jemals der Fall sein.

5. Kapitel: Folgen des Unwirksamkeitsurteils

Die Quotelungskontrolle ist rein kassatorisch. § 307 BGB erschöpft sich in einer Negation („Quotelungsbestimmung unwirksam") und schreibt selbst keinen Ersatzregelungsgehalt vor.[623] Die Folgen des Unwirksamkeitsurteils bestimmen sich nach § 306 BGB. § 306 BGB zerfällt in drei Absätze, die dieses Kapitel im Wesentlichen gliedern:

- Zunächst gilt es, das Schicksal des Restvertrages zu klären. Dieser bleibt in aller Regel wirksam (§ 306 I BGB).[624]
- Dann geht es um die Schließung der hinterlassenen Vertragslücke. Anstelle der unwirksamen Bestimmung gelten grundsätzlich die gesetzlichen Vorschriften (§ 306 II BGB).[625]
- Ganz ausnahmsweise kann der Restvertrag unter Berücksichtigung der Lückenfüllung nach § 306 II BGB unwirksam sein, wenn das Festhalten an ihm eine unzumutbare Härte für eine der Vertragsparteien darstellen würde (§ 306 III BGB).[626]

Die Quotelungskontrolle spielt sich im Entgeltbereich eines Dauerschuldverhältnisses ab. Deshalb stellt sich abschließend – und über die unmittelbaren Vorgaben des § 306 BGB hinaus – die Frage, ob der Arbeitnehmer aus einer erfolgreichen Quotelungskontrolle Nachzahlungsansprüche erlangen kann.[627]
Der Schwerpunkt des Kapitels liegt auf der Problematik der Lückenfüllung nach § 306 II BGB. Dabei soll es zunächst nur um die *rechtlichen* Aspekte der Lückenfüllung gehen, während die *praktische* Bewältigung der nach einer erfolgreichen Quotelungskontrolle erforderlichen Umquotelung eines Gesamtlohns dem nachfolgenden Kapitel vorbehalten bleibt.[628]

A. Grundsatz: Wirksamkeit des Restvertrages

Sind Allgemeine Geschäftsbedingungen ganz oder teilweise unwirksam, bleibt der Restvertrag in aller Regel wirksam (§ 306 I BGB). Als AGB-rechtliche Spezialregelung schaltet § 306 I BGB die generelle Vermutung des § 139 BGB („im Zweifel Gesamtnichtigkeit") aus.[629] Die grundsätzliche Restwirksamkeit eines

---

[623] Vgl. *Preis*, Vertragsgestaltung, S. 368.
[624] Sogleich Abschnitt A.
[625] Unten Abschnitt B.
[626] Unten Abschnitt C.
[627] Unten Abschnitt D.
[628] Unten Kapitel 6, Abschnitt B.
[629] Statt aller: Staudinger/*Schlosser* § 6 AGBG, Rdnr. 1.

*Arbeits*vertrages war schon vor der Schuldrechtsreform allseits anerkannt.[630] Der Grundsatz der Restwirksamkeit dient den nachfolgenden Ausführungen zur Schließung der hinterlassenen Vertragslücke als Fundament. Erst wenn Art und Weise der Lückenfüllung feststehen, kann die Frage einer ausnahmsweisen Gesamtunwirksamkeit diskutiert werden.

B. Lückenfüllung

Soweit Bestimmungen in Allgemeinen Geschäftsbedingungen unwirksam sind, soll sich der Inhalt des Vertrages nach den gesetzlichen Vorschriften richten. Die Anweisung des § 306 II BGB scheint eindeutig. Gleichwohl bieten sich für die Lückenfüllung nach erfolgreicher Quotelungskontrolle *zwei* Möglichkeiten:

- Zum einen könnte an die Stelle eines unangemessen gequotelten Mischlohns stets ein Festlohn *in gleicher Höhe* treten, weil der gesetzliche Regelfall nun einmal ein reiner Festlohn ist **(Festlohnlösung)**.
- Zum anderen könnte ein unangemessen gequotelter Mischlohn durch einen angemessen gequotelten Mischlohn *in gleicher Höhe* ersetzt werden **(Mischlohnlösung)**.

Darüber hinaus gilt es in Abweichung von der grundsätzlich *relativen* Ausrichtung der Quotelungskontrolle zu erwägen, ob im Rahmen der Lückenfüllung nicht eine *absolute* Obergrenze für den Ersatzfestlohn eingezogen werden sollte.

I. Einräumung der gesetzlichen Normalquotelung (Festlohnlösung)

1. Zutreffendes Verständnis

§ 306 II BGB verweist zur Lückenfüllung auf die gesetzlichen Vorschriften. Eine ausdrückliche gesetzliche Vorschrift zur Gesamtlohn*quotelung* (= zur Verteilung des Arbeiterfolgsrisikos) existiert nicht. Zwischen den Zeilen geht das Arbeitsvertragsrecht allerdings von einer Normalquotelung zwischen Festlohnanteil und Provisionsanteil von 100:0 – sprich: von einem reinen Festlohn – aus.[631] Bei unbefangener Anwendung des § 306 II BGB gelangt man daher zu dem Ergebnis, dass ein unangemessen gequotelter Mischlohn durch einen reinen Festlohn *in gleicher Höhe* ersetzt werden muss. Insofern soll von **Festlohnlösung** gesprochen werden.

---

630 Statt aller: BAG v. 05.09.1995, NZA 1996, 700; ErfK/*Preis* § 611 BGB, Rdnr. 417 f.; *Gotthardt*, ZIP 2002, 277 (288); *Lingemann*, NZA 2002, 181 (186).

631 Siehe oben S. 86 ff.

Einräumung der gesetzlichen Normalquotelung durch Gewährung eines *reinen Festlohns* in gleicher Höhe bedeutet nicht zwangsläufig, dass die arbeitsvertragliche Provisionsordnung sich nun erledigt hätte, der Arbeitnehmer also überhaupt keine Provisionen mehr bezieht. Denn das Gesetz verlangt nur, dass der Festlohn auf die Höhe des – bisherigen durchschnittlichen – Gesamtlohns angehoben wird. Im Übrigen spricht einiges dafür, die arbeitsvertragliche Provisionsordnung gleichsam „im Hintergrund" aufrecht zu erhalten.
Ein Wegfall der Provisionsordnung hätte zur Folge, dass der Arbeitnehmer selbst bei *über*durchschnittlichen Absatz- oder Vermittlungserfolgen auf seinem neuen – wirklich reinen – Festlohn „hängen bliebe" und daher in „oberen Absatz- oder Vermittlungsregionen" gegenüber seiner vormaligen Vertragsgestaltung benachteiligt würde. Zwar ließe sich insofern argumentieren, der Arbeitnehmer könne bei 100%iger Entgeltsicherheit mit Blick auf seinen – bisherigen durchschnittlichen – Gesamtlohn nicht auch noch die Möglichkeit einer Gesamtlohnsteigerung durch Erzielung überdurchschnittlicher Absatz- oder Vermittlungserfolge verlangen. Jedoch dürfte auch der Arbeitgeber nichts gegen die Aufrechterhaltung der Provisionsordnung „im Hintergrund" einzuwenden haben. Denn damit verbindet sich die weitere – wenn auch abgeschwächte – Entfaltung sämtlicher Provisionswirkungen. Die Zahlung eines erhöhten Gesamtlohns wird dem Arbeitgeber nicht schwer fallen, weil er sich stets sicher sein kann, dass seiner Mehrzahlung entsprechende *überdurchschnittliche (!)* Absatz- oder Vermittlungserfolge gegenüberstehen, der Arbeitnehmer also trotz erfolgter Umquotelung überdurchschnittlich gute Ergebnisse erzielt und sich anscheinend[632] nicht auf seinem – stark – erhöhten Festlohn „ausruht". Schließlich gilt es, den Gleichlauf mit der nachfolgend dargestellten Mischlohnlösung zu beachten. Beide Lösungen unterscheiden sich bei zutreffendem Verständnis nur noch durch den *Grad der Umquotelung.*

2. Vorzüge

Die Festlohnlösung mag zunächst harsch wirken. Neben der wortgetreuen Gesetzesanwendung hat sie aber vier weitere Vorteile:

a) Arbeit*nehmer*freundlichkeit

Bei der Festlohnlösung handelt es sich um die arbeitsnehmerfreundlichste Form der Lückenfüllung. Während dem Arbeitgeber durch die Anhebung des Festlohnanteils auf 100% des – bisherigen durchschnittlichen – Gesamtlohns das gesamte Arbeitserfolgsrisiko zugewiesen wird, behält der Arbeitnehmer infolge

[632] Eine Steigerung der Absatz- oder Vermittlungserfolge muss nicht zwangsläufig (nur) auf eine Leistungssteigerung des Arbeitnehmers zurückgehen.

der Aufrechterhaltung der Provisionsordnung „im Hintergrund“ die Möglichkeit, seinen Gesamtlohn bei steigenden Absatz- oder Vermittlungserfolgen über das – bisherige – Durchschnittsniveau anzuheben.[633] Durch die Gewissheit, dass der Festlohn nach erfolgreicher Quotelungskontrolle auf die volle Höhe des – bisherigen durchschnittlichen – Gesamtlohns angehoben wird, minimiert sich zudem das Prozessrisiko des Arbeitnehmers.[634] Dem Arbeitnehmer wird die Bezifferung seiner Klageanträge nach § 253 II Nr. 2 ZPO entscheidend erleichtert.[635] Die Gefahr einer – teilweisen – Klageabweisung verringert sich deutlich. Ein Beispiel:

> Arbeitnehmer A verkauft das Produkt P. Laut seinem Arbeitsvertrag wird A eine verrechenbare monatliche Provisionsgarantie von € 1.000 gewährt. Je verkauftem Produkt erhält er eine Absatzprovision von € 50.
> Die Rückschau über einen verlässlich langen Referenzzeitraum von zwei Jahren erweist, dass A im Monatsdurchschnitt 80 Produkte verkaufen konnte. Sein durchschnittlicher monatlicher Gesamtlohn beläuft sich demnach auf € 4.000. Die Quotelung zwischen Festlohnanteil (verrechenbare Provisionsgarantie von € 1.000) und Provisionsanteil (darüber hinausgehender Provisionslohn von € 3.000) beträgt 25:75.
> Diese Gesamtlohnquotelung hält A – zu Recht – für unangemessen benachteiligend. Er leitet eine Quotelungskontrolle ein. Unter Zugrundlegung der Festlohnlösung könnte der Klageantrag des A ohne weiteres lauten:
>
>> „(...) erhebe ich Klage mit dem Antrag:
>> Es wird festgestellt, dass der Beklagte dem Kläger eine verrechenbare monatliche Provisionsgarantie i.H.v. € 4.000 zu gewähren hat.“
>
> Denn die Unwirksamkeit der Quotelungsbestimmung steht fest – und damit auch der „radikale“ Grad der Umquotelung auf 100:0 und die sich daraus ergebende erhöhte verrechenbare Provisionsgarantie von € 4.000.
> Unter Zugrundelegung der nachfolgend vorzustellenden Mischlohnlösung könnte A sich dagegen genötigt sehen, vorsichtiger zu agieren. Zwar stünde die Unwirksamkeit der Quotelungsbestimmung weiterhin fest. Jedoch bliebe der Grad der Umquotelung ungewiss. A hätte in seinem Klageantrag – mit der Folge einer Kos-

---

633 Was – wie aufgezeigt – zumeist auch im Interesse des Arbeitgebers liegen wird. Würde die Provisionsordnung nicht „im Hintergrund“ aufrechterhalten, dürfte die Festlohnlösung auch eine Präventionswirkung auf den Arbeitnehmer entfalten. Denn dieser müsste vor Einleitung einer Quotelungskontrolle genau überlegen, ob er die komplette Entgeltsicherheit „in schlechten Zeiten“ um den Preis des „Hängenbleibens“ auf seinem bisherigen Gesamtlohnniveau „in guten Zeiten“ erkaufen möchte.

634 Die folgenden Überlegungen gehen Hand in Hand mit den nachfolgenden Überlegungen zur Ergebnissicherheit und Praktikabilität der Festlohnlösung.

635 Zum möglichen prozessualen Vorgehen der Arbeitsvertragsparteien und insbes. zu den richtigen Klagearten siehe unten Kapitel 6, Abschnitt C.

tenteilung nach § 92 ZPO[636] – „zu hoch gegriffen", wenn er einen monatlichen Festlohnanspruch von € 2.800 (70% von € 4.000) hätte feststellen lassen wollen, der Arbeitsrichter die angemessene Ersatzquotelung zwischen Festlohnanteil und Provisionsanteil aber „nur" bei 60:40 sieht. Umgekehrt könnte es sein, dass A seinen Feststellungsantrag wegen der drohenden Gefahr der anteiligen Kostentragung nach § 92 ZPO vorsichtig „nur" mit € 2.400 (60% von € 4.000) ansetzt und sich damit € 400 an Festlohnerhöhung „entgehen lässt", weil der Richter zwar durchaus gewillt gewesen wäre, einen erhöhten Festlohnanspruch von € 2.800 (70% von € 4.000) auszuurteilen, daran aber durch § 308 I 1 ZPO gehindert war.

b) Prävention

Die Festlohnlösung entfaltet die größte Präventionswirkung.[637] Sie hält den Verwender von vornherein zu einer rücksichtsvollen Vertragsgestaltung an. Ein Arbeitgeber wird sich zweimal überlegen, ob er zu einer arbeitnehmerfeindlichen Quotelung greift, wenn nach erfolgreicher Quotelungskontrolle nicht nur die Einräumung eines angemessenen Festlohnanteils, sondern stets die Anhebung des Festlohns auf 100% des – bisherigen durchschnittlichen – Gesamtlohns droht. Dem Präventionsargument kann nicht entgegengehalten werden, dass der Arbeitgeber in vielen Fällen[638] gar nicht abschätzen könne, welche Mischlohnquotelung im Laufe des Arbeitsverhältnisses sichtbar werde, weil sich die tatsächliche Höhe des Provisionslohns allenfalls erahnen lässt.[639] Denn der Arbeitgeber kann sich durch die Vorgabe einer Soll-Quotelung schützen.[640]

---

636 Freilich ist die Gefahr der anteiligen Tragung der Kosten des Rechtsstreits insofern abgemildert, als jede – auch die *komplett* obsiegende – Partei im Urteilsverfahren vor dem Arbeitsgericht wegen § 12a I 1 ArbGG und entgegen § 91 ZPO die Kosten für ihren Rechtsbeistand ohnehin vollumfänglich selber tragen muss. Der Arbeitnehmer bliebe bei teilweisem Unterliegen also „nur" auf einem Teil der Gerichtskosten sitzen.

637 Zum Präventionseinwand gegenüber der geltungserhaltenden Reduktion: BGH v. 24.09.1985, BGHZ 96, 18 (25 f.); *Canaris*, FS Steindorff, S. 519 (547); ErfK/*Preis* §§ 305-310 BGB, Rdnr. 99; *Gotthardt*, ZIP 2002, 277 (289); *Gotthardt*, Arbeitsrecht, Rdnr. 331; *Häsemeyer*, FS Ulmer, S. 1097; *Lindemann*, AuR 2002, 81 (87); *Preis*, NZA 2003, Sonderbeilage zu Heft 16, 19 (28); *Söllner*, ZfA 2003, 145 (158); Staudinger/*Schlosser* § 6 AGBG, Rdnr. 16; Ulmer/Brandner/Hensen/*Schmidt* § 6, Rdnr. 14 f.; *Wisskirchen/Stühm*, DB 2003, 2225 (2227).

638 Anders jedenfalls bei Einräumung eines reinen Provisionslohns. Dann ist von vornherein erkennbar, dass die Quotelung zwischen – nicht vorhandenem – Festlohnanteil und Provisionsanteil auf arbeitnehmerfeindliche 0:100 lauten wird. Auf irgendwelche Entgelthöhewerte (Höhe des – nicht vorhandenen – Festlohns, Höhe des Provisionslohns, Höhe des Gesamtlohns) kommt es insofern nicht an.

639 Für eine Differenzierung nach der „Gut- oder Bösgläubigkeit" des Verwenders hinsichtlich der Zulässigkeit einer geltungserhaltenden Reduktion plädiert: Staudinger/*Schlosser* § 6 AGBG, Rdnr. 17a. Dagegen: Ulmer/Brandner/Hensen/*Schmidt* § 6, Rdnr. 15.

640 Siehe unten S. 118 ff.

c) Ergebnissicherheit und Praktikabilität

Die Festlohnlösung zeichnet sich durch ihre Ergebnissicherheit[641] und Praktikabilität aus. Nach erfolgreicher Quotelungskontrolle steht das Ergebnis der Lückenfüllung unumstößlich fest: Der unangemessen gequotelte Mischlohn wird durch einen reinen Festlohn in gleicher Höhe ersetzt, während die Provisionsordnung „im Hintergrund" aufrechterhalten bleibt. Bei der nachfolgend vorgestellten Mischlohnlösung bleibt dagegen zunächst offen, welche Ersatzquotelung der Arbeitsrichter wohl für angemessen befindet. Wird der Festlohnanteil von 50% auf 70%, 80% oder 90% des – bisherigen durchschnittlichen – Gesamtlohns angehoben?

Dieses Ungewissheits-Szenario kann nicht durch die Behauptung entkräftet werden, die angemessene Quotelung werde bereits bei der vorgelagerten Quotelungskontrolle ermittelt. Denn das ist nicht – jedenfalls nicht zwangsläufig – der Fall. Die Quotelungskontrolle als Unterfall der „Angemessenheitskontrolle" zielt richtigerweise nicht auf die Sicherstellung eines *angemessenen* Interessenausgleichs, sondern auf die Verhinderung eines *unangemessen benachteiligenden* Interessenausgleichs. Eine Bestimmung muss nicht im positiven Sinne angemessen, sondern darf nicht im negativen Sinne unangemessen benachteiligend sein.[642] Das ist keine akademische Wortklauberei, sondern bringt zum Ausdruck, dass die Privatautonomie auch bei Einsatz Allgemeiner Geschäftsbedingungen nicht komplett *beseitigt*, sondern lediglich *eingeschränkt* ist.[643] Mit dem Unangemessenheitsurteil geht demnach nicht zwangsläufig eine Aussage über die Angemessenheit der Quotelungsbestimmung einher. Zur Verdeutlichung nehme man den Fall eines augenscheinlich unangemessen gequotelten reinen Provisionslohns. In dem Unwirksamkeitsurteil liegt lediglich die Feststellung, dass eine Quotelung zwischen Festlohnanteil und Provisionsanteil von 0:100 unangemessen benachteiligend ist. Welche Quotelung aber wäre – noch – angemessen gewesen? 70:30, 80:20 oder 90:10?

Vor diesem Hintergrund bedeutet die Festlohnlösung nicht nur ein Stück *Ergebnissicherheit für die Arbeitsvertragsparteien,*[644] sondern auch ein Stück *Arbeitserleichterung für den Richter.* Die Arbeitsvertragsparteien wissen um das „unumstößliche" Umquotelungsergebnis nach einem etwaigen Unwirksamkeitsurteil. Der Richter erspart sich – jedenfalls mitunter – das „Ausurteilen" einer angemessenen Ersatzquotelung. Das ist insofern besonders bedeutsam, als die

---

641 Zum Transparenzeinwand gegenüber der geltungserhaltenden Reduktion: *Canaris*, FS Steindorff, S. 519 (547); *Häsemeyer*, FS Ulmer, S. 1097; Staudinger/*Schlosser* § 6 AGBG, Rdnr. 16; Ulmer/Brandner/Hensen/*Schmidt* § 6, Rdnr. 14.

642 Staudinger/*Coester* § 9 AGBG, Rdnr. 73 sowie bereits oben S. 94.

643 Staudinger/*Coester* § 9 AGBG, Rdnr. 73 sowie bereits oben S. 94.

644 Vgl. insofern schon die obigen Ausführungen zur Minimierung des Prozessrisikos des Arbeitnehmers.

„Marktöffnung des Vertrages“ sich kaum mit letzter mathematischer Exaktheit bestimmen lässt.[645]

d) Arbeit*geber*freundlichkeit

Die Festlohnlösung ist auch nicht zwangsläufig arbeitgeberfeindlich. Diese Aussage mag zunächst verblüffen, gehen dem Arbeitgeber bei Anhebung des Festlohnanteils auf 100% des – bisherigen durchschnittlichen – Gesamtlohns doch sämtliche Provisionswirkungen *weitgehend* – infolge der Aufrechterhaltung der Provisionsordnung „im Hintergrund“ jedoch nicht *komplett* – verloren. Auf den zweiten Blick wird allerdings deutlich, dass gerade die Festlohnlösung dazu beitragen kann, dem Arbeitgeber die gewünschten Provisionswirkungen *vollumfänglich (!)* zu erhalten. Denn die Festlohnlösung kann helfen, das Unwirksamkeitsurteil des Arbeitsrichters zu verhindern. Ihre „Radikalität“ beinhaltet eine gewisse Entfaltungsgarantie für den Arbeitgeber.[646] Macht sich der Arbeitsrichter bewusst, dass dem Arbeitgeber infolge der Festlohnlösung sämtliche Provisionswirkungen weitgehend verloren gehen, dürfte er sein Unwirksamkeitsurteil auf die Fälle einer „wirklich“ unangemessenen Benachteiligung beschränken. Demgegenüber könnte sich die Mischlohnlösung durchaus als „fauler Kompromiss“ erweisen, weil sie dem Arbeitsrichter das Unwirksamkeitsurteil durch die „Abfederung“ auf Rechtsfolgenseite erleichtert.[647] Es droht die Gefahr, dass der Arbeitsrichter sich mit einer bloßen Unangemessenheitsprognose begnügt,[648] da der Arbeitgeber ja über die Mischlohnlösung weich(er) fällt.

II. Herstellung einer angemessenen Ersatzquotelung (Mischlohnlösung)

Statt durch einen gleich hohen Festlohn unter Aufrechterhaltung der Provisionsordnung „im Hintergrund“ könnte ein unangemessen gequotelter Mischlohn auch durch einen angemessen gequotelten Mischlohn in gleicher Höhe ersetzt werden. Insofern soll von **Mischlohnlösung** gesprochen werden.

Der Vorzug der Mischlohnlösung liegt auf der Hand: Sie erhält dem Arbeitgeber die Provisionswirkungen in gegenüber der ursprünglichen Vertragsgestaltung zwar vermindertem aber gegenüber der Festlohnlösung vermehrtem Umfang.[649]

---

[645] Siehe oben S. 104.

[646] *Häsemeyer*, FS Ulmer, S. 1097 (1105) im Zusammenhang mit der (vermeintlich) geltungs*erhaltenden* Reduktion, die er laut Titel und Inhalt seines Aufsatzes als geltungs*zerstörende* Reduktion einstuft.

[647] *Häsemeyer*, FS Ulmer, S. 1097 (1105).

[648] *Häsemeyer*, FS Ulmer, S. 1097 (1105).

[649] In Betriebswirtschaftslehre und Psychologie wird vermutet, dass die Anreizwirkung des Provisionslohns tendenziell umso größer ist, je höher der Provisionsanteil am Gesamtlohn

Um sein bisheriges Gesamtlohnniveau künftig zu halten, muss der Arbeitnehmer durchschnittlich *gleich bleibende* Absatz- oder Vermittlungserfolge vorweisen. Nach einer Lückenfüllung über die Festlohnlösung hat der Arbeitnehmer dagegen allenfalls ein Interesse daran, sein bisheriges Gesamtlohnniveau durch *überdurchschnittliche* Absatz- oder Vermittlungserfolge zu *steigern*. Ob ihm daran gelegen ist und ihm dies überhaupt gelingt, erscheint zumindest zweifelhaft.
Im Ergebnis unterscheiden sich Mischlohnlösung und – zutreffend verstandene – Festlohnlösung nur durch den Grad der Umquotelung. Dabei entspringt die Festlohnlösung den Wortlautvorgaben des § 306 II BGB. Bei der Mischlohnlösung ist fraglich, wie sie sich rechtlich begründen lässt. Zu ihrer Durchführung (= zur flexiblen Herstellung einer angemessenen Quotelung) bedarf es eines Anpassungsinstruments. In Betracht kommt zunächst die Aufnahme einer salvatorischen Klausel. Außerdem ist an die geltungserhaltende Reduktion und vor allem die – vom BGH in ständiger Rechtsprechung bevorzugte – ergänzende Vertragsauslegung zu denken.

1. Salvatorische Klauseln

Um eine „radikale" Umquotelung nach der Festlohnlösung zu verhindern, könnte der Arbeitgeber vorsorglich eine salvatorische Klausel in den Arbeitsvertrag aufnehmen.

a) Zulässigkeit einer Soll-Quotelungsvorgabe

Bei der Quotelungskontrolle ergibt sich insofern eine Besonderheit, als der Arbeitgeber als Verwender mit zwei Unwägbarkeiten belastet ist:
In *rechtlicher* Hinsicht kann der Arbeitgeber bei Vertragsschluss nicht sicher sein, welche Quotelung die Arbeitsgerichte für (un-)angemessen befinden werden.
In *tatsächlicher* Hinsicht kann der Arbeitgeber bei Vertragsschluss nicht sicher wissen, welche Quotelung sich überhaupt ergeben wird. Zwar steht die Quotelungsbestimmung rein rechtlich bereits im Zeitpunkt des Vertragsschlusses fest.[650] Da die Höhe des Provisionslohns nicht von vornherein feststeht, lässt

---

ausfällt. Ungeklärt ist weiterhin, ob und wo prozentuale Obergrenzen zu ziehen sind. So steht noch nicht fest, ob und wie sich die Anreizwirkung von Geld (sog. extrinsische Motivation) bei wachsender Risikoübernahme verändert. Siehe oben S. 91 (und dort Fn. 548). In unserem „Umquotelungsfall" dürfte allerdings davon auszugehen sein, dass dem Arbeitnehmer zumindest am Erhalt seiner „gewohnten" Gesamtlohnhöhe gelegen ist. Außerdem dürfte sich die *angemessene* Ersatzquotelung kaum in einem Bereich bewegen, in dem die Anreizwirkung der Provision durch eine zu große Entgeltrisikoübernahme „aufgefressen" wird.

650 Siehe unten S. 141 f.

sich die Quotelungsbestimmung in der Praxis jedoch erst in Vollzug des Arbeitsverhältnisses zuverlässig sichtbar machen. Im Zeitpunkt des Vertragsschlusses sind allenfalls Schätzungen möglich.[651]
Die rechtlichen Unwägbarkeiten hat die Quotelungskontrolle mit „gewöhnlichen" Fällen der AGB-Kontrolle gemein. Die tatsächlichen Unwägbarkeiten unterscheiden die Quotelungskontrolle von der AGB-Kontrolle „herkömmlicher" Bestimmungen. Ihnen kann der Arbeitgeber – wie bereits angedeutet – durch die Vorgabe einer Soll-Quotelung begegnen. Eine Soll-Quotelungsvorgabe ist keine – zumindest keine „klassische" – salvatorische Klausel. Eine entsprechende Vertragsbestimmung könnte lauten:[652]

> „Die *Soll*-Quotelung zwischen Festlohnanteil und Provisionsanteil beträgt 60:40. Die *Ist*-Quotelung wird ein Jahr nach Aufnahme des Beschäftigungsverhältnisses rückschauend anhand der tatsächlich eingetretenen Absatz- oder Vermittlungserfolge ermittelt. Nimmt der Provisionsanteil zu diesem Zeitpunkt in der Rückschau durchschnittlich mehr als 40% des Gesamtlohns ein, hat der Arbeitnehmer Anspruch auf Einräumung der Soll-Quotelung durch entsprechende Anhebung des Festlohns. Die Gesamtlohnhöhe bleibt von der Umquotelung unberührt."

Eine solche Soll-Quotelungsvorgabe ist nicht nur unbedenklich, weil der Arbeit*geber* als Verwender grundsätzlich[653] nicht wissen kann, welche Ist-Quotelung sich „einstellen" wird und er daher ein berechtigtes Regelungsinteresse verfolgt. Vielmehr kann durch die Vorgabe einer Soll-Quotelung unter Einräumung eines Revisions- und ggf. Umquotelungsanspruchs auch der Arbeit*nehmer* nur gewinnen – jedenfalls solange der Revisionszeitpunkt angemessen (= nicht zu früh und nicht zu spät) gewählt wird.[654] Schließlich findet eine Umquotelung nur zu seinen Gunsten statt. Und nach Erreichen des arbeitsvertraglich vorgesehenen Revisionszeitpunktes kann der Arbeitnehmer immer noch gegen seine nunmehr sichtbar gemachte und ggf. angepasste Ist-Quotelung vorgehen, falls er diese für unangemessen benachteiligend erachtet.
Überhaupt könnte man sich – wie bereits angedeutet[655] – auf den Standpunkt stellen, dass ein Arbeitgeber, der einen Mischlohn gewähren möchte, nach § 305c I BGB („Überraschungskontrolle"), § 307 I 2 BGB („Transparenzkon-

---

651 Zum Sichtbarmachen der Quotelungsbestimmung siehe unten Kapitel 6, Abschnitt A.
652 Siehe bereits oben S. 21. Bestimmungen, die Auskunft über den Anteil einer variablen Vergütung am Gesamtverdienst geben, finden sich auch bei: *Breisig*, Entgelt, S. 432 f.
653 Etwas anderes mag gelten, wenn die *Ist*-Quotelung von vornherein feststeht – so bei einem reinen Provisionslohn – oder die Soll-Quotelungsvorgabe aus anderen Gründen offensichtlich „utopisch" ist. Auch in solchen Fällen hat der Arbeitgeber freilich ein berechtigtes Interesse daran, die bei der Umquotelung zugrunde zu legende Höhe des Provisionslohns über einen angemessenen Referenzzeitraum zu ermitteln.
654 Dazu ausführlich unten S. 146 ff.
655 Siehe oben S. 20 ff.

trolle") und § 2 I 2 Nr. 6 NachwG („Zusammensetzung des Arbeitsentgelts") sogar dazu *verpflichtet* ist, einen „Mindestfestlohnanteil" im Arbeitsvertrag zu fixieren.

b) Fragwürdigkeit „klassischer" salvatorischer Klauseln

Die Zulässigkeit – „klassischer" – salvatorischer Klauseln ist höchst umstritten. Größtenteils wird ihre generelle Unzulässigkeit vertreten.[656] Teilweise werden nur pauschale Reduktionsklauseln für unzulässig erachtet, nicht aber konkrete Ersetzungsklauseln.[657] Gegen die Zulässigkeit – zumindest pauschaler – salvatorischer Klauseln werden der Präventionsgedanke,[658] das Transparenzgebot aus § 307 I 2 BGB[659] und die drohende Umgehung des § 306 II BGB[660] ins Feld geführt.

Schon angesichts des diffusen Meinungsstandes ist die Aufnahme einer – wie auch immer gearteten – salvatorischen Klausel von zweifelhaftem Wert. Hinzu kommt, dass eine salvatorische Klausel sich durchaus auch *verwenderfeindlich* auswirken kann, indem sie den Richter dazu verleitet, die Ausgangsregelung für unwirksam zu halten.[661] Jedenfalls sollte der Arbeitgeber eine etwaige salvatorische Klausel so konkret wie möglich fassen. Aller Wahrscheinlichkeit nach unwirksam wäre eine pauschale Reduktionsklausel. Etwa:

> „Wird die Soll-Quotelung für unwirksam befunden, tritt eine angemessene (noch schlimmer: gerade noch zulässige) Quotelung an ihre Stelle."

Zumindest fraglich wäre die Wirksamkeit einer konkreten Ersetzungsklausel. Etwa:

> „Erweist sich die Soll-Quotelung von 60:40 als unwirksam, tritt an ihre Stelle eine Ersatzquotelung von 70:30."

Keinesfalls sollte der Arbeitgeber es übertreiben und auf die Wirksamkeit einer konkreten aber *gestuften* Ersetzungsklausel hoffen. Denn eine solche führt dem Richter nur allzu deutlich vor Augen, dass die Zulässigkeit salvatorischer Klau-

---

656 ErfK/*Preis* §§ 305-310 BGB, Rdnr. 92; MünchKomm-BGB/Basedow § 306, Rdnr. 29; Palandt/*Heinrichs* § 306, Rdnr. 9. Tendenziell auch: BGH v. 29.11.1989, BGHZ 109, 240 (248) und Ulmer/Brandner/Hensen/*Schmidt* § 6, Rdnr. 39 f.

657 Staudinger/*Schlosser* § 6 AGBG, Rdnr. 11.

658 ErfK/*Preis* §§ 305-310 BGB, Rdnr. 92; MünchKomm-BGB/*Basedow* § 306, Rdnr. 29; *Preis*, Vertragsgestaltung, S. 510; Ulmer/Brandner/Hensen/*Schmidt* § 6, Rdnr. 39 f.

659 MünchKomm-BGB/*Basedow* § 306, Rdnr. 29; Palandt/*Heinrichs* § 306, Rdnr. 9; *Preis*, Vertragsgestaltung, S. 514.

660 ErfK/*Preis* §§ 305-310 BGB, Rdnr. 92; Palandt/*Heinrichs* § 306, Rdnr. 9; *Preis*, Vertragsgestaltung, S. 512; Ulmer/Brandner/Hensen/*Schmidt* § 6, Rdnr. 40.

661 So der zutreffende Hinweis von: Staudinger/*Schlosser* § 6 AGBG, Rdnr. 11.

seln eine arbeitnehmerfeindliche Vertragesgestaltung geradezu herausfordert.[662] Daher sollte es in einem vorformulierten Arbeitsvertrag tunlichst nicht heißen:

> „Erweist sich die Soll-Quotelung von 60:40 als unwirksam, tritt eine Ersatzquotelung von 70:30 an ihre Stelle. Sollte auch die Ersatzquotelung unwirksam sein, beträgt die Quotelung 80:20. Sollte auch diese (Ersatz-Ersatz!) Quotelung unwirksam sein, beträgt die Quotelung 90:10."

2. Geltungserhaltende Reduktion

Eine flexible Ersatzquotelung ließe sich am einfachsten im Wege der geltungserhaltenden Reduktion herstellen.[663] Indes ist die geltungserhaltende Reduktion mit ähnlichen Unsicherheiten belastet wie die Aufnahme einer salvatorischen Klausel. Der BGH[664] lehnt die geltungserhaltende Reduktion in ständiger Rechtsprechung ab. Das zivilrechtliche Schrifttum folgt überwiegend.[665] Dennoch ist und bleibt das Thema ein „Dauerbrenner".[666]

Die Argumente, die für und gegen ein Verbot der geltungserhaltenden Reduktion im allgemeinen Zivilrecht ins Feld geführt werden, dürften hinlänglich bekannt sein.[667] Sie sollen hier nicht wiederholt werden.

Erörterungsbedürftig ist allerdings, ob das Verbot der geltungserhaltenden Reduktion nicht nur im allgemeinen Zivilrecht, sondern – mittlerweile – auch im Arbeitsrecht gilt. Vor Erstreckung der AGB-Kontrolle auf das Arbeitsrecht hat das BAG[668] mitunter[669] eine geltungserhaltende Reduktion durchgeführt. Im

---

[662] Siehe auch MünchKomm-BGB/*Basedow* § 306, Rdnr. 29: „andernfalls würden die Verwender von AGB ermuntert, durch die Abfassung von AGB-Kaskaden sich stets an der äußersten Grenze dessen zu bewegen, was von der Rechtsprechung gerade noch als rechtmäßig hingenommen wird."

[663] Bei der geltungserhaltenden Reduktion handelt es sich streng genommen nicht um eine Maßnahme der *Lückenfüllung*, weil eine unangemessene Quotelungsbestimmung auf ein angemessenes Maß zurückgeführt und damit von vornherein vor einem Unwirksamkeitsurteil bewahrt würde. Dazu: BGH v. 01.02.1984, BGHZ 90, 69 (81); *Fastrich*, Inhaltskontrolle, S. 332 u. 339; *Häsemeyer*, FS Ulmer, S. 1097 (1106); MünchKomm-BGB/*Basedow* § 306, Rdnr. 12; *Söllner*, ZfA 2003, 145 (158).

[664] v. 17.05.1982, BGHZ 84, 109 (115 ff.); v. 10.10.1991, BGHZ 115, 324 (327); v. 04.11.1992, BGHZ 120, 108 (122); v. 03.11.1999, NJW 2000, 1110 (1113).

[665] Palandt/*Heinrichs* Vorb v § 307, Rdnr. 8; Ulmer/Brandner/Hensen/*Schmidt* § 6, Rdnr. 14 f.; Wolf/Horn/*Lindacher* § 6, Rdnr. 31 ff.

[666] Für eine geltungserhaltende Reduktion etwa: MünchKomm-BGB/*Basedow* § 306, Rdnr. 12 ff.

[667] Siehe dazu nur die Nachweise in den drei vorherigen Fußnoten.

[668] v. 10.05.1962, AP Nr. 22 zu § 611 BGB Gratifikation; v. 29.06.1962, AP Nr. 25 zu Art. 12 GG; v. 24.01.1963, AP Nr. 29 zu Art. 12 GG; v. 11.04.1984, AP Nr. 8 zu § 611 BGB Ausbildungsbeihilfe; v. 15.05.1985, AP Nr. 9 zu § 611 BGB Ausbildungsbeihilfe; v. 15.02.1992, AP Nr. 15 zu § 611 BGB Anwesenheitsprämie; v. 16.03.1994, AP Nr. 18 zu

neueren arbeitsrechtlichen Schrifttum wird die Frage kontrovers diskutiert. Dabei scheint sich eine herrschende Meinung herauszubilden, die für ein Verbot der geltungserhaltenden Reduktion im Arbeitsrecht plädiert.[670] Eine abschließende Klärung kann hier nicht herbeigeführt werden. Deshalb nur soviel: Angesichts des klaren Wortlauts des § 306 II BGB, des Meinungsstandes im allgemeinen Zivilrecht, der grundsätzlichen Anwendbarkeit der §§ 305 – 310 BGB auf Arbeitsverträge und der Zielsetzungen des Gesetzgebers der Schuldrechtsreform[671] dürfte zunächst von einem Verbot der geltungserhaltenden Reduktion auch im Arbeitsrecht auszugehen sein.[672] Die Begründungslast hat sich also zulasten der Befürworter einer geltungserhaltenden Reduktion verschoben.[673] Eine von der Situation im allgemeinen Zivilrecht abweichende Zulässigkeit der geltungserhaltenden Reduktion könnte sich freilich aus den „im Arbeitsrecht geltenden Besonderheiten" (vgl. § 310 IV 2 1. Hs. BGB) ergeben. Über diesen Ausgangspunkt scheint Einigkeit zu bestehen.[674] Umstritten ist nur, ob derartige „im Arbeitsrecht geltende Besonderheiten" bestehen.[675] Überaus fragwürdig ist

---

§ 611 BGB Ausbildungsbeihilfe; v. 06.09.1995, AP Nr. 23 zu § 611 BGB Ausbildungsbeihilfe.

669 Aber eben nicht immer. So die zutreffende Einschränkung von: *Hromadka*, NJW 2002, 2523 (2529); *Lingemann*, NZA 2002, 181 (187) und *Preis*, NZA 2003, Sonderbeilage zu Heft 16, 19 (27 f.).

670 Für ein Verbot der geltungserhaltenden Reduktion: *Annuß*, BB 2002, 458 (461 f.); *Birnbaum*, NZA 2003, 944 (945 u. 948); ErfK/*Preis* §§ 305-310 BGB, Rdnr. 99; *Gotthardt*, ZIP 2002, 277 (289); *Gotthardt*, Arbeitsrecht, Rdnr. 329 ff.; *Hümmerich/Holthausen*, NZA 2002, 173 (180); *Lindemann*, AuR 2002, 81 (87); *Preis*, NZA 2003, Sonderbeilage zu Heft 16, 19 (27 f.); *Reinecke*, DB 2002, 583 (586); *Richardi*, NZA 2002, 1057 (1059); *Schuster*, AiB 2002, 274 (279); *Singer*, RdA 2003, 194 (203 f.); *Wiesinger*, AuA 2002, 354 (356); *Wisskirchen/Stühm*, DB 2003, 2225 (2227). Gegen ein Verbot der geltungserhaltenden Reduktion: *Hromadka*, NJW 2002, 2523 (2529 f.); *Lingemann*, NZA 2002, 181 (186 f.); *Pulz*, Aktienkursorientierte Vergütung, S. 98 f.; *Söllner*, ZfA 2003, 145 (158 f.); *Thüsing*, NZA 2002, 591 (594); *Thüsing*, BB 2002, 2666 (2674); *Willemsen/Grau*, RdA 2003, 321 (326 ff.).

671 BT-Dr 14/6867, S. 54: gleiches Schutzniveau in Arbeitsrecht und allgemeinem Zivilrecht.

672 *Wisskirchen/Stühm*, DB 2003, 2225 (2227).

673 *Gotthardt*, ZIP 2002, 277 (289); *Gotthardt*, Arbeitsrecht, Rdnr. 329; *Preis*, NZA 2003, Sonderbeilage zu Heft 16, 19 (28); *Singer*, RdA 2003, 194 (199); *Willemsen/Grau*, RdA 2003, 321 (326)

674 *Birnbaum*, NZA 2003, 944 (945); *Gotthardt*, ZIP 2002, 277 (289); *Gotthardt*, Arbeitsrecht, Rdnr. 329; *Pulz*, Aktienkursorientierte Vergütung, S. 98 f.; *Söllner*, ZfA 2003, 145 (159); *Thüsing*, NZA 2002, 591 (594); *Thüsing*, BB 2002, 2666 (2674); *Willemsen/Grau*, RdA 2003, 321 (326 ff.).

675 Dagegen: *Annuß*, BB 2002, 458 (462); *Birnbaum*, NZA 2003, 944 (948); *Diehn*, NZA 2004, 129 (135); ErfK/Preis §§ 305-310 BGB, Rdnr. 99; *Hönn*, ZfA 2003, 325 (342); *Singer*, RdA 2003, 199 (203 f.); Dafür: *Hromadka*, NJW 2002, 2523 (2529); *Lingemann*, NZA 2002, 181 (187); *Pulz*, Aktienkursorientierte Vergütung, S. 98 f.; *Söllner*, ZfA 2003,

das „Das-war-schon-immer-so-Argument".[676] Es stellt keine „im Arbeitsrecht geltende Besonderheit" dar, dass das BAG vor der Schuldrechtsreform mitunter eine geltungserhaltende Reduktion vorgenommen hat. Denn diese Vorgehensweise

> „ist nicht etwa ein hochentwickeltes Spezifikum der BAG-Rechtsprechung"[677],

sondern war vermutlich nur der Tatsache geschuldet, dass Arbeitsverträge vor der Schuldrechtsreform nicht der AGB-Kontrolle unterfielen.[678] Zumindest zweifelhaft ist das „Dauerschuldargument".[679] Denn der BGH[680] erstreckt das Verbot der geltungserhaltenden Reduktion seit jeher auch auf Dauerschuldverhältnisse. Und wenn schließlich darauf verwiesen wird, der Arbeitgeber als Verwender bewege sich angesichts des neuen Kontrollinstrumentariums „auf schwankendem Boden",[681] stellt dies allenfalls ein Übergangsproblem dar.[682] Verfangen könnte demgegenüber der Hinweis, vorformulierte Arbeitsbedingungen seien meist Teil einer betrieblichen Ordnung und als solche Bestandteil einer Vielzahl von Arbeitsverträgen, wobei eine Kassation viel tiefer in die betriebliche Ordnung eingreife als eine Reduktion.[683]

Auch dieses letzte Argument dürfte indes von rein akademischem Wert bleiben. Denn in einer Grundsatzentscheidung zu Vertragsstrafen in Formulararbeitsver-

---

145 (158 f.); *Thüsing*, NZA 2002, 591 (594); *Thüsing*, BB 2002, 2666 (2674); *Willemsen/Grau*, RdA 2003, 321 (326 ff.).

676 *Birnbaum*, NZA 2003, 944 (948); *Dorndorf*, 50 Jahre BAG, S.19 (21 ff.); aA *Lingemann*, NZA 2002, 181 (187); *Pulz*, Aktienkursorientierte Vergütung, S. 99; *Thüsing*, NZA 2002, 591 (594); *Thüsing*, BB 2002, 2666 (2674).

677 *Birnbaum*, NZA 2003, 944 (948).

678 *Birnbaum*, NZA 2003, 944 (948).

679 *Gotthardt*, ZIP 2002, 277 (289); *Gotthardt*, Arbeitsrecht, Rdnr. 331; *Hönn*, ZfA 2003, 325 (342); *Preis*, NZA 2003, Sonderbeilage zu Heft 16, 19 (28); Ulmer/Brandner/Hensen/*Schmidt* § 6, Rdnr. 15 (und dort Fn. 77); aA *Hromadka*, NJW 2002, 2523 (2529); *Söllner*, ZfA 2003, 145 (158 f.); *Willemsen/Grau*, RdA 2003, 321 (327). Ausdrücklich offen gelassen von: BAG v. 04.03.2004, NZA 2004, 727 (734).

680 v. 07.06.1989, BGHZ 108, 1 (10) (Miete); v. 10.09.1997, BGHZ 136, 314 (322) (Miete); v. 30.01.1998, BGHZ 139, 333 (339) (Arbeitsrecht). Ebenso: LG Karlsruhe v. 09.03.2001, NJW 2001, 1655 (1657) (Arbeitsrecht).

681 So: *Söllner*, ZfA 2003, 145 (158).

682 Ebenso: *Gotthardt*, ZIP 2002, 277 (289); *Gotthardt*, Arbeitsrecht, Rdnr. 330. Zur Problematik der sog. Altarbeitsverträge siehe oben S. 19.

683 So: *Söllner*, ZfA 2003, 145 (159); *Reuter*, 50 Jahre BAG, S. 177 (192) und *Willemsen/Grau*, RdA 2003, 321 (327). Vor allem *Reuter* (S. 183 ff.) möchte bei der Inhaltskontrolle und in ihrer Folge nicht nur das Zwei-Personen-Verhältnis zwischen Arbeitgeber und Arbeitnehmer, sondern auch das Verhältnis der Belegschaftsangehörigen untereinander berücksichtigen. Bei Allgemeinen Arbeitsbedingungen (AAB) seien – anders als bei Allgemeinen Geschäftsbedingungen (AGB) – stets auch verbandsrechtliche Wertungen zu beachten.

trägen hat das BAG[684] inzwischen die ständige Rechtsprechung des BGH bestätigt und eine in § 306 II BGB nicht vorgesehene geltungserhaltende Reduktion ausdrücklich abgelehnt.[685] In dieser Arbeit soll die Frage nach der (Un-) Zulässigkeit einer geltungserhaltenden Reduktion letztlich mit folgender Erwägung offen bleiben: Selbst unter den Anhängern der geltungserhaltenden Reduktion hat sich inzwischen die Erkenntnis durchgesetzt, dass ihr Ergebnis jedenfalls nicht die Rückführung einer Bestimmung auf das *gerade noch zulässige*, sondern auf das *angemessene* Maß sein muss.[686] Nach „modernem" Verständnis führen geltungserhaltende Reduktion und ergänzende Vertragsauslegung damit zu identischen Ergebnissen.[687] Man mag den Rückzug auf die ergänzende Vertragsauslegung als „Schlupfwinkel" und „Notausgang" bezeichnen.[688] Das ändert indes nichts daran, dass der BGH in ständiger Rechtsprechung die ergänzende Vertragsauslegung befürwortet und man sich insofern auf der „sicheren Seite" befindet.[689]

3. Ergänzende Vertragsauslegung

Für die Lückenfüllung im Wege der ergänzenden Vertragsauslegung wurden von der herrschenden Meinung zwei Voraussetzungen herausgearbeitet: Zum einen muss ein *eindeutiger* hypothetischer Parteiwille erkennbar sein. Zum anderen muss der in § 306 II BGB normierte *Vorrang des Dispositivrechts* beachtet werden. Beide Voraussetzungen können nach erfolgreicher Quotelungskontrolle bejaht werden.

---

684 v. 04.03.2004, NZA 2004, 727 (734).

685 Insofern äußerst kritisch: *Bayreuther*, NZA 2004, 953 ff.

686 *Annuß*, BB 2002, 458 (461 und dort Fn. 40); *Canaris*, FS Steindorff, S. 519 (549); *Fastrich*, Inhaltskontrolle, S. 331; MünchKomm-BGB/*Basedow* § 306, Rdnr. 14; Staudinger/*Schlosser* § 6 AGBG, Rdnr. 17a.

687 LAG Köln v. 01.02.2001, NZA-RR 2001, 461 (463 f.); *Canaris*, FS Steindorff, S. 519 (550); *Gotthardt*, Arbeitsrecht, Rdnr. 330; *Häsemeyer*, FS Ulmer, S. 1097 (1098); *Hromadka*, NJW 2002, 2523 (2529); *Lingemann*, NZA 2002, 181 (187 und dort Fn. 95); MünchKomm-BGB/*Basedow* § 306, Rdnr. 15 f. („Unterschiede mit der Lupe zu suchen"); Staudinger/*Schlosser* § 6 AGBG, Rdnr. 17a.

688 So: MünchKomm-BGB/*Basedow* § 306, Rdnr. 15. Tendenziell auch: *Häsemeyer*, FS Ulmer, S. 1097 (1101), der als prononcierter Gegner der geltungserhaltenden Reduktion anerkennt, dass die Anhänger der geltungserhaltenden Reduktion den „normativen Zugriff auf die Privatautonomie" immerhin „offen aufweisen". Ähnlich auch: *Pulz*, Aktienkursorientierte Vergütung, S. 98, der von „Täuschungsmanöver" und „Schleier der ergänzenden Vertragsauslegung" spricht.

689 Mit Recht vermutet *Bayreuther*, NZA 2004, 953 (956), dass auch das BAG von der Möglichkeit einer ergänzenden Vertragsauslegung extensiv Gebrauch machen wird.

a) Eindeutiger hypothetischer Parteiwille
Die Ermittlung eines eindeutigen hypothetischen Parteiwillens scheitert nicht etwa schon daran, dass Allgemeine Geschäftsbedingungen *einseitig* gestellt werden.[690] Der hypothetische gemeinsame Parteiwille darf weder mit dem hypothetischen einseitigen Verwenderwillen noch mit dem tatsächlichen gemeinsamen Parteiwillen verwechselt werden.[691] Unter Anlegung eines objektiven Maßstabs geht es um die Ermittlung desjenigen,

> „was die Parteien bei redlicher Denkweise als gerechten Interessenausgleich akzeptiert hätten."[692]

Nach ständiger Rechtsprechung des BGH[693] und der herrschenden Meinung in der Literatur[694] scheidet eine ergänzende Vertragsauslegung aber aus, wenn zur Lückenfüllung mehrere Alternativen in Betracht kommen und keine Anhaltspunkte dafür vorliegen, welche Alternative die Parteien redlicherweise gewählt hätten.
Die Ermittlung eines *eindeutigen* hypothetischen Parteiwillens bezüglich einer Ersatzquotelung bereitet – zumindest theoretisch – keine Probleme. Unter Anlegung eines objektiven Maßstabs muss ein gerechter Interessenausgleich (= eine gerechte Quotelung zwischen Festlohnanteil und Provisionsanteil) hergestellt werden, den beide Parteien redlicherweise akzeptiert hätten. Jedenfalls in der Theorie lässt sich diese Aufgabe leicht bewältigen, wie bei der Interessenabwägung nach § 307 I 1 BGB gezeigt wurde. Es muss „einfach" nach dem „Grad der Marktöffnung des Vertrages" gefragt werden. Im Beispiel: Ist die „Marktöffnung eines Vertrages" mit 30% anzusetzen, geht der hypothetische Parteiwille, der stets auf einen angemessenen Interessenausgleich abzielt, *eindeutig* auf eine Quotelung zwischen Festlohnanteil und Provisionsanteil von 70:30. In der Pra-

---

690 Staudinger/*Schlosser* § 6 AGBG, Rdnr. 12; Ulmer/Brandner/Hensen/*Schmidt* § 6, Rdnr. 31.

691 BGH v. 01.02.1984, BGHZ 90, 69 (80); *Preis*, Vertragsgestaltung, S. 346; Staudinger/*Schlosser* § 6 AGBG, Rdnr. 12.

692 BGH v. 01.02.1984, BGHZ 90, 69 (80); Ebenso: BGH v. 07.03.1989, ZIP 1989, 939 (940); v. 12.07.1989, ZIP 1989, 1196 (1198); v. 04.07.2002, NJW 2002, 3098 (3099); MünchKomm-BGB/*Basedow* § 306, Rdnr. 27; Palandt/*Heinrichs* § 306, Rdnr. 7; Staudinger/*Schlosser* § 6 AGBG, Rdnr. 12; Ulmer/Brandner/Hensen/*Schmidt* § 6, Rdnr. 32.

693 v. 01.02.1984, BGHZ 90, 69 (80); v. 07.03.1989, ZIP 1989, 939 (940); v. 12.07.1989, ZIP 1989, 1196 (1198); v. 03.11.1999, NJW 2000, 1110 (1114); v. 22.11.2001, NJW 2002, 894 (895); v. 22.02.2002, NJW-RR 2002, 1136 (1137).

694 *Lingemann*, NZA 2002, 181 (187); MünchKomm-BGB/*Basedow* § 306, Rdnr. 28. Für eine Lückenfüllung im Wege der ergänzenden Vertragsauslegung auch bei *mehreren* denkbaren Gestaltungsmöglichkeiten: Staudinger/*Schlosser* § 6 AGBG, Rdnr. 13a; Ulmer/Brandner/Hensen/*Schmidt* § 6, Rdnr. 38.

xis besteht freilich das Problem, dass sich die „Marktöffnung des Vertrages" kaum mit letzter mathematischer Exaktheit ermitteln lässt.[695]

b) Vorrang des Dispositivrechts

Größere Probleme bereitet die Beachtung des Vorrangs des Dispositivrechts. Es besteht grundsätzliche Einigkeit darüber, dass die ergänzende Vertragsauslegung nur zum Zuge kommt, wenn zur Lückenfüllung geeignetes Dispositivrecht fehlt.[696] Unklar bleibt jedoch, wann genau es an *geeignetem* Dispositivrecht mangelt.[697] Unproblematisch sind nur die Fälle, in denen *überhaupt kein einschlägiges* Dispositivrecht existiert, dessen Vorrang beachtet werden müsste.[698] Dazu gehört die Quotelungsbestimmung freilich nicht. Denn es existiert eine gesetzliche Normalquotelung. In einem solchen Fall sind tendenziell strenge Anforderungen an die Zulässigkeit einer ergänzenden Vertragsauslegung zu stellen. Der BGH[699] fordert eine *zwingende*[700] Sonderlage, die eine Abweichung von der Grundregel des § 306 II BGB rechtfertigt.[701] Um dennoch eine ergänzende Vertragsauslegung zu ermöglichen, bieten sich zwei Argumentationsstränge an:

---

695 Siehe oben S. 104.

696 BGH v. 01.02.1984, BGHZ 90, 69 (75); v. 24.09.1985, BGHZ 96, 18 (26 f.); v. 07.03.1989, ZIP 1989, 939 (940); LAG Köln v. 01.02.2001, NZA-RR 2001, 461 (463); *Larenz*, NJW 1963, 737 (740); *Lingemann*, NZA 2002, 181 (187); MünchKomm-BGB/*Basedow* § 306, Rdnrn. 23 u. 26; Palandt/*Heinrichs* § 306, Rdnr. 10; *Schäfer/Ott*, Ökonomische Analyse, S. 396; Ulmer/Brandner/Hensen/*Schmidt* § 6, Rdnr. 31 u. 34.

697 Ulmer/Brandner/Hensen/*Schmidt* § 6, Rdnr. 33 („in der Rechtsprechung keine einheitliche Linie erkennbar").

698 Dazu das Urteil des LAG Köln v. 01.02.2001, NZA-RR 2001, 461 ff. zur Bindungsdauer bei einer Gratifikationszusage. Zum besonderen Wert dieser Entscheidung als "Anschauungsmaterial" siehe auch: *Willemsen/Grau*, RdA 2003, 321 (325).

699 v. 24.09.1985, BGHZ 96, 18 (27).

700 Zustimmend: Wolf/Horn/*Lindacher* § 6, Rdnr. 16. Zurückhaltender: MünchKomm-BGB/*Basedow* § 306, Rdnr. 26.

701 Mitunter wird auch behauptet, die ergänzende Vertragsauslegung müsse eingreifen, wenn anderenfalls eine *unangemessene Benachteiligung des Verwenders (!)* drohe. Das deckt sich mit der gängigen Behauptung, die Inhaltskontrolle bezwecke einen angemessenen Interessenausgleich, welcher sich auch in der Phase der Lückenfüllung fortsetzen müsse. Der Vertragspartner des Verwenders solle weder unangemessen *benachteiligt*, noch unangemessen *bevorzugt* werden. Dazu: BGH v. 01.02.1984, BGHZ 90, 69 (77); v. 04.07.2002, NJW 2002, 3098 (3099); *Lingemann*, NZA 2002, 181 (187); Palandt/*Heinrichs* § 306, Rdnr. 7. Eine derartige Aussage lässt sich dem Gesetz freilich nicht entnehmen. Sie steht auch in gewissem Widerspruch zu dem allgemein anerkannten Grundsatz, dass eine Inhaltskontrolle niemals zugunsten des Verwenders erfolgt, dieser also über die §§ 305 ff. BGB nicht vor einer unangemessenen Benachteiligung durch seine eigene Vertragsgestaltung geschützt werden soll. Dazu: BT-Dr 7/5422, S. 6; BGH v. 04.12.1986, NJW 1987, 837 (838); v. 02.04.1998, NJW 1998, 2280 (2281); Palandt/*Heinrichs* § 307, Rdnr. 7.

Zunächst könnte man eine grobe Differenzierung zwischen Innendienst und Außendienst vornehmen. Für den *Innendienst* lässt sich eine *zwingende* Sonderlage kaum bejahen. Die bloße Betrauung eines Arbeitnehmers mit Absatz oder Vermittlung genügt nicht. Der Arbeitgeber kann auf die „klassischen" Steuerungs- und Kontrollmöglichkeiten zurückgreifen, da der Arbeitnehmer sich innerhalb des Betriebs bewegt. Außerdem wird die angemessene Ersatzquotelung zwischen Festlohnanteil und Provisionsanteil im Innendienst ohnehin nahe bei der gesetzlichen Normalquotelung liegen. Für den *Außendienst* könnte man eine *zwingende* Sonderlage schon eher bejahen. Schließlich bewegt sich der Arbeitnehmer außerhalb des Betriebes und ist damit dem direkten (= physischen) Einfluss des Arbeitgebers weitgehend entzogen. Dieser Umstand könnte es rechtfertigen, dem Arbeitgeber eine angemessene Rückkopplung über einen Erfolgsanteil zu belassen. Auf den zweiten Blick wird allerdings deutlich, dass eine – zumal zwingende – Sonderlage höchstens in *Teilbereichen des Außendienstes* existiert. Denn Außendienst ist nicht gleich Außendienst. Mitunter ähnelt die Lage eines Außendienstlers eher der Situation eines Innendienstlers. Der Vergleich zwischen einem Außendienstler in der Versicherungswirtschaft, einem so genannten Reisenden in der Lebensmittelbranche – ebenfalls ein Außendienstler – und einem Innendienstverkäufer in einem Möbelgeschäft mag zur Illustration dienen:[702] Außendienstler in der Versicherungswirtschaft sind in ihrer Arbeits(zeit)gestaltung deutlich freier als Reisende in der Lebensmittelbranche, die von ihrem Arbeitgeber eine feste Route mit einer festen Anzahl und Reihenfolge der Kundenbesuche vorgegeben bekommen.[703] Die Unterschiede zwischen einem Reisenden in der Lebensmittelbranche und einem Innendienstverkäufer in einem Möbelgeschäft sind dagegen minimal.[704] Insbesondere können beide Berufsgruppen sich nicht/kaum die – kaufwilligen und zahlungskräftigen – Kunden aussuchen, mit denen sie ins Geschäft kommen wollen. Deshalb kann keine Rede davon sein, dass die Verträge von Außendienstlern stets und zwangsläufig eine größere „Marktöffnung" aufweisen als die Verträge von Innendienstlern. Diese Erkenntnis trübt den Wert der Unterscheidung, muss aber nicht zwangsläufig zu ihrer Unbrauchbarkeit führen. Denn dem Umstand, dass der Vertrag eines Außendienstlers in der Versicherungsbranche meist eine größere „Marktöffnung" aufweist als der Vertrag eines angestellten Reisenden in der Lebensmittelbranche, kann und muss auch dadurch Rechnung getragen werden, dass die angemessene Ersatzquotelung in beiden Fällen sehr unterschiedlich ausfällt. Ist die „Marktöffnung des Vertrages" eines Außendienstlers minimal, kann und

---

702 Siehe bereits oben S. 104 ff.

703 *Seifert*, DB 1979, 2034.

704 *Seifert*, DB 1979, 2034. Vgl. auch den Sachverhalt, der den Entscheidungen des LAG Düsseldorf v. 04.04.1975, DB 1974, 1534 und des BAG v. 17.04.1975, DB 1975, 1948 zugrunde lag.

muss auch die ergänzende Vertragsauslegung zu einem mit der Festlohnlösung – nahezu – identischen Ergebnis führen.
Statt einer groben Differenzierung zwischen Innen- und Außendienst ließe sich der Vorrang des Dispositivrechts noch auf ganz andere Weise „lockern". Hier kommt wiederum 65 HGB zum Zuge. Zwar stellt § 65 HGB keine spezialgesetzliche Erlaubnisnorm dar und ändert auch nichts am Regelcharakter eines reinen Festlohns.[705] Jedoch hat der Gesetzgeber durch § 65 HGB zu erkennen gegeben, dass der Gesamtlohn eines Handlungsgehilfen einen gewissen Provisionsanteil beinhalten darf. Und diese Aussage lässt sich nach einhelliger Auffassung auf *alle* Arbeitnehmer übertragen, die mit Absatz- oder Vermittlung betraut sind.[706] Damit stellt der Gesetzgeber den gesetzlichen Regelcharakter eines reinen Festlohns für den Fall der Provisionsentlohnung ausdrücklich – wenn auch keinesfalls unbeschränkt – zur Disposition.[707] Vor diesem Hintergrund ließe sich argumentieren, dass der Gesetzgeber ganz bewusst auf seinen Regelungsvorrang verzichtet und die Möglichkeit der Lückenfüllung durch ergänzende Vertragsauslegung selbst eröffnet hat. Das würde dann für Innen- und Außendienst gleichermaßen gelten.

III. Einziehen einer absoluten Obergrenze

Nach erfolgreicher Quotelungskontrolle kann § 612 II BGB *nicht* dergestalt zur Lückenfüllung herangezogen werden, dass der unangemessen gequotelte Gesamtlohn durch die übliche Vergütung ersetzt wird. Das Ergebnis der Quotelungskontrolle ist allein die Unwirksamkeit der Quotelungsbestimmung. Die Gesamtlohnhöhebestimmung kann schon deswegen nicht unwirksam[708] sein, weil sie nach § 307 III 1 BGB von vornherein kontrollfrei bleibt.[709] Die – höhenmäßige – Ersetzung des weiterhin wirksam vereinbarten Gesamtlohns durch die übliche Vergütung würde daher gegen die unbestrittene Subsidiarität[710] des § 612 II BGB verstoßen.[711] Auf § 612 II BGB kann auch *nicht* dergestalt abgestellt werden, dass die unangemessene Quotelung durch die übliche Quotelung

[705] Siehe oben S. 51 ff. u. 89 f.
[706] Siehe oben S. 51.
[707] So erkennt der Gesetzgeber über § 65 HGB das Gestaltungsinteresse des Arbeitgebers als jedenfalls im Ansatz berechtigt an. Dazu oben S. 93.
[708] § 612 II BGB soll über seinen Wortlaut („nicht bestimmt") hinaus auch eingreifen, wenn eine Vergütungsabrede nichtig ist. Siehe oben S. 43. Auch die Unwirksamkeit nach § 307 I 1 BGB ist als Nichtigkeit zu lesen. Dazu unten S. 134.
[709] Siehe oben S. 42 ff. Die Gesamtlohnhöhebestimmung könnte der Arbeitnehmer allenfalls über eine – von der Quotelungskontrolle nach § 307 BGB streng zu trennende – Lohnwucherkontrolle nach § 138 BGB „kippen". Dazu oben S. 10 ff.
[710] Siehe oben S. 43.
[711] Im Übrigen könnte der übliche Gesamtlohn unangemessen gequotelt sein.

ersetzt wird. Diesem Vorgehen steht bereits der eindeutige Wortlaut des § 612 II BGB entgegen. Die Vorschrift bezieht sich allein auf die „*Höhe* der Vergütung".[712] Von „*Quotelung* der Vergütung" ist dort keine Rede. Gegen die Ersetzung einer unangemessenen Quotelung durch die übliche Quotelung spräche zudem die Tatsache, dass *üblich* nicht zwangsläufig *angemessen* bedeuten muss.[713] Das Ergebnis der Lückenfüllung nach erfolgreicher *Angemessenheits*kontrolle könnte also eine weiterhin *unangemessene* Quotelung sein. Offensichtlich ein Widerspruch in sich. Während § 612 II BGB also in zweierlei Hinsicht nicht weiterhelfen kann, sollte man erwägen, mit seiner Hilfe insofern eine *absolute Obergrenze* einzuziehen, als der „Ersatz***fest***lohn" höchstens auf die übliche ***Gesamt***vergütung angehoben wird. Die Subsidiarität des § 612 II BGB steht diesem Vorgehen nicht entgegen. Denn mit der Unwirksamkeit der Quotelungsbestimmung muss zwangsläufig auch die Festlohnhöhebestimmung ersetzt – nämlich abgehoben – werden. Die Festlohnhöhebestimmung wurde als *relativ* zu niedrig kassiert, nun ist Raum für die Anwendung des § 612 II BGB. Trotz des eigentlich *relativen* Ansatzes der Quotelungskontrolle sprechen folgende Erwägungen für eine *absolute* Deckelung des „Ersatzfestlohns" in der vorgeschlagenen Weise:

- Mit § 612 II BGB liegt ein gesetzlicher Anknüpfungspunkt für die absolute Deckelung vor. Insofern wird den Vorgaben des § 306 II BGB und der vorgelagerten Inhaltskontrolle (*Rechts*kontrolle!) Rechnung getragen.
- Über § 612 II BGB gibt der Gesetzgeber zu erkennen, dass der Arbeitnehmer bei fehlender oder unwirksamer Gesamtlohnhöhebestimmung durch die Gewährung der üblichen Vergütung hinreichend abgesichert ist. Die übliche Vergütung mag zwar als *Gesamt*lohn unangemessen niedrig sein,[714] nicht jedoch als *Fest*lohn, zu dem noch Provisionen hinzu verdient werden können.[715]
- Bei der Quotelungskontrolle geht es zuvorderst um einen angemessenen Risiko-Chancen-Ausgleich. Wenn einem Arbeitnehmer der übliche *Gesamt*lohn als *Fest*lohn garantiert wird, fällt es aber schwer, die Möglichkeit zusätzlicher Provisionsverdienste nicht bloß als *Chance*, sondern ihr Ausbleiben auch als *Risiko* zu begreifen. Es lässt sich kaum behaupten, ein Arbeitnehmer werde in unangemessener Weise mit dem Arbeitserfolgsrisiko belastet, wenn sein Gesamtlohn *schlimmstenfalls (!)* auf das übliche Gesamtlohnniveau fallen kann.

---

712 So ausdrücklich auch: ErfK/*Preis* § 612 BGB, Rdnr. 41.

713 Ausführlich: *Andelewski*, Mindestarbeitsbedingungen, S. 169. Ebenso: *Wank*, Anm. zu BAG v. 19.01.2000, RdA 2002, 112 (115).

714 Siehe soeben S. 148.

715 Wegen der Möglichkeit, dass *üblich* = *unangemessen* ist, kann auf § 612 II BGB auch *nicht* insofern abgehoben werden, dass dem Arbeitnehmer statt seines relativ zu niedrigen Festlohns – mindestens aber auch höchstens – der übliche *Fest*lohn eingeräumt wird.

- Überhaupt wäre eine strikte Trennung von Entgelthöhe und Entgeltquotelung lebensfremd. In puncto Existenz- und Planungssicherheit spielt es durchaus eine Rolle, auf welchem Fest- und Gesamtlohniveau sich ein Arbeitnehmer bewegt.[716] Die bei der Quotelungskontrolle im Vordergrund stehende Planungssicherheit ist für den Arbeitnehmer hinreichend gewährleistet, wenn er jedenfalls die übliche *Gesamt*vergütung als *Fest*lohn verplanen kann.
- Die Gesamtlohnhöhe kann bei einem Misch- oder reinen Provisionslohn naturgemäß nicht im Arbeitsvertrag fixiert sein. Sie muss entweder vorausschauend geschätzt oder – besser – in der Rückschau über einen verlässlich langen Referenzzeitraum ermittelt werden.[717] Gerade die verlässlichere „Rückschaumethode" würde bei streng relativer Umquotelung in Extremfällen dazu führen, dass sich der Arbeitnehmer nach Schwindel erregenden Anfangserfolgen – etwa mit einem „brandneuen" Produkt – auf ein utopisch hohes Festlohnniveau klagen könnte.
- Die absolute Deckelung des Festlohns erlangt vor allem in Krisenzeiten des Unternehmens Bedeutung. Für den Arbeitnehmer besteht ein deutlich größeres Kündigungsrisiko, wenn er trotz schlechter Absatzlage einen – immens – hohen Festlohn bezieht.[718]

Die absolute Deckelung des „Ersatzfestlohns" über § 612 II BGB ermöglicht folgende Aussagen, die einen bedeutenden Beitrag auch zur Rechtssicherheit leisten:

- Ein Arbeitgeber muss niemals – weder nach Misch- noch nach der Festlohnlösung – befürchten, dass der *Fest*lohn eines Arbeitnehmers nach erfolgreicher Quotelungskontrolle auf mehr als die übliche *Gesamt*vergütung angehoben wird.
- Ein Arbeitgeber ist von vornherein auf der sicheren Seite, wenn er mindestens die übliche *Gesamt*vergütung als *Fest*lohn gewährt. Dann spielt es keine Rolle, wie viel Prozent des Gesamtlohns der Festlohnanteil einnimmt.

---

716 Das ist dem Ansatz von *Wank*, Anm. zu BAG v. 19.01.2000, RdA 2002, 112 (116) zuzugeben.

717 Dazu ausführlich unten S. 144 ff.

718 Auf diesen Aspekt weisen *Rieble/Gutzeit*, JbArbR 37 (2000), 41 (42) im Zusammenhang mit Erfolgslöhnen allgemein hin: „In wirtschaftlichen Krisen sinken die Löhne, was das Unternehmen entlastet, die ‚Talfahrt abfedert'. (...) Reflexartig partizipieren die Arbeitnehmer an dieser Kostenentlastung: Ihre Arbeitsplätze werden sicherer, betriebsbedingte Kündigungen können in gewissen Grenzen vermieden werden."

C. Ausnahme: Unwirksamkeit des Restvertrages

Der gesamte Arbeitsvertrag wäre nach § 306 III BGB unwirksam, wenn das Festhalten an ihm trotz des über § 306 II BGB eingeführten Ersatzregelungsgehalts eine unzumutbare Härte für eine der beiden Arbeitsvertragsparteien darstellen würde. Die Gesamtunwirksamkeit nach § 306 III BGB bildet freilich eine äußerst seltene Ausnahme.[719] § 306 III BGB hat in der Praxis nahezu keine Bedeutung erlangt.[720]

I. Unzumutbare Härte für den Arbeitgeber

Auf Arbeitgeberseite muss zunächst berücksichtigt werden, dass der Verwender die Verantwortung für die unangemessene Vertragsgestaltung, das Unwirksamkeitsurteil und die daraus resultierenden Nachteile (hier: teilweise oder komplette Rückverlagerung des Arbeitserfolgsrisikos) trägt.[721] Deshalb wird eine Anwendung des § 306 III BGB allenfalls bei *einschneidenden Äquivalenzstörungen* erwogen.[722] Das Äquivalenzgefüge müsste sich nach der Lückenfüllung über § 306 II BGB völlig einseitig zugunsten des Vertragsgegners verschoben haben.

1. Überhaupt eine Äquivalenzstörung?

Richtigerweise kann nach erfolgreicher Quotelungskontrolle überhaupt keine Äquivalenzstörung eintreten. Allenfalls muss der Arbeitgeber bei nachlassenden Absatz- oder Vermittlungserfolgen einen höheren Gesamtlohn zahlen als gemäß seiner „ursprünglichen" Arbeitsvertragsgestaltung. Um aus diesem Umstand *irgendeine* Störung des Äquivalenzverhältnisses ableiten zu können, müssten die Gesamtlohnhöhe einerseits und die Absatz- oder Vermittlungserfolge des Ar-

---

[719] BGH v. 09.05.1996, NJW-RR 1996, 1009 (1010); v. 22.02.2002, NJW-RR 2002, 1136 (1137); *Gotthardt*, Arbeitsrecht, Rdnr. 332; *Lingemann*, NZA 2002, 181 (187); *Littbarski*, Kurzkommentar zu BGH v. 22.02.2002, EWiR § 6 AGBG 1/02, 837 (838); MünchKomm-BGB/*Basedow* § 306, Rdnr. 31; Staudinger/Schlosser § 6 AGBG, Rdnr. 20; Ulmer/Brandner/Hensen/*Schmidt* § 6, Rdnr. 42; *von Westphalen*, NJW 2003, 1635 (1638).

[720] *Fastrich*, Inhaltskontrolle, S. 347 ff.; *Gotthardt*, ZIP 2002, 277 (289); Ulmer/Brandner/Hensen/*Schmidt* § 6, Rdnr. 42. Siehe aber: BGH v. 22.02.2002, NJW-RR 2002, 1136 (1137) m. teilw. krit. Anm. *Lindacher*, LM Nr. 35 zu § 6 AGBG u. Kurzkommentar *Littbarski*, EWiR § 6 AGBG 1/02, 837.

[721] BGH v. 22.02.2002, NJW-RR 2002, 1136 (1137); MünchKomm-BGB/*Basedow* § 306, Rdnr. 31; Palandt/*Heinrichs* § 306, Rdnr. 11.

[722] BGH v. 09.05.1996, NJW-RR 1996, 1009 (1010); v. 22.02.2002, NJW-RR 2002, 1136 (1137); *Lingemann*, NZA 2002, 181 (187); Palandt/*Heinrichs* § 306, Rdnr. 11; *von Westphalen*, NJW 2003, 1635 (1638).

beitnehmers andererseits im arbeitsvertraglichen Äquivalenzverhältnis stehen. Das ist aber überhaupt nicht der Fall.[723] Denn das vertragliche Äquivalenzverhältnis bezeichnet allein das Verhältnis von geschuldeter Leistung und geschuldeter Gegenleistung,[724] während ungeschuldete Erfolge für die Beurteilung des Äquivalenzverhältnisses außer Betracht bleiben.[725] Da der Arbeitnehmer nur die Arbeits*leistung* schuldet, steht der Arbeits*erfolg* nicht im arbeitsvertraglichen Äquivalenzverhältnis. Der Absatz- oder Vermittlungserfolg ist für den Arbeitnehmer auch bei – teilweiser – Provisionsentlohnung nicht *in obligatione*, sondern „lediglich" *in conditione*.[726]
Daraus folgt: Eine Störung des arbeitsvertraglichen Äquivalenzverhältnisses stünde nur zu befürchten, wenn der Arbeitgeber nach erfolgreicher Quotelungskontrolle und anschließender Lückenfüllung für die gleiche Arbeits*leistung* mehr zahlen müsste als vorher. Das Abstellen auf etwaige Mehrzahlungen bei gesunkenem Absatz- oder Vermittlungs*erfolg* ist insofern unzulässig. Denn sinkende Absatz- oder Vermittlungserfolge müssen nicht zwangsläufig eine nachlassende Arbeitsleistung bedeuten. Die möglichen Ursachen für einen Rückgang des Absatz- oder Vermittlungserfolges sind vielfältig. Oftmals liegen sie weder in der Sphäre des Arbeitnehmers noch in der des Arbeitgebers. So konzentriert sich auch der hier vertretene Ansatz auf das von keiner Partei beherrschbare Marktrisiko.[727]

2. Einschneidende Äquivalenzstörung?

Jedenfalls ist nach erfolgreicher Quotelungskontrolle eine *einschneidende* Äquivalenzstörung undenkbar.
Eine einschneidende Äquivalenzstörung nahm der BGH[728] ausnahmsweise in einem Fall an, in dem er eine kaufvertragliche Nachzahlungsbestimmung (Preisanpassungsbestimmung) angeblich[729] *ersatzlos* streichen musste. Die vertrags-

---

723 Siehe bereits die parallelen Überlegungen zum umstrittenen zweiten Normzweck der Schrankenvorschrift des § 307 III 1 BGB oben S. 51.

724 BGH v. 09.05.1996, NJW 1996, 1009 (1010); v. 22.02.2002, NJW-RR 2002, 1136 (1137).

725 MünchKomm-BGB/*Ernst* § 275, Rdnr. 77. Freilich in anderem Zusammenhang.

726 Siehe schon oben S. 2 f.

727 Liegt richtigerweise überhaupt keine Äquivalenzstörung vor, kann auch der Dauerschuldcharakter des Arbeitsvertrages – in Abgrenzung zu einmaligen Austauschverhältnissen wie etwa dem Kaufvertrag – niemals zur ausnahmsweisen Annahme einer Gesamtunwirksamkeit führen. Denn eine *nicht vorhandene* Äquivalenzstörung kann sich im Laufe der Zeit unmöglich zu einer *einschneidenden* Äquivalenzstörung „potenzieren".

728 v. 22.02.2002, NJW-RR 2002, 1136 (1137).

729 Kritisch: *Lindacher*, Anm. zu BGH v. 22.02.2002, LM Nr. 35 zu § 6 AGBG.

gegenständlichen Wiesengrundstücke hatten im Laufe von zehn Jahren nach Vertragsschluss eine Wertsteigerung von ca. 1800% (!) erfahren.[730]
Infolge von Quotelungskontrolle und anschließender Lückenfüllung bleibt die Gesamtlohnhöhe bei *gleich bleibenden oder steigenden* Absatz- oder Vermittlungserfolgen unverändert. Abweichungen in der Gesamtlohnhöhe sind nur denkbar, wenn die Absatz- oder Vermittlungserfolge des Arbeitnehmers in einigen Monaten unter sein bisheriges Durchschnittsniveau *sinken*. Ein Arbeitgeber muss also schlimmstenfalls *100%* mehr Gesamtlohn zahlen als nach seiner „ursprünglichen" Arbeitsvertragsgestaltung vorgesehen. Verschiebungen in einer Größenordnung von *1.800%* sind undenkbar. Hinzu kommt, dass die spätere Wertsteigerung des Grundstücks in dem vom BGH entschiedenen Fall *feststand*, während ein Rückgang der Absatz- oder Vermittlungserfolge des Arbeitnehmers – zumal auf Null! – eine *bloße Hypothese* darstellt.
Schließlich gilt es zu beachten, dass für den „Ersatzfestlohn" über § 612 II BGB richtigerweise eine absolute Obergrenze in Höhe der üblichen Gesamtvergütung eingezogen wird. Auch dadurch entschärft sich die Gefahr einer *einschneidenden* Äquivalenzstörung.

II. Unzumutbare Härte für den Arbeitnehmer

Auf Arbeitnehmerseite muss berücksichtigt werden, dass der Vertragsgegner des Verwenders durch die Einführung des Ersatzregelungsgehalts in aller Regel einen Vorteil erlangt.[731] So liegt es auch nach erfolgreicher Quotelungskontrolle. Die arbeitsvertragliche Entgelt*risikoverteilung* wird zugunsten des Arbeitnehmers verschoben. Keinesfalls kann der Arbeitnehmer die Quotelungskontrolle samt anschließender Lückenfüllung zum Anlass nehmen, um aus nicht kontrollrelevanten Gründen – etwa einer zu geringen Gesamtlohn*höhe* – vom gesamten Arbeitsvertrag Abstand zu nehmen, obwohl bereits Modifizierungen in seinem Sinne eingetreten sind.[732] Insofern stehen dem Arbeitnehmer andere Mittel zur Verfügung. Möchte er Abstand vom Arbeitsvertrag nehmen, muss er frist- und formgerecht kündigen (§§ 622, 623 BGB) oder versuchen, einen Aufhebungsvertrag (§§ 311 I, 241 I, 623 BGB) zu erwirken.

---

[730] Zu dieser einschneidenden Äquivalenzstörung mussten weitere „besondere Gründe" treten, um die Gesamtunwirksamkeit des Vertrages zu rechtfertigen. So führt der BGH an, dass es dem Verkäufer ersichtlich und entscheidend darum gegangen sei, nach Vertragsschluss eintretende Wertsteigerungen abzuschöpfen. Zudem weist der BGH darauf hin, dass der Verkäufer die Unwirksamkeit der Nachzahlungsbestimmung mangels einschlägiger Rechtsprechung nicht habe erkennen können. Zum Erfordernis zusätzlicher „besonderer Gründe" siehe auch: *Littbarski*, Kurzkommentar zu BGH v. 22.02.2002, EWiR § 6 AGBG 1/02, 837 (838).

[731] MünchKomm-BGB/*Basedow* § 307, Rdnr. 32; Palandt/*Heinrichs* § 306, Rdnr. 12.

[732] BT-Dr 7/3919, S. 21; MünchKomm-BGB/*Basedow* § 307, Rdnr. 32; Ulmer/Brandner/Hensen/*Schmidt* § 6, Rdnr. 42.

Möchte er das Arbeitsverhältnis fortsetzen, kann aber den Arbeitgeber nicht zu einer freiwilligen Erhöhung seines Gesamtlohns bewegen, bleibt nur der Weg über die Lohnwucherkontrolle nach § 138 BGB.[733]

D. Nachzahlungsansprüche des Arbeitnehmers

I. Entstehung

Bei erfolgreicher Quotelungskontrolle ist die Quotelungsbestimmung nach § 307 I 1 BGB unwirksam. Unwirksamkeit im Sinne des § 307 I 1 BGB meint Nichtigkeit.[734] Das Unwirksamkeitsurteil wirkt deshalb *ex tunc*.[735] Die *Rückwirkung* des Unwirksamkeitsurteils folgt auch daraus, dass in § 306 I, II BGB unwirksame Bestimmungen mit solchen Bestimmungen gleichgestellt werden, die *von vornherein* nicht Vertragsbestandteil geworden sind.[736]

Wegen der Rückwirkung des Unwirksamkeitsurteils auf den Zeitpunkt des Vertragsschlusses muss der Arbeitnehmer so gestellt werden, wie er stünde, wenn ihm *von Anfang an* die „Ersatzquotelung" – also ein erhöhter Festlohn – eingeräumt worden wäre. Aus diesem Umstand können dem Arbeitnehmer Nachzahlungsansprüche erwachsen, sofern sich – wie eigentlich immer – sein durchschnittlicher Gesamtlohn aus unterschiedlich erfolgreichen (= schwankenden) Einzelmonaten zusammensetzt. Dabei sind Nachzahlungsansprüche nach der Festlohnlösung wahrscheinlicher oder fallen zumindest tendenziell[737] höher aus als nach der Mischlohnlösung. Ein Extrembeispiel:

> Außendienstler A verkauft das Produkt P. Laut seinem Arbeitsvertrag erhält A eine verrechenbare monatliche Provisionsgarantie[738] von € 1.000 und eine Absatzprovision von € 50 je verkauftem Produkt. Vor Einleitung der Quotelungskontrolle ist A ein Jahr beschäftigt gewesen und hat im Monatsdurchschnitt 40 Produkte verkauft.

---

[733] Siehe oben S. 10 ff.

[734] Palandt/*Heinrichs* Vorb v § 307, Rdnr. 7 u. Überbl v § 104, Rdnr. 27 ff. Zum teilweise synonymen Gebrauch der Begriffe „Unwirksamkeit" und „Nichtigkeit" siehe auch: *Häsemeyer*, FS Ulmer, S. 1097 (und dort Fn. 1 mwN).

[735] Staudinger/*Schlosser* § 6 AGBG, Rdnr. 20.

[736] Staudinger/*Schlosser* § 6 AGBG, Rdnr. 20.

[737] Auch nach der Mischlohnlösung kann theoretisch eine angemessene Ersatzquotelung zwischen Festlohnanteil und Provisionsanteil von 100:0 herauskommen. Dann ist das Ergebnis von Fest- und Mischlohnlösung identisch.

[738] Nachzahlungsansprüche können dem Arbeitnehmer auch bei einem reinen Provisionslohn oder einem Mischlohn mit einem unverrechenbaren Fixum erwachsen.

Errechnete sich sein Durchschnittsabsatz aus zwölf Monaten mit jeweils genau 40 Verkäufen, bekäme A jeden Monat und damit auch durchschnittlich € 2.000 Gesamtlohn ausbezahlt. Seine Quotelungsbestimmung beliefe sich auf 50:50.
Allerdings setzt sich der Durchschnittsabsatz des A anders zusammen: In den ersten sechs Monaten des Jahres verkauft A jeweils 80 Produkte. In den letzten sechs Monaten des Jahres bringt A jeweils kein einziges Produkt an den Mann. Diese zweigeteilte Absatzbilanz hat zur Folge, dass A in den starken sechs Monaten jeweils einen Gesamtlohn von € 4.000 erzielt. In den schwachen sechs Monaten erhält A jeweils einen Gesamtlohn in Höhe der verrechenbaren Provisionsgarantie von € 1.000, obwohl ihm nach Maßgabe seiner nicht vorhandenen Absatzerfolge eigentlich kein Cent zustünde. Eine Verrechung der Überschüsse aus den ersten sechs Monaten mit den Unterschüssen aus den letzten sechs Monaten scheidet mangels entsprechender Vertragsabrede aus.[739] Die fehlende Verrechnungsmöglichkeit hat zur Folge, dass A im Monatsdurchschnitt nicht € 2.000, sondern € 2.500 [(6 x € 4.000 + 6 x € 1.000) / 12] Gesamtlohn gezahlt werden. Die Quotelungsbestimmung zwischen Festlohnanteil und Provisionsanteil lautet daher nicht auf 50:50, sondern auf 40:60.
Diese Quotelungsbestimmung (40:60) wird für unwirksam befunden. Der Richter folgt der *Mischlohnlösung* und hält eine Ersatzquotelung von 80:20 für angemessen. Dementsprechend wird die verrechenbare Provisionsgarantie auf € 2.000 (80% von € 2.500) angehoben. Legt man diese Mischlohngestaltung *rückwirkend* zugrunde, kommt A in den sechs absatzstarken Monaten wiederum auf einen Gesamtlohn von € 4.000. In den sechs absatzschwachen Monaten hätte er dagegen Anspruch auf die um € 1.000 erhöhte verrechenbare Provisionsgarantie von € 2.000 gehabt. Folglich steht dem A ein Nachzahlungsanspruch i.H.v. € 6.000 (6 x € 1.000) zu.
Wäre der Richter der *Festlohnlösung* gefolgt, hätte die verrechenbare Provisionsgarantie auf die vollen € 2.500 angehoben werden müssen und A stünde gar ein Nachzahlungsanspruch i.H.v. € 9.000 (6 x € 1.500) zu.

Der Annahme von Nachzahlungsansprüchen des Arbeitnehmers lässt sich nicht entgegenhalten, auf diese Weise werde der in der Rückschau ermittelte und sodann als arbeitsvertraglich vereinbart unterstellte Gesamtlohn rückwirkend erhöht. Denn bei diesem Gesamtlohn handelt es sich eben um eine – mangels Alternative zu treffende – *Unterstellung*, die auf Basis der *ursprünglichen* Vertragsgestaltung erfolgt und die nach der Quotelungskontrolle auch für die *Zukunft* ihre Wirksamkeit behält.[740] Soll heißen: *Nach* erfolgreicher Quotelungskontrolle erhält der Arbeitnehmer einen erhöhten Festlohn. Damit würde bei identischer Absatzbilanz auch sein durchschnittlicher Gesamtlohn „mittelbar“ angehoben, sofern der Arbeitnehmer nicht – was kaum denkbar ist – vor und nach der Quotelungskontrolle jeden Monat exakt die gleiche Zahl von Absatz- oder Vermittlungserfolgen erzielt (hat). Wegen der Rückwirkung des Unwirk-

739 Siehe oben S. 2 (und dort Fn. 6).
740 Dazu unten S. 141 f.

samkeitsurteils ist die „mittelbare" Erhöhung des durchschnittlichen Gesamtlohns auch für die Zeit *vor* Erfolg der Quotelungskontrolle hinzunehmen.
Wer Nachzahlungsansprüche des Arbeitnehmers generell verneinen will, muss den Aspekt der Planungssicherheit in den Vordergrund rücken. Indem man betont, dass der Festlohn*anteil* innerhalb eines – wie auch immer hohen – Gesamtlohns zuvorderst der Planungssicherheit des Arbeitnehmers diene,[741] ließe sich argumentieren, die Annahme von Nachzahlungsansprüchen für die *Vergangenheit* sei schon deshalb verfehlt, weil *Planungs*sicherheit per definitionem nur für die *Zukunft* gewährleistet werden könne.

II. Verjährung

Etwaige Nachzahlungsansprüche des Arbeitnehmers sind – rückwirkend eingeführte oder erhöhte – Festlohnansprüche, die nicht erst im Zeitpunkt der Quotelungskontrolle entstehen, sondern wegen der Rückwirkung des Unwirksamkeitsurteils so zu behandeln sind, als hätten sie von vornherein als „gewöhnliche" (= im Arbeitsvertrag festgeschriebene) Festlohnansprüche bestanden. Dementsprechend unterliegen sie der regelmäßigen Verjährung.[742] Die Verjährungsfrist beträgt nach § 195 BGB drei Jahre und beginnt nach § 199 I BGB mit dem Schluss des Jahres, in dem

1. der Anspruch entstanden ist und
2. der Gläubiger von den den Anspruch begründenden Umständen und der Person des Schuldners Kenntnis erlangt oder ohne grobe Fahrlässigkeit erlangen müsste.[743]

Mit Entstehung des Anspruchs ist regelmäßig dessen Fälligkeit gemeint.[744] Festlohnansprüche entstehen mit Fälligkeit der einzelnen Leistungen.[745] Die Kenntnis von der Person des Schuldners (= des Arbeitgebers) bereitet keine Probleme. Problematisch ist allein das zweite subjektive Erfordernis der Kenntnis oder grob fahrlässigen Unkenntnis von den den Anspruch begründenden Umständen. Als gesichert kann insofern gelten, dass es allein auf die tatsächliche Kenntnis

---

741 Zur Frage der Planungssicherheit im Zusammenhang mit der unbeschränkten Endlosverrechnung von Unter- und Überschüssen bei einer verrechenbaren Provisionsgarantie: *Hofmann*, DB 1977, 770 (771).

742 ErfK/*Preis* §§ 194-218 BGB, Rdnr. 5; *Gotthardt*, Arbeitsrecht, Rdnr. 341; Palandt/*Heinrichs* § 195, Rdnr. 3. Gegenstand der Arbeit sind nur sog. Neuarbeitsverträge. Siehe oben S. 19. Ansprüche aus Neuarbeitsverträgen unterliegen uneingeschränkt dem neuen Verjährungsrecht. Eine verjährungsspezifische Überleitungsnorm findet sich im Übrigen in Art. 229 § 6 EGBGB.

743 Daneben muss die absolute Höchstfrist des § 199 IV BGB beachtet werden.

744 ErfK/*Preis* §§ 194-218 BGB, Rdnr. 8; Palandt/*Heinrichs* § 199, Rdnr. 3.

745 *Gotthardt*, Arbeitsrecht, Rdnr. 341; Palandt/*Heinrichs* § 199, Rdnr. 3; aA scheinbar ErfK/*Preis* §§ 194-218 BGB, Rdnr. 8.

und nicht auf die zutreffende rechtliche Bewertung ankommt.[746] Deshalb dürfte Folgendes anzunehmen sein: Die die *ggü. dem Arbeitsvertragstext erhöhten* Festlohnansprüche begründenden Umstände sind die im Laufe eines zuverlässig langen Referenzzeitraums erzielten durchschnittlich hohen – dabei aber schwankenden – Absatz- oder Vermittlungserfolge. Insofern kommt es nicht darauf an, dass der Arbeitnehmer erkennt, dass ihm sein hoher Provisionsanteil rechtlich einen „Umquotelungsanspruch" bescheren könnte. Das Problem des genauen Kenntniszeitpunktes wird durch die Ultimo-Regelung des § 199 I 1. Hs. BGB („Schluss des Jahres") entschärft. Es genügt, dass festgestellt werden kann, *in welchem Jahr* der Arbeitnehmer erstmalig wusste oder grob fahrlässig verkannte, dass seine seit längerem durchschnittlich hohen – aber schwankenden – Absatz- oder Vermittlungserfolge zu einem entsprechend hohen Provisionsanteil am Gesamtlohn führen.

---

[746] ErfK/*Preis* §§ 194-218 BGB, Rdnr. 9; *Gotthardt*, Arbeitsrecht, Rdnr. 342; *Mansel*, NJW 2002, 89 (92); Palandt/*Heinrichs* § 199, Rdnr. 26. Zur „Vorbildregelung" (BT-Dr 14/6040, S. 108) des § 852 I BGB a.F.: BGH v. 17.10.1995, NJW 1996, 117 (118).

E. Zwischenergebnis

- Die **Restwirksamkeit des Arbeitsvertrages** nach erfolgreicher Quotelungskontrolle und anschließender Lückenfüllung bereitet wenig Kopfzerbrechen. Es bleibt bei der Grundregel des § 306 I BGB. Eine unzumutbare Härte im Sinne des § 306 III BGB besteht weder für den Arbeitgeber noch für den Arbeitnehmer. Aus Sicht des Arbeit*gebers* liegt keine – schon gar keine einschneidende – Äquivalenzstörung vor. Der Arbeit*nehmer* erreicht durch Quotelungskontrolle und Lückenfüllung eine vorteilhaftere Entgelt*risikoverteilung*. Ein weiterhin – extrem – niedriger Gesamtlohn stellt für ihn keine unzumutbare Härte im Sinne des § 306 III BGB dar. Denn Aspekte der Entgelt*höhe* müssen im Umfeld der Quotelungskontrolle außer Betracht bleiben.
- Aus der erfolgreichen Quotelungskontrolle können dem Arbeitnehmer **Nachzahlungsansprüche** erwachsen, weil das Unwirksamkeitsurteil nach § 307 I 1 BGB auf den Zeitpunkt des Vertragsschlusses zurückwirkt. Es muss gefragt werden, ob der Arbeitnehmer bei identischer Absatzbilanz und von Anfang an erhöhtem Festlohn mehr Geld hätte bekommen müssen. Etwaige Nachzahlungsansprüche unterliegen der Regelverjährung nach §§ 195, 199 BGB. Die Möglichkeit von Nachzahlungsansprüchen ist – neben der Rückwirkung des Unwirksamkeitsurteils – der Tatsache geschuldet, dass man bezüglich der Höhe des vereinbarten Provisions- und Gesamtlohns mit einer Unterstellung arbeiten muss, da die Höhe des Provisionslohns nicht im Arbeitsvertrag fixiert sein kann. Wer die – merkwürdig anmutenden – Nachzahlungsansprüche gänzlich verneinen will, muss die mit der Quotelungskontrolle erstrebte Planungssicherheit in den Vordergrund rücken. Diese kann per definitionem nur für die Zukunft garantiert werden.
- Das **Hauptproblem** bildet die **Lückenfüllung** nach § 306 II BGB. Es kommen zwei Möglichkeiten in Betracht.
- Nach der **Festlohnlösung** wird eine unangemessen benachteiligende Quotelungsbestimmung durch die gesetzliche Quotelungsbestimmung ersetzt. An die Stelle eines unangemessen gequotelten Misch- oder einen Provisionslohns tritt ein Festlohn in gleicher Höhe. Dabei kann und sollte die Provisionsordnung „im Hintergrund" aufrechterhalten bleiben. Dieses Verständnis der Festlohnlösung gewährleistet nicht zuletzt auch einen weitestgehenden Gleichlauf mit der Mischlohnlösung. Beide Lösungen unterscheiden sich allein durch den *Grad der Umquotelung*.
- Nach der **Mischlohnlösung** wird eine unangemessen benachteiligende Quotelungsbestimmung durch eine angemessene Quotelungsbestimmung ersetzt bzw. auf eine solche zurückgeführt. Zur Realisierung der Mischlohnlösung stehen drei Instrumente zur Verfügung: die Aufnahme einer salvatorischen Klausel in den Arbeitsvertrag, die geltungserhaltende Reduktion und die ergänzende Vertragsauslegung. Auf die Wirksamkeit einer salvatorischen

Klausel sollte der Arbeitgeber sich besser nicht verlassen. Auch das Schicksal der geltungserhaltenden Reduktion scheint besiegelt, nachdem das BAG inzwischen die ständige – ablehnende – Rechtsprechung des BGH bestätigt hat. Vor diesem Hintergrund erscheint die ergänzende Vertragsauslegung als der vielleicht nicht ehrlichste und bequemste, wohl aber als der „sicherste" Anpassungsmechanismus. Allerdings bereitet der dann zu beachtende Vorrang des Dispositivrechts einige Probleme. Insofern könnte zum einen auf die Besonderheiten des *Außen*dienstes, zum anderen auf eine gesetzliche „Freigabe" der ergänzenden Vertragauslegung durch § 65 HGB abgestellt werden.

- Sowohl nach der Fest- als auch nach der Mischlohnlösung bietet es sich an, über § 612 II BGB eine **absolute Obergrenze** dergestalt einzuziehen, dass der ***Fest***lohn maximal auf die Höhe der üblichen ***Gesamt***vergütung angehoben wird. Zwar widerspricht eine absolute Deckelung dem grundsätzlich rein relativen Konzept der Quotelungskontrolle. Jedoch erscheint – das ist *Wank* zuzugeben – die vollkommene Trennung von Entgelthöhe und Entgeltrisikoverteilung lebensfremd. Der Arbeitnehmer ist in puncto Planungssicherheit und Übernahme des Marktrisikos hinreichend geschützt, wenn er schlimmstenfalls (!) auf die übliche *Gesamt*vergütung zurückfallen kann.

6. Kapitel: Praktische Probleme im Umfeld der Quotelungskontrolle

Sowohl im Vorfeld der Quotelungskontrolle als auch nach erfolgreicher Quotelungskontrolle steht der Rechtsanwender vor praktischen Problemen. Bis dato wurde unterstellt, dass die Quotelungsbestimmung bekannt sei. Tatsächlich muss die Quotelungsbestimmung zunächst sichtbar gemacht werden, *bevor* die Quotelungskontrolle ablaufen kann.[747] *Nach* erfolgreicher Quotelungskontrolle muss der Gesamtlohn *unter weitestgehender Wahrung der Gesamtlohnhöhe* umgequotelt werden.[748] Damit ist es freilich nicht getan. Den Arbeitsrichter und die Arbeitsvertragsparteien samt ihrer Rechtsbeistände werden auch prozessuale Fragen bewegen:[749] Welche Klagearten sind für den Arbeitnehmer einschlägig? Wie kann/sollte der Arbeitgeber auf eine Klage reagieren? Kann der Arbeitnehmer die Quotelungskontrolle mehrmals einleiten, sich also „etappenweise" auf einen immer höheren Festlohn klagen?

A. Sichtbarmachen der Quotelungsbestimmung

Die Quotelungskontrolle unterscheidet sich in einem Punkt deutlich von „herkömmlichen" Fällen der Inhaltskontrolle: Gegenstand der Quotelungskontrolle ist die Quotelungsbestimmung. Die Quotelungsbestimmung verkörpert die *Ist*-Quotelung[750] zwischen Festlohnanteil und Provisionsanteil. Im Gegensatz zu „gewöhnlichen" Bestimmungen liegt die Quotelungsbestimmung bei Vertragsschluss nicht offen zutage. Die Quotelungsbestimmung ist zwangsläufiger aber zunächst unsichtbarer Bestandteil eines jeden Arbeitsvertrages. Wurde die Quotelungsbestimmung einmal sichtbar gemacht, verläuft die Quotelungskontrolle wie jeder andere Fall der Inhaltskontrolle. Das hat das vierte Kapitel gezeigt. In der Praxis kann die Ermittlung der Quotelungsbestimmung indes Schwierigkeiten bereiten.

---

[747] Dazu sogleich Abschnitt A.

[748] Dazu unten Abschnitt B.

[749] Dazu unten Abschnitt C.

[750] Siehe oben S. 2. Im Arbeitsvertrag kann zudem eine *Soll*-Quotelung fixiert werden. Dazu oben S. 118 ff. Diese Soll-Quotelung liegt dann offen zutage. Ist-Quotelung und Soll-Quotelung können sich zufällig (!) decken. Meist müssen Ist-Quotelung und Soll-Quotelung noch zur Deckung gebracht werden. Jedenfalls muss die Ist-Quotelung erst aufgedeckt werden. Gegenstand der Quotelungskontrolle ist nur die Ist-Quotelung.

I. Vorgang eigener Art

Das Aufdecken der Quotelungsbestimmung ist der Inhaltskontrolle logisch vorgeschaltet. Erst wenn feststeht, dass eine Quotelungsbestimmung auf 50:50 lautet, kann der Richter darüber entscheiden, ob die damit einhergehende Zuweisung des Arbeitserfolgsrisikos an den Arbeitnehmer unangemessen benachteiligend ist oder nicht.
Dabei darf die Ermittlung der Quotelungsbestimmung nicht mit der Auslegung Allgemeiner Geschäftsbedingungen verwechselt werden. Zwar ist auch die Auslegung der Inhaltskontrolle zwingend vorgeschaltet. Jedoch erfasst die Auslegung Fälle, in denen Bestimmungen *mehrdeutig* sind (vgl. § 305c II BGB). Bei der Ermittlung der Quotelungsbestimmung liegt es anders. Die Quotelungsbestimmung ist nicht mehrdeutig, sondern zunächst *unsichtbar*. Der Rechenposten „Höhe des Provisionsanteils" steht bei Vertragsschluss noch nicht fest – und kann es auch gar nicht. Als variabler Erfolgslohn zeichnet sich die Provision gerade dadurch aus, dass keine feste Summe fixiert wird, sondern lediglich Parameter (= die „Provisionsordnung") festgelegt werden. Selbst wenn sämtliche Parameter eindeutig (= nicht auslegungsbedürftig) gefasst sind, bleibt die Quotelungsbestimmung zunächst unsichtbar. Die Quotelungsbestimmung würde nicht dadurch offenbar, dass man bei Durchsicht des Arbeitsvertrages auf den Verständnishorizont des konkreten oder eines durchschnittlichen Arbeitnehmers abstellt.[751] Vielmehr bedarf es der vorausschauenden Schätzung oder rückblickenden Durchschnittsermittlung hinsichtlich der Höhe des Provisionslohns sowie einiger Rechenvorgänge. Die Ermittlung der Quotelungsbestimmung entspricht nicht der Auslegung Allgemeiner Geschäftsbedingungen, sondern führt zu ähnlichen Problemen, wie sie sich bei der Provisionsfortzahlung im Urlaubs-, Mutterschafts- oder Krankheitsfall präsentieren. Letztlich ist die Ermittlung der Quotelungsbestimmung aber ein Vorgang eigener Art.

II. Feststehen der Quotelungsbestimmung bei Vertragsschluss

Dieser Vorgang eigener Art ist ein Behelf der Praxis. Er dient der Aufdeckung einer Bestimmung, die wie jede „gewöhnliche" Bestimmung bereits im Zeitpunkt des Vertragsschlusses „unumstößlich" – wenn auch unsichtbar – feststeht und sich in Vollzug des Beschäftigungsverhältnisses *rein rechtlich* betrachtet nicht mehr ändert.
Dass die Quotelungsbestimmung behandelt werden muss, als stünde sie bereits im Zeitpunkt des Vertragsschlusses „unveränderbar" fest, resultiert aus der strik-

[751] Zu diesem Problemkomplex bei der Auslegung Allgemeiner Geschäftsbedingungen: Palandt/*Heinrichs* § 305c, Rdnr. 15 ff.; MünchKomm-BGB/*Basedow* § 305c, Rdnr. 18 ff.

ten Ausrichtung der Angemessenheitskontrolle auf eben diesen Zeitpunkt. Die Angemessenheitskontrolle erfolgt wie jede Wirksamkeitskontrolle – und anders als etwa eine Ausübungskontrolle – stets aus der ex-ante-Sicht.[752] Bei der Beurteilung der (Un-)Angemessenheit einer Bestimmung muss allein auf die Verhältnisse zur Zeit des Vertragsschlusses abgestellt werden.[753] Bei Verbraucherverträgen – wie dem Arbeitsvertrag[754] – gilt mit Blick auf die zur Inhaltskontrolle hinzutretende Umstandskontrolle nichts anderes. Im Gegenteil: Der Wortlaut des § 310 III Nr. 3 BGB („die den Vertragsschluss begleitenden Umstände") unterstreicht die strikte Fokussierung der Abgemessenheitskontrolle auf den Zeitpunkt des Vertragsschlusses.[755] Der Grund für das Abstellen auf den Zeitpunkt des Vertragsschlusses ist auch einsichtig: Zu genau diesem Zeitpunkt handeln die Parteien. Das Abstellen auf einen späteren Zeitpunkt würde zu Rechtsunsicherheit führen. Die Wirksamkeit der Bestimmung – oder sogar des Gesamtvertrages – bliebe in der Schwebe.[756]

III. Gesonderte Ermittlung für jeden Arbeitnehmer

Der Individualität des Provisionslohns und der monatlichen Zahlungspraxis entspricht es, dass die Quotelungsbestimmung für jeden Arbeitnehmer gesondert ermittelt werden muss. Das gilt selbst dann, wenn man von einer Quotelungsbestimmung in Gestalt einer *Mehrfach*bedingung sprechen könnte, weil mehreren Arbeitnehmern bei ansonsten identischer Vertragsgestaltung „lediglich" unterschiedliche Absatz- oder Vermittlungsgebiete zugewiesen wurden.[757] Denn auf den Inhalt der Quotelungsbestimmung als solcher kommt es für die Einstufung als Mehrfachbedingung gerade nicht an.[758] Soll heißen: Bei – weitestgehend – identischer Vertragsgestaltung müssen die Quotelungsbestimmungen im Rahmen der Inhaltskontrolle einheitlich *beurteilt* werden, weil Arbeitnehmer mit der gleichen Vertragsgestaltung von derselben Marktöffnung des Vertrages profitieren. Das bedeutet freilich nicht, dass die Quotelungsbestimmungen auch einheitlich *lauten* müssten. Anders gewendet: Nach der Inhaltskontrolle stünde z.B. fest, dass eine Quotelung zwischen Festlohnanteil und Provisionsanteil von 70:30 gerade noch angemessen wäre. Dieser Befund würde für alle Arbeitneh-

---

752 *Brors*, ZIP 1998, 1663 (1665) mit Hinweisen auf die Gefahr einer „Perspektivvermischung" in der richterlichen Praxis.

753 *Brors*, ZIP 1998, 1663 (1665); *Medicus*, NJW 1995, 2577 (2580); Palandt/*Heinrichs* § 307, Rdnr. 3. Siehe auch: *Witt*, NZA 2004, 135 (137).

754 Siehe oben S. 26 ff.

755 In diese Richtung schon vor Umsetzung der Richtlinie 93/13/EWG v. 05.04.1993 über missbräuchliche Klauseln in Verbraucherverträgen: *Medicus*, NJW 1995, 2577 (2580).

756 *Medicus*, NJW 1995, 2577 (2580).

757 Siehe oben S. 33.

758 Siehe oben S. 33.

mer mit identischer Vertragsgestaltung gelten. Allerdings könnten sich die Quotelungsbestimmungen schwacher Arbeitnehmer noch im Rahmen des Nicht-Unangemessenen bewegen, während die Quotelungsbestimmungen starker Arbeitnehmer diesen Rahmen verlassen könnten. Bei den schwachen Arbeitnehmern bliebe die Quotelungskontrolle erfolglos, bei den starken Arbeitnehmern wäre sie erfolgreich. Der Unterschied rechtfertigt sich dadurch, dass für die Zwecke der Quotelungskontrolle der Gesamtlohn zunächst als Festbetrag unterstellt werden muss, der sodann zu einem bestimmten Anteil provisionsmäßig (= erfolgsbedingt) ausgestaltet wird. Insofern kann angenommen werden, dass einem starken Arbeitnehmer ein höherer Gesamtlohn gezahlt werden sollte als einem schwachen Arbeitnehmer.

IV. Ermittlung der Rechenposten

Um die *relative* Quotelungsbestimmung sichtbar zu machen, bedarf es dreier *absoluter* Werte: der Höhe des Festlohns, der Höhe des Provisionslohns und der Höhe des Gesamtlohns. Die Höhe des Festlohns lässt sich leicht ermitteln. Insofern genügt ein Blick in den Arbeitsvertrag.

1. Höhe des Provisionslohns

Zwar ist die Quotelungsbestimmung zunächst unsichtbar. Jedoch ändert die anfängliche Unsichtbarkeit nichts daran, dass die Quotelung zwischen Festlohnanteil und Provisionsanteil *rein rechtlich* betrachtet schon im Zeitpunkt des Vertragsschluss feststeht und sich in Vollzug des Arbeitsverhältnisses nicht mehr verändert.[759] Dasselbe gilt für die Höhe des Provisionslohns als dem entscheidenden Rechenposten bei der Berechnung der Quotelungsbestimmung. Bereits im Zeitpunkt des Vertragsschlusses wurde die Höhe des Provisionslohns durch die Parameter der Provisionsordnung von den Arbeitsvertragsparteien determiniert.[760]
Soweit zur Theorie. *In der Praxis* bereitet die Ermittlung der Höhe des Provisionslohns erhebliche Schwierigkeiten. Diese Schwierigkeiten führen freilich nicht zur Undurchführbarkeit einer Quotelungskontrolle. Ähnliche Probleme präsentieren sich bei der Entgeltfortzahlung im Urlaubs-, Mutterschafts- oder Krankheitsfall. Auch bei der Entgeltfortzahlung wurde der Provisionslohn wegen seiner multikausalen Schwankungen rasch als besonders problemträchtig

---

[759] Siehe oben S. 141 f.
[760] Siehe oben S. 13 f.

erkannt.[761] Auch bei der Entgeltfortzahlung werden Brüche zwischen Theorie und Praxis sichtbar – aber hingenommen.
Gewisse Anleihen bei den Grundsätzen der Entgeltfortzahlung drängen sich auf. Teilweise sind die Probleme identisch. Teilweise bereitet die Ermittlung des Provisionslohns im Vorfeld der Quotelungskontrolle sogar geringere Probleme. So entfällt die Problematik des „Abstimmens" des Referenzzeitraums auf den Ausfallzeitraum. Auch zeitliche Verschiebungen innerhalb des Provisionssystems durch Fälligkeits- oder Stornoregelungen spielen keine – oder zumindest eine deutlich geringere – Rolle.

a) Ermittlung des Provisionslohns in der Vorschau

Wird die Quotelungskontrolle bereits vor oder kurz nach Invollzugsetzen des Arbeitsverhältnisses eingeleitet, kann die Höhe des Provisionslohns nur durch eine Schätzung nach § 287 II ZPO ermittelt werden.[762] Dabei darf die durchschnittliche Provisionshöhe anderer – bereits länger im Betrieb beschäftigter – Arbeitnehmer nur mit besonderer Vorsicht berücksichtigt werden. Mindestvoraussetzung ist eine hinreichende Vergleichbarkeit der Vertragsgestaltung. Diese mag gewährleistet sein, wenn mehreren Arbeitnehmern bei im Übrigen identischer Vertragsgestaltung „lediglich" verschiedene Absatz- oder Vermittlungsgebiete zugewiesen werden. Aber selbst dann müssen die unterschiedliche Struktur und der unterschiedliche Zuschnitt der Absatz- oder Vermittlungsgebiete sowie die naturgemäß verschiedenen Absatz- oder Vermittlungsgeschicke und -bemühungen der einzelnen Arbeitnehmer berücksichtigt werden. Offensichtlich ist die Ermittlung der Quotelungsbestimmung vor oder kurz nach Invollzugsetzen des Arbeitsverhältnisses daher mit erheblichen Unsicherheiten belastet.

b) Ermittlung des Provisionslohns im Rückblick

Am zuverlässigsten kann man die Höhe des Provisionslohns anhand von Anhaltspunkten aus der Vergangenheit ermitteln. Die Durchschnittsermittlung über einen zurückliegenden Referenzzeitraum ist bei der Entgeltfortzahlung anerkannt. Für die Entgeltfortzahlung im Urlaubs- oder Mutterschaftsfall ist dies unproblematisch. Denn den §§ 11 BUrlG, 11 MuSchG liegt – zumindest teilweise[763] – das sog. Referenzprinzip zugrunde.[764] Und unter Geltung des Referenz-

---

[761] Für die Entgeltfortzahlung im Krankheitsfall: ErfK/*Dörner* § 4 EFZG, Rdnr. 37; MünchArbR/*Boecken* § 84, Rdnr. 50; *Schmitt* § 4, Rdnr. 157; *Westhoff*, NZA 1986, Beilage 3, 25. Für die Entgeltfortzahlung im Urlaubsfall: ErfK/*Dörner* § 11 BUrlG, Rdnrn. 15 u. 22.

[762] Vgl. zur Entgeltfortzahlung im Krankheitsfall: ErfK/*Dörner* § 4 EFZG, Rdnr. 35; *Schmitt* § 4, Rdnr. 156 und zur Entgeltfortzahlung im Urlaubsfall: BAG v. 19.09.1985, AP Nr. 21 zu § 13 BUrlG; MünchArbR/*Leinemann* § 90, Rdnr. 20.

[763] Entgegen den Vorstellungen des Gesetzgebers wurde in § 11 BUrlG – jedenfalls für den *Zeit*lohn – ein „gemischtes System" aus Referenzprinzip und Lohnausfallprinzip geschaffen. So: ErfK/*Dörner* § 11 BUrlG, Rdnrn. 2 u. 4 f.; MünchArbR/*Leinemann* § 90, Rdnr. 3. Das früher in der Rspr herangezogene Lebensstandardprinzip ist dagegen neben Refe-

prinzips ist die rückblickende Durchschnittsermittlung gesetzlich ausdrücklich angeordnet. Die überragende praktische Bedeutung der rückblickenden Durchschnittsermittlung bei Provisionslöhnen wird deshalb erst am Beispiel der Entgeltfortzahlung im Krankheitsfall deutlich. Dort fehlt es an einer ausdrücklichen gesetzlichen Anordnung. Der auch für Provisionslöhne maßgebliche[765] § 4 Ia 2 EFZG lautet:

> „Erhält der Arbeitnehmer eine auf das Ergebnis der Arbeit abgestellte Vergütung, so ist der von dem Arbeitnehmer in der für ihn maßgebenden regelmäßigen Arbeitszeit erziel*bare*[766] Durchschnittsverdienst der Berechnung zu Grunde zu legen."

Die Formulierung erziel*barer* – nicht erziel*ter* – Durchschnittsverdienst ist Ausdruck des dem EFZG zugrunde liegenden sog. Entgeltausfallprinzips.[767] Die Höhe der Entgeltfortzahlung richtet sich nicht nach dem (Durchschnitts-) Verdienst der Vergangenheit, sondern nach dem, was während der krankheitsbedingten Arbeitsunfähigkeit verdient worden wäre.[768] Das gesetzlich vorgegebene Entgeltausfallprinzip muss trotz der Besonderheiten des Provisionslohns soweit wie möglich respektiert werden. Darüber besteht Einigkeit.[769] Dennoch ist der gesetzlich angeordnete Blick in die Zukunft eher Theorie.[770] In der Praxis wird der Entgeltausfall zumeist über den Durchschnittsverdienst aus einem zurückliegenden Referenzzeitraum geschätzt.[771] Dabei ist der Referenzzeitraum beim Provisionslohn aufgrund der großen – weil von unzähligen Faktoren abhängigen – Schwankungen deutlich länger zu wählen als etwa beim Akkordlohn.[772]

---

renzprinzip und Lohnausfallprinzip bedeutungslos. So: ErfK/*Dörner* § 11 BUrlG, Rdnr. 6; MünchArbR/*Leinemann* § 90, Rdnr. 8 ff. und aus der neueren Rspr: BAG v. 12.01.1989, AP Nr. 13 zu § 47 BAT.

764 Zum BUrlG: BT-Dr 4/287, S. 4; ErfK/*Dörner* § 11 BUrlG, Rdnrn. 2 u. 4 f. Zum MuSchG: BAG v. 28.06.1963, AP Nr. 2 zu § 10 MuSchG; ErfK/*Schlachter* § 11 MuSchG, Rdnr. 8.

765 Statt aller: ErfK/*Dörner* § 4 EFZG, Rdnr. 34.

766 Hervorhebung vom Verfasser.

767 Zum Entgeltausfallprinzip: ErfK/*Dörner* § 4 EFZG, Rdnr. 35; MünchArbR/*Boecken* § 84, Rdnr. 46; *Schmitt* § 4, Rdnr. 28.

768 BAG v. 21.09.1971, AP Nr. 2 zu § 2 LZFG; MünchArbR/*Kreßel* § 68, Rdnr. 73; *Schmitt* § 4, Rdnr. 29.

769 BAG v. 22.10.1980, AP Nr. 10 zu § 2 LZFG; MünchArbR/*Boecken* § 84, Rdnr. 46; *Schmitt* § 4, Rdnr. 155.

770 *Schmitt* § 4, Rdnr. 148; *Westhoff*, NZA 1986, Beilage 3, 25 (26).

771 *Schmitt* § 4, Rdnr. 148; *Westhoff*, NZA 1986, Beilage 3, 25 (26).

772 BAG v. 21.11.2001, AP Nr. 56 zu § 4 EFZG = NZA 2002, 439 (Vergleichszahlen aus Vorjahr unter Einschluss der Steigerung oder Minderung des laufenden Jahres); ErfK/*Dörner* § 4 EFZG, Rdnr. 37; MünchArbR/*Kreßel* § 68, Rdnr. 74; *Schmitt* § 4, Rdnrn. 101, 152 u. 157. Für die Entgeltfortzahlung im Urlaubsfall ist dies angesichts des gesetzlichen Referenzzeitraums von 13 Wochen umstritten. Siehe einerseits: ErfK/*Dörner* § 11 BUrlG, Rdnr. 22 und andererseits: MünchArbR/*Kreßel* § 68, Rdnr. 79.

Während *Dörner*[773] in Fällen eines langen Referenzzeitraums von einer – wenn auch unumgänglichen! – Durchbrechung des Entgeltausfallsprinzips ausgeht, verweist das BAG[774] zutreffend darauf, dass der Blick auf einen zurückliegenden Referenzzeitraum nur dazu diene, Erfahrungswerte für die Schätzung eines hypothetischen Geschehensablaufs zu gewinnen. Diese Einschätzung lässt sich auf die Ermittlung der Höhe des Provisionslohns im Vorfeld der Quotelungskontrolle übertragen: Der Blick auf die durchschnittliche Höhe des Provisionslohns im bisherigen Verlauf des Beschäftigungsverhältnisses dient lediglich dazu, Erfahrungswerte für eine Schätzung des Provisionslohns zu gewinnen, die rein rechtlich betrachtet bereits im Zeitpunkt des Vertragsschlusses erforderlich gewesen wäre. Oder – weil es sich bei der Ermittlung der Quotelungsbestimmung letztlich doch um einen Vorgang eigener Art handelt – anders gewendet: Aus den im Verlauf des Arbeitsverhältnisses tatsächlich erfolgten Provisionszahlungen als Teil eines „gelebten Rechtsverhältnisses" lässt sich auf den Parteiwillen zur Zeit des Vertragsschlusses rückschließen.[775] Dieser Rückschluss bereitet insofern besonders geringe Probleme, als sich im Arbeitsvertrag keine entgegenstehende Bestimmung zur Höhe des Provisionslohns finden kann.[776] Im Gegenteil: Durch die Vereinbarung eines – teilweisen – Provisionslohns haben die Vertragsparteien es dem faktischen Vollzug des Beschäftigungsverhältnisses überantwortet, die Höhe des Provisionslohns ans Licht zu bringen.

c) Vorgabe durch den Arbeitgeber

Der Arbeitgeber hat die Möglichkeit, den Arbeitnehmer auf einen bestimmten Revisionszeitpunkt „festzunageln". So könnte es in einem Arbeitsvertrag heißen:[777]

> „Die Höhe des Provisionslohns, die Höhe des Gesamtlohns und die Quotelungsbestimmung (= Ist-Quotelung) werden ein Jahr nach Aufnahme des Beschäftigungsverhältnisses rückschauend anhand der tatsächlich eingetretenen Absatz- oder Vermittlungserfolge ermittelt. Die zu diesem Zeitpunkt ermittelten Werte bleiben während des gesamten Beschäftigungsverhältnisses maßgeblich. Dies gilt insbes. auch dann, wenn die Absatz- oder Vermittlungserfolge im weiteren Verlauf des Beschäftigungsverhältnisses ansteigen."

---

773 ErfK/*Dörner* § 4 EFZG, Rdnr. 37.

774 v. 17.04.1975, AP Nr. 32 zu § 1 FeiertagslohnzahlungsG = DB 1975, 1948.

775 Vgl. BAG v. 21.11.2001, AP Nr. 56 zu § 4 EntgeltFG (Leitsatz 1) zur für die Entgeltfortzahlung im Krankheitsfall maßgeblichen regelmäßigen Arbeitszeit eines Arbeitnehmers.

776 Anders bei BAG v. 21.11.2001, AP Nr. 56 zu § 4 EntgeltFG (Leitsatz 1), wo das Verhältnis von Vertragstext und tatsächlichem Arbeitsabruf bzw. tatsächlicher Arbeitsleistung geklärt werden musste. Das BAG entschied sich zu Recht für einen Vorrang des gelebten Rechtsverhältnisses als Ausdruck des wirklichen Parteiwillens.

777 Eine solche Bestimmung kann problemlos mit der Vorgabe einer Soll-Quotelung und der Einräumung eines etwaigen Umquotelungs- und ggf. sogar Nachzahlungsanspruchs kombiniert werden. Dazu oben S. 118 ff. u. 134 ff.

Eine derartige Vorgabe hätte zwei Konsequenzen: Zum einen könnte der Arbeitnehmer *vor* Erreichen des arbeitsvertraglich bestimmten Revisionszeitpunktes keine – erfolgreiche – Quotelungskontrolle einleiten. Denn die Bestimmung müsste als anfängliches Stillhalteabkommen (sog. *pactum de non petendo*)[778] aufgefasst werden. Zum anderen müssten selbst dann, wenn eine Quotelungskontrolle erst – deutlich – später eingeleitet würde, vom Richter die Werte aus dem arbeitsvertraglich bestimmten Revisionszeitpunkt zugrunde gelegt werden.
Hinsichtlich der Wirksamkeit einer solchen Bestimmung dürfte Folgendes gelten: Es handelt sich um einen direkten Anwendungsfall des § 307 I 1 BGB, da kein Sondertatbestand des § 307 II BGB einschlägig ist. Es muss eine umfassende Interessenabwägung stattfinden, ohne dass den Gegeninteressen des Arbeitnehmers über die Zweifelswirkung des § 307 II BGB eine Vorrangtendenz zukommen könnte.[779] Die Interessenabwägung wird jedenfalls dann zugunsten des Arbeitgebers ausfallen, wenn dieser ein berechtigtes Gestaltungsinteresse vorweisen kann und den berechtigten Interessen des Arbeitnehmers *vollumfänglich* Rechnung getragen wird.
Der Arbeit*geber* hat ein berechtigtes Interesse daran, die kontrollrelevanten Daten mit abschließender Wirkung zu erheben. Anhand der erhobenen Daten soll der Arbeitnehmer dann entscheiden, ob er irgendwelche „Umquotelungsansprüche" geltend macht.
Der Arbeit*nehmer* hat ein berechtigtes Interesse daran, dass die kontrollrelevanten Daten über einen zuverlässigen Referenzzeitraum erhoben werden. Dagegen wird der Arbeitnehmer nicht in seiner freien Entscheidung über den maßgeblichen Revisionszeitpunkt geschützt. Zum einen sollen die tatsächlichen Unwägbarkeiten, die mit der Gewährung eines – teilweisen – Provisionslohns verbunden sind, nicht spekulativ verwertet werden können.[780] Zum anderen – und vor allem – kann der Arbeitnehmer überhaupt nicht zuverlässig erkennen, wann der günstigste Zeitpunkt für die Ermittlung der Quotelungsbestimmung gekommen ist, er sich also auf dem „Höhepunkt" seiner Absatz- oder Vermittlungserfolge befindet. Zögert er die Einleitung einer Quotelungskontrolle noch hinaus, kann es mit seinen Absatz- oder Vermittlungserfolgen durchaus auch „bergab" gehen.
Die Wirksamkeit der obigen Bestimmung steht und fällt nach alledem mit der Lage des Revisionszeitpunkts.

---

778 Dazu: *Kaufmann*, JuS 2003, 1197 (1199 und dort Fn. 26) und Palandt/*Heinrichs* § 205, Rdnr. 2.

779 Siehe oben S. 77 ff.

780 Es ist auch überaus fraglich, ob ein Arbeitnehmer, der mit der Einleitung einer Quotelungskontrolle und damit einer risikomindernden Erhöhung seines Festlohns „liebäugelt", überhaupt „spekulativ" und nicht vielmehr *risikoavers* veranlagt ist. Allgemein kann man drei Grundeinstellungen ggü. einem Risiko unterscheiden: Risikoaversion, Risikoneutralität und Risikofreude. Dazu: *Schäfer/Ott*, Ökonomische Analyse, S. 380 f.

Zu früh darf der Revisionszeitpunkt aus zwei Gründen nicht gewählt werden: Zum einen muss der Referenzzeitraum hinreichend lang sein, um angesichts der mitunter beträchtlichen Provisionsschwankungen eine verlässliche Durchschnittsermittelung sicherzustellen. Zum anderen sollte der Referenzzeitraum hinreichend weit in das Beschäftigungsverhältnis hineinreichen, um zu garantieren, dass einarbeitungsbedingte Absatz- oder Vermittlungsschwächen hinreichend kompensiert werden können.
Zu spät darf der Revisionszeitpunkt ebenfalls nicht gewählt werden: *Bejaht* man die Möglichkeit von Nachzahlungsansprüchen des Arbeitnehmers,[781] entstehen diese zwar auch im Falle der vertraglichen Vorgabe eines Revisionszeitpunktes. Vor Erreichen des Revisionszeitpunktes kann der Arbeitnehmer etwaige Nachzahlungen aber nicht in Anspruch nehmen und verbrauchen. *Verneint* man die Existenz von Nachzahlungsansprüchen des Arbeitnehmers in Gänze, darf dem Arbeitgeber über die Wahl eines späten Revisionszeitpunktes nicht die Möglichkeit eröffnet werden, den Arbeitnehmer länger von einer erfolgreichen Quotelungskontrolle abzuhalten als zu einer zuverlässigen Ermittlung des durchschnittlichen Provisionslohns erforderlich.
Nach diesen Maßgaben dürfte die Interessenabwägung zugunsten des Arbeit*gebers* ausfallen, wenn der Revisionszeitpunkt zwischen ein und zwei Jahren nach Aufnahme der Beschäftigung liegt.

2. Höhe des Gesamtlohns

Die Höhe des Gesamtlohns ergibt sich in aller Regel in schlichter Addition von Festlohn und – geschätztem oder durchschnittlichem – Provisionslohn. Diese simple Berechnungsweise entspricht der laufenden Zahlungspraxis und damit der Vertragsrealität. Dennoch dürfte der Arbeitgeber versuchen, den Gesamtlohn – unter Minderung des *Provisions*lohns – um einen Betrag X geringer anzusetzen, um damit die Quotelungsbestimmung zu seinen Gunsten zu beeinflussen. Dazu könnte er Folgendes einwenden: Bei der Quotelungskontrolle wird der Gesamtlohn als Festbetrag unterstellt, der dann zu einem gewissen Anteil provisionsmäßig ausgestaltet wurde. Als Gesamtlohn in Gestalt eines reinen Festlohns wäre aber – mangels „Erfolgsrückkopplung" – ein niedrigerer Betrag gezahlt worden.
Mit dieser Argumentation kann der Arbeitgeber freilich nicht durchdringen. Es handelt sich um eine unzulässige Hypothesenbildung. Der Arbeitgeber formuliert den Arbeitsvertrag vor. Es ist seine freie Entscheidung, ob er dem Arbeitnehmer einen reinen Festlohn, einen Mischlohn oder einen reinen Provisionslohn anbietet. Entscheidet sich der Arbeitgeber für einen Misch- oder reinen

781 Dazu oben S. 134 ff.

Provisionslohn, liegt es bei ihm, die Parameter der Provisionsordnung – insbesondere die Höhe der Provisionssätze – festzulegen. Die Ausfüllung dieses Rahmens durch die jeweiligen Absatz- oder Vermittlungserfolge überlässt der Arbeitgeber bewusst seinen Arbeitnehmern. An dieser Entscheidung muss der Arbeitgeber sich festhalten lassen – was er im Rahmen der laufenden Entgeltzahlung auch tun wird. Dort bekommen die Arbeitnehmer ihren jeweiligen Gesamtlohn ungemindert ausbezahlt – starke Arbeitnehmer mehr, schwache Arbeitnehmer weniger.
Hinzu kommt, dass nicht ersichtlich ist, wie hoch der Betrag X angesetzt werden müsste. Selbst wenn der Arbeitgeber auf einen geringeren Gesamtlohn der festentlohnten Kollegen im Innendienst[782] verweisen sollte, ließe sich schon nicht nachvollziehen, in welchem Umfang das Mehrentgelt der Außendienstler auf den – teilweisen – Provisionslohn und in welchem Umfang es auf die Besonderheiten der Tätigkeit gerade im *Außen*dienst zurückgeht.
Die tatsächliche Gesamtlohnhöhe muss selbst dann zugrunde gelegt werden, wenn die Arbeitsvertragsparteien einen bestehenden reinen Festlohn nachträglich flexibilisieren, also vereinbaren, einen Teil dieses Festlohns (= des bisherigen Gesamtlohns) künftig als Provisionslohn auszugestalten. Nicht selten verdeckt eine solche „Flexibilisierung" eine Entgeltabsenkung oder kommt „als bloße Umverteilung bestehender Zahlungen" daher.[783] Umgekehrt müssen daher auch etwaige Entgelterhöhungen umfassend berücksichtigt werden.
Etwas anderes könnte allenfalls gelten, wenn der Provisionslohn einseitig durch den Arbeitgeber als Zusatz zum „Normallohn" gewährt würde. Das wird allerdings kaum jemals der Fall sein. Denn bei individuellen Absatz- oder Vermittlungsprovisionen handelt es sich üblicherweise um Entgelt im engeren Sinne.[784] Entgelt im engeren Sinne sind nach gängiger Definition sämtliche Leistungen des Arbeitgebers, die unmittelbar im Synallagma zur Arbeitsleistung[785] des Arbeitnehmers stehen, ausschließlich die Entlohnung erbrachter Arbeitsleistungen zum Gegenstand haben und keine darüber hinausgehenden Zwecke – vor allem nicht die Abgeltung von Betriebstreue – verfolgen.[786] Diese Voraussetzungen erfüllt ein Provisionslohn in aller Regel: Bei der Gewährung eines Provisionslohns handelt es sich äußerst selten um ein einseitiges Zugeständnis des Arbeit-

---

782 Dazu: *Breisig*, Entgelt, S. 309; *Seifert*, DB 1979, 2034 (2039).

783 *Breisig*, Entgelt, S. 126 ff. Wobei Provisionssysteme wegen ihrer strengen *Erfolgs*bezogenheit noch am ehesten selbst tragend sein dürften und durchaus mit Entgelterhöhungen – zumindest für „starke" Arbeitnehmer – einhergehen können.

784 BAG v. 12.01.1973, DB 1973, 1177; v. 27.04.1982, DB 1982, 2406 f.; v. 08.09.1998, DB 1999, 696 f.; *Lindemann*, AuR 2004, 201 (206 u. dort Fn. 46); *Pulz*, Aktienkursorientierte Vergütung, S. 36.

785 Der Arbeits*erfolg* steht nicht im Synallagma. Siehe oben S. 131 f.

786 BAG v. 24.10.1990, AP Nr. 135 zu § 611 BGB Gratifikation; *Pulz*, Aktienkursorientierte Vergütung, S. 35.

gebers.[787] Vielmehr wird der Mehrverdienst an eine Gegenleistung (= eine durch entsprechende Absatz- oder Vermittlungs*erfolge* belegte Mehr*leistung*)[788] geknüpft.[789] Auch handelt es sich bei einem Provisionslohn nicht um ein Äquivalent für Betriebstreue. Denn ohne entsprechende Absatz- oder Vermittlungserfolge wird der Arbeitnehmer auch für seine Betriebstreue nicht belohnt.[790]

V. Errechnung der Quotelungsbestimmung

Stehen die erforderlichen Rechenposten (Höhe des Festlohns, Höhe des Provisionslohns und Höhe des Gesamtlohns) einmal fest, lässt sich die Quotelungsbestimmung mit Hilfe einer einfachen Formel errechnen.
Die Quotelungsbestimmung *Q* setzt sich aus den Bestandteilen X_F und X_P zusammen und errechnet sich anhand der Posten Höhe des Festlohns *F*, Höhe des Provisionslohns *P* und Höhe des Gesamtlohns *G*. X_F verkörpert den prozentualen Anteil des Festlohns *F* am Gesamtlohn *G*. X_P steht für den prozentualen Anteil des Provisionslohns *P* am Gesamtlohn *G*. Die Formel zur Ermittlung der Quotelungsbestimmung *Q* lautet demnach:

$$Q = X_F : X_P = \frac{F \times 100}{G} : \frac{P \times 100}{G}$$

Beispiel:
Arbeitnehmer A erhält ein unverrechenbares monatliches Fixum von € 1.500 und erzielt eine durchschnittliche monatliche Absatzprovision von € 500. Sein Festlohn *F* beläuft sich demnach auf € 1.500, sein Provisionslohn *P* auf € 500 und sein Gesamtlohn *G* auf € 2.000.

$$Q = X_F : X_P = \frac{1.500 \times 100}{2.000} : \frac{500 \times 100}{2.000}$$

$$Q = X_F : X_P = \frac{150.000}{2.000} : \frac{50.000}{2.000}$$

$$Q = X_F : X_P = 75 : 25$$

---

787 BAG v. 12.01.1973, DB 1973, 1177 (1178); *Breisig*, Entgelt, S. 274.

788 Das BAG v. 12.01.1973, DB 1973, 1177 (1178) spricht treffend von einer „leistungsbezogenen und erfolgsbedingten" Entlohnungsform.

789 *Breisig*, Entgelt, S. 274 f.

790 BAG v. 12.01.1973, DB 1973, 1177 (1178).

X_F und X_P können ggf. auf eine Nachkommastelle oder gar auf ganze Zahlen auf- oder abgerundet werden. Denn selbst bei gewissenhaftester Interessenabwägung ist es nicht möglich, die Marktöffnung des Vertrages mit letzter mathematischer Exaktheit zu beziffern.[791]

B. Umquotelung des Gesamtlohns

Die Umquotelung eines Gesamtlohns nach erfolgreicher Quotelungskontrolle erfolgt unter einer Maßgabe: Die weiterhin wirksam vereinbarte Gesamtlohnhöhe muss gewahrt werden. Dabei darf „Wahrung der Gesamtlohnhöhe" allerdings nicht in einem absoluten Sinne verstanden werden. Die mit der Umquotelung bezweckte – teilweise – Rückverlagerung des Arbeitserfolgsrisikos auf den Arbeitgeber lässt sich niemals völlig „einkommensneutral"[792] gestalten. Sonst wäre die Umquotelung auch sinnlos. Die Gesamtlohnhöhe wird im Sinne dieser Arbeit gewahrt, wenn der Arbeitgeber – stets gerechnet auf einen Monat – bei ggü. seinem bisherigen Monatsdurchschnitt *gleich bleibendem oder steigendem* Absatz- oder Vermittlungserfolg nach der Umquotelung genauso viel zahlen muss wie vorher. Bei *sinkendem* Absatz- oder Vermittlungserfolg darf und soll sich die Umquotelung in einem solchen schwachen Monat dagegen durchaus zugunsten des Arbeitnehmers auf die Gesamtlohnhöhe auswirken.

I. Reiner Provisionslohn

In Fällen eines reinen Provisionslohns erfolgt die Umquotelung durch *Einziehen* einer verrechenbaren Provisionsgarantie. Ein Beispiel:

> Arbeitnehmer A verkauft das Produkt P. Je verkauftem Produkt erhält er eine Absatzprovision von € 100. Ein Festlohn wird ihm nicht garantiert.
> Die Rückschau über einen hinreichend langen Referenzzeitraum erweist, dass A durchschnittlich 20 Absatzerfolge pro Monat erzielen konnte. Damit beläuft sich sein monatlicher Gesamtlohn – ein reiner Provisionslohn – auf € 2.000. Die Quotelung zwischen – nicht vorhandenem – Festlohnanteil und Provisionsanteil lautet auf 0:100. Diese Quotelungsbestimmung wird für unwirksam befunden.
> Erachtet der zuständige Arbeitsrichter eine Ersatzquotelung zwischen Festlohnanteil und Provisionsanteil von 70:30 für angemessen, kann diese Ersatzquotelung *ohne Veränderungen der Gesamtlohnhöhe im Sinne dieser Arbeit* dadurch hergestellt werden, dass eine verrechenbare Provisionsgarantie von € 1.400 (70% von € 2.000) eingezogen wird.

---

791 Siehe oben S. 104.

792 Vgl. *Reuter*, Anm. zu BAG v. 06.12.1988, AP Nr. 37 zu § 87 BetrVG 1972 Lohngestaltung.

Bei ggü. seinem bisherigen Monatsdurchschnitt leicht sinkendem, gleich bleibendem oder gar steigendem Absatzerfolg erzielt A denselben Gesamtlohn wie vor der Quotelungskontrolle. Die Umquotelung macht sich erst bemerkbar, wenn A in einem Monat weniger als 14 Produkte an den Mann bringt. Dann hat er für diesen Monat einen Festlohn von € 1.400 in Gestalt der neu eingezogenen verrechenbaren Provisionsgarantie sicher.
Im Zahlenvergleich vor und nach der Umquotelung:

Verkäufe pro Monat	**Gesamtlohn Vorher**	**Gesamtlohn Nachher**
30	€ 3.000	€ 3.000
20	€ 2.000	€ 2.000
14	€ 1.400	€ 1.400
13	€ 1.300	€ 1.400
10	€ 1.000	€ 1.400
5	€ 500	€ 1.400

II. Mischlohn mit verrechenbarer Provisionsgarantie

Auch bei einem Mischlohn mit verrechenbarer Provisionsgarantie bereitet die Umquotelung keine Probleme. Sie erfolgt durch *Anhebung* der bereits existenten verrechenbaren Provisionsgarantie. Die Anhebung der verrechenbaren Provisionsgarantie bewirkt keine Anhebung des Gesamtlohns im Sinne dieser Arbeit. Sie führt lediglich dazu, dass dem Arbeitnehmer ein höheres monatliches Mindestentgelt (= die erhöhte verrechenbare Provisionsgarantie) gewiss ist. Bei *gleich bleibendem oder steigendem* Absatz- oder Vermittlungserfolg verdient der Arbeitnehmer trotz Anhebung der verrechenbaren Provisionsgarantie genauso viel wie vorher. Die Absenkung des Provisions*anteils* erfolgt dabei automatisch. Nur bei (stark) *sinkendem* Absatz- oder Vermittlungserfolg verdient der Arbeitnehmer infolge der Anhebung der verrechenbaren Provisionsgarantie in diesem schwachen Monat mehr als vorher. Auch dazu ein Beispiel:

Arbeitnehmer A verkauft den Artikel X. Laut seinem Arbeitsvertrag erhält A eine verrechenbare monatliche Provisionsgarantie von € 1.000 sowie eine Absatzprovision von € 40 je verkauftem Artikel.
Die Rückschau über einen verlässlich langen Referenzzeitraum erweist, dass A durchschnittlich 50 Artikel pro Monat verkaufen konnte. Damit beläuft sich sein monatlicher Gesamtlohn auf € 2.000. € 1.000 dieses Gesamtlohns werden durch die verrechenbare Provisionsgarantie abgedeckt. Die Quotelung zwischen Festlohnanteil und Provisionsanteil lautet 50:50.
Um etwa eine Ersatzquotelung zwischen Festlohnanteil und Provisionsanteil von 75:25 zu erzielen, wird die verrechenbare Provisionsgarantie einfach auf € 1.500 pro Monat angehoben. Bei ggü. seinem bisherigen Durchschnitt leicht sinkendem,

gleich bleibendem oder gar steigendem Absatzerfolg erzielt A denselben monatlichen Gesamtlohn wie vor der Umquotelung. Die Anhebung der verrechenbaren Provisionsgarantie auf € 1.500 macht sich erst bemerkbar, wenn der Absatzerfolg in einem Monat unter 38 Artikel sinkt.
Im Zahlenvergleich vor und nach der Umquotelung:

Verkäufe pro Monat	**Gesamtlohn Vorher**	**Gesamtlohn Nachher**
60	€ 2.400	€ 2.400
50	€ 2.000	€ 2.000
40	€ 1.600	€ 1.600
38	€ 1.520	€ 1.520
37	€ 1.480	€ 1.500
30	€ 1.200	€ 1.500
20	€ 1.000	€ 1.500
10	€ 1.000	€ 1.500

III. Mischlohn mit unverrechenbarem Fixum

Bei einem Mischlohn mit unverrechenbarem Fixum bereitet die Umquotelung größere Schwierigkeiten. Mit der bloßen Anhebung des unverrechenbaren Fixums ist es nicht getan. Qua definitionem findet bei einem *unverrechenbaren* Fixum keine „Verrechnung" von Festlohn und Provisionslohn statt. Stattdessen werden die verdienten Absatz- oder Vermittlungsprovisionen einfach auf das unverrechenbare Fixum addiert. Bei bloßer Anhebung des Fixums ohne korrespondierende Absenkung des Provisionslohns würde die Gesamtlohnhöhe zugunsten des Arbeitnehmers verändert. Zur Lösung dieses Problems bieten sich vordergründig zwei[793] Möglichkeiten an:

[793] Gänzlich abwegig erscheint die Umwandlung des unverrechenbaren Fixums in eine höhere verrechenbare Provisionsgarantie unter gleichzeitiger Anhebung des Provisionssatzes. Im Übrigen führt diese Variante unter dem Gesichtspunkt der weitestgehenden Wahrung der Gesamtlohnhöhe zu ähnlichen Problemen wie die – sogleich dargestellte – Anhebung des Fixums unter gleichzeitiger Absenkung des Provisionssatzes – nur würde statt einer *progressiven* eine *degressive* Ausgestaltung des Provisionssatzes erforderlich.

1. Anhebung des unverrechenbaren Fixums unter gleichzeitiger Absenkung des Provisionssatzes

Auch mit der Anhebung des unverrechenbaren Fixums *unter gleichzeitiger Absenkung des Provisionssatzes* wäre es nicht getan. Zusätzlich würde eine komplizierte *progressive* Ausgestaltung des – vormals „statischen" – Provisionssatzes erforderlich. Ein Beispiel:

Arbeitnehmer A verkauft den Artikel Y. Laut seinem Arbeitsvertrag erhält A ein unverrechenbares monatliches Fixum von € 1.000 sowie eine Absatzprovision von € 20 je verkauftem Artikel.
Die Rückschau über einen verlässlich langen Referenzzeitraum erweist, dass A durchschnittlich 50 Artikel pro Monat verkaufen konnte. Damit beläuft sich sein Gesamtlohn auf € 2.000 pro Monat. Die Quotelungsbestimmung zwischen unverrechenbarem Fixum und Provisionsanteil lautet 50:50.
Wiederum sei unterstellt, dass die Quotelungsbestimmung unangemessen benachteiligend und stattdessen eine Ersatzquotelung zwischen Festlohnanteil und Provisionsanteil von 75:25 angemessen ist.
Diese Vorgabe ist nicht so leicht zu erfüllen wie oben bei der verrechenbaren Provisionsgarantie. Würde lediglich das unverrechenbare Fixum auf € 1.500 pro Monat angehoben, stiege der Gesamtlohn bei gleich bleibendem Absatzerfolg auf € 2.500. Der Arbeitgeber müsste nach der Quotelungskontrolle mehr zahlen als vorher. Das stellt einen unzulässigen Eingriff in die Gesamtlohnhöhe dar.
Um bei *gleich bleibendem* Absatzerfolg (50 Artikel pro Monat) dieselbe Gesamtlohnhöhe zu erreichen, müsste der Provisionssatz im Gegenzug zur Erhöhung des unverrechenbaren Fixums auf € 1.500 um € 10 gekürzt werden. Denn wenn A bei einem Provisionssatz von € 10 in einem Monat 50 Artikel verkauft, würden ihm € 500 auf das auf € 1.500 erhöhte unverrechenbare Fixum aufgeschlagen. Bei gleich bleibendem Absatzerfolg käme A damit auf einen identischen Gesamtlohn von € 2.000.
Eine identische Gesamtlohnhöhe stellt sich nach dieser Lösung allerdings nur bei gleich bleibendem Absatzerfolg ein. Bei *steigendem oder (leicht) sinkendem* Absatzerfolg kommt es bei „statischem" Provisionssatz zu „Verzerrungen". Zur weitestgehenden Wahrung der Gesamtlohnhöhe bedürfte es einer *progressiven* Ausgestaltung des neuen Provisionssatzes. Zu Deutsch: Mit steigendem Absatzerfolg müsste der Provisionssatz ebenfalls fortwährend steigen.
Dazu eine Vergleichsrechnung (Gesamtlohnhöhe vor und nach der Umquotelung) bei Anhebung des unverrechenbaren Fixums von € 1.000 auf € 1.500 unter gleichzeitiger „statischer" Absenkung des Provisionssatzes von € 20 auf € 10. Die zur weitestgehenden Wahrung der Gesamtlohnhöhe jeweils erforderliche – auf eine Nachkommastelle gerundete – Höhe des Provisionssatzes ist in Klammern angefügt.

Verkäufe pro Monat	**Gesamtlohn Vorher**	**Gesamtlohn Nachher**
70	€ 2.400	€ 2.200 (€ 12,9)
60	€ 2.200	€ 2.100 (€ 11,7)
50	€ 2.000	€ 2.000 (€ 10)
40	€ 1.800	€ 1.900 (€ 7,5)
30	€ 1.600	€ 1.800 (€ 3,3)
20	€ 1.400	€ 1.700
10	€ 1.200	€ 1.600
0	€ 1.000	€ 1.500

Die Nachteile dieser Lösung liegen auf der Hand: Beließe man es bei einer bloßen Anhebung des unverrechenbaren Fixums unter gleichzeitiger „statischer" Absenkung des Provisionssatzes, würde der Arbeitnehmer gegenüber der ursprünglichen Entgeltgestaltung in den *„unteren Absatzregionen" übermäßig (!) bevorzugt* und in den *„oberen Absatzregionen" benachteiligt*. Eine weitestgehende Wahrung der Gesamtlohnhöhe würde komplizierte Eingriffe in die Gestaltung des Provisionssatzes bedingen. Es wäre eine progressive Ausgestaltung des Provisionssatzes erforderlich. Diese Eingriffe verkomplizierten sich noch, wenn ein Arbeitnehmer verschiedene Produkte zu verschiedenen Provisionssätzen vertreibt und/oder die Provisionssätze schon vor Einleitung der Quotelungskontrolle progressiv oder degressiv ausgestaltet waren.

2. Aufsattelung einer verrechenbaren Provisionsgarantie auf das unverrechenbare Fixum

Jegliche (!) Eingriffe in die Ausgestaltung des Provisionssatzes erspart sich, wer einfach eine verrechenbare Provisionsgarantie auf das unverrechenbare Fixum „aufsattelt". Unter Anknüpfung an das vorstehende Beispiel:

> Das unverrechenbare Fixum wird nicht um € 500 erhöht, sondern um eine verrechenbare Provisionsgarantie von € 500 „aufgestockt".
> Bei *gleich bleibendem* Absatzerfolg käme A wiederum auf einen Gesamtlohn von € 2.000 pro Monat. Allerdings wären ihm davon nun € 1.500 (unverrechenbares Fixum von € 1.000 plus „aufgesattelte" verrechenbare Provisionsgarantie von € 500) monatlich gewiss. Bei *sinkendem* Absatzerfolg könnte A nicht unter € 1.500 pro Monat fallen. Bei *steigendem* Absatzerfolg könnte er seinen monatlichen Gesamtlohn auf mehr als € 2.000 erhöhen. Bei 25 und mehr Absatzerfolgen (= ab der gewünschten Grenze von € 1.500) würde sich der monatliche Gesamtlohn des A vor und nach der Umquotelung exakt decken.

Hier eine Vergleichsrechnung (Gesamtlohnhöhe vor und nach der Umquotelung) bei „Aufsattelung“ einer verrechenbaren Provisionsgarantie von € 500 auf das gleich bleibende unverrechenbare Fixum von € 1.000:

Verkäufe pro Monat	**Gesamtlohn Vorher**	**Gesamtlohn Nachher**
50	€ 2.000	€ 2.000
40	€ 1.800	€ 1.800
30	€ 1.600	€ 1.600
25	€ 1.500	€ 1.500
----------	----------	----------
20	€ 1.400	€ 1.500
10	€ 1.200	€ 1.500

Diese „Aufsattelungslösung“ garantiert eine weitestgehende Identität der Gesamtlohnhöhe ohne komplizierte Eingriffe in die Provisionsordnung. Deshalb dürfte sie jedem Arbeitsrichter mit Abstand am nächsten liegen – auch ohne das alte Sprichwort von *„iudex non calculat“* zu bemühen.[794]

---

[794] Die „Aufsattelung“ einer verrechenbaren Provisionsgarantie auf ein unverrechenbares Fixum ist im Übrigen nichts Abwegiges. Die Gewährung eines Festlohns durch Kombination von unverrechenbarem Fixum und verrechenbarer Provisionsgarantie kommt in der Praxis durchaus vor. *Seifert*, DB 1979, 2034 (2036).

IV. Schaubild

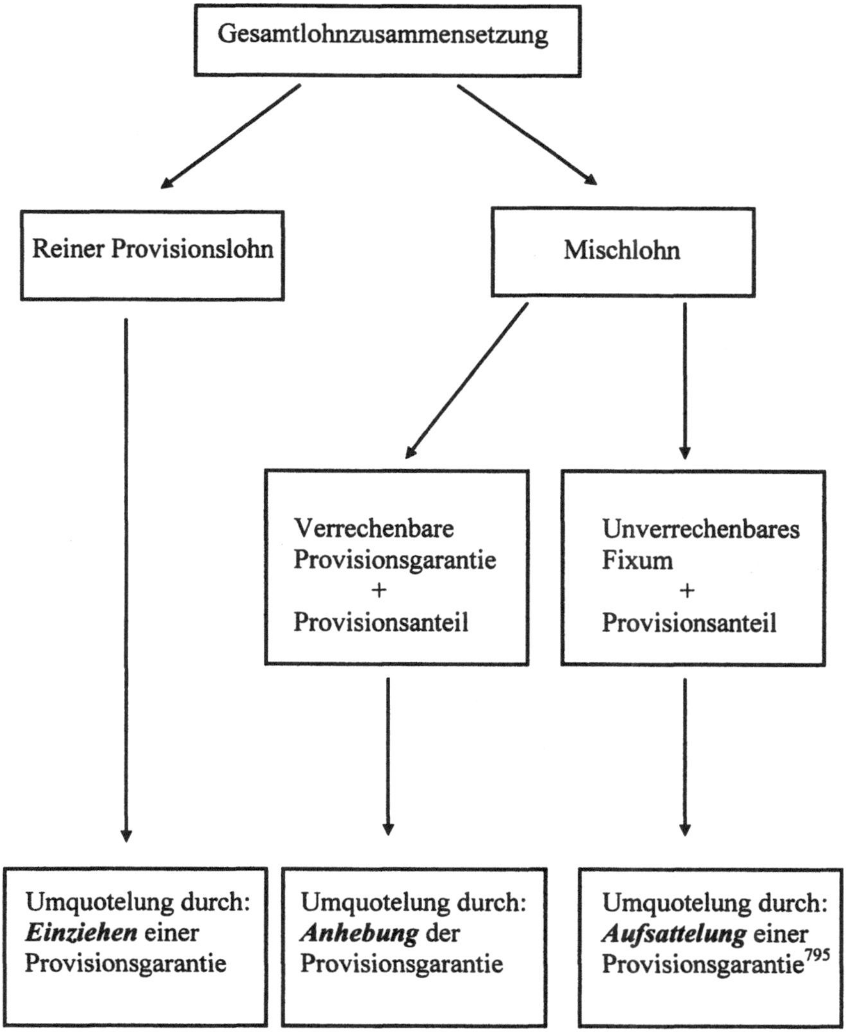

[795] Von einer Anhebung des unverrechenbaren Fixums unter gleichzeitiger Absenkung des Provisionssatzes ist dagegen abzuraten. Siehe oben S. 154 f.

C. Prozessuale Fragen

In diesem Abschnitt (C.) wird die praxisnahe Konstellation der Einleitung einer Quotelungskontrolle durch den Arbeit*nehmer* unterstellt. Theoretisch wäre es auch denkbar, dass der Arbeit*geber* eine negative Feststellungsklage nach § 256 I ZPO erhebt, weil der Arbeitnehmer sich etwaiger „Umquotelungsansprüche" berühmt.

I. Klageanträge des Arbeitnehmers

Zwar ist die Quotelungskontrolle eine „Entgeltrisikoverteilungskontrolle". Jedoch klagt der Arbeitnehmer in der Praxis keinen „Entgeltrisikoumverteilungsanspruch" ein, sondern macht einen gegenüber dem Arbeitsvertragstext erhöhten Festlohnanspruch geltend. Den erhöhten Festlohn kann der Arbeitnehmer sowohl für die Zukunft als auch für die Vergangenheit[796] verlangen.

1. Nachzahlungsansprüche für die Vergangenheit

Soweit es dem Arbeitnehmer um Nachzahlungsansprüche für die Vergangenheit geht, ist unzweifelhaft *Leistungsklage* geboten. Unter Zugrundelegung seiner „Umquotelungsvorstellungen" muss der Arbeitnehmer eine entsprechende Nachberechnung vornehmen und dann einen bestimmten (Gesamt-)Betrag einklagen (vgl. § 253 II Nr. 2 ZPO).

2. Erhöhte Festlohnansprüche für die Zukunft

a) Entweder: Klage auf künftige Leistungen

Soweit es dem Arbeitnehmer um einen erhöhten Festlohnanspruch für die Zukunft geht, könnte man zunächst eine Klage auf wiederkehrende Leistungen i.S.d. § 258 ZPO erwägen. Nach § 258 ZPO kann auch wegen der erst nach Erlass eines Urteils fällig werdenden Leistungen Klage auf künftige Entrichtung erhoben werden. Wiederkehrende Leistungen sind in gewissen Zeitabschnitten aus demselben Schuldverhältnis fällig werdende Leistungen,[797] auf den ersten Blick also auch der Festlohnanspruch des Arbeitnehmers. Allerdings ist § 258 ZPO in der Zusammenschau mit § 257 ZPO zu lesen („auch").[798] Deshalb muss

---

[796] Ob Nachzahlungsansprüche für die Vergangenheit überhaupt bestehen können, ist zweifelhaft. Dazu oben S. 134 ff. Versuchen kann der Arbeitnehmer es dennoch.

[797] Baumbach/Lauterbach/*Hartmann* § 258, Rdnr. 1.

[798] Baumbach/Lauterbach/*Hartmann* § 258, Rdnr. 3.

es sich bei der wiederkehrenden Leistung um eine *einseitige* („nicht von einer Gegenleistung abhängige") Leistung handeln.[799] Zukünftige Festlohnansprüche des – erst noch nur Arbeitsleistung verpflichteten – Arbeitnehmers werden demnach nicht von § 258 ZPO erfasst.[800] In Betracht käme indes eine Klage auf künftige Leistung wegen der Besorgnis nicht rechtzeitiger Leistung nach § 259 ZPO. Eine solche Klage kann – über §§ 257, 258 ZPO hinaus – auf Leistungen aller Art gerichtet sein, auch wenn sie von einer im Urteil anzugebenden Gegenleistung – hier der Arbeitsleistung des Arbeitnehmers – abhängen.[801] Die Besorgnis nicht rechtzeitiger Leistung kann bereits dann zu bejahen sein, wenn der Beklagte den gegen ihn geltend gemachten Anspruch ernstlich – wenn auch gutgläubig – bestreitet.[802] Davon könnte man auszugehen, wenn der Arbeitgeber „Umquotelungsansprüche" des Arbeitnehmers – vorprozessual – zurückgewiesen hat.

b) Oder: Feststellungsklage

Daneben dürfte der Arbeitnehmer die Erhebung einer positiven Feststellungsklage erwägen. Nach § 256 I ZPO kann auf Feststellung des Bestehens eines Rechtsverhältnisses geklagt werden, wenn der Kläger ein rechtliches Interesse daran hat, dass das Rechtsverhältnis alsbald durch richterliche Entscheidung festgestellt wird.

Ein Rechtsverhältnis ist – unter anderem – die rechtliche Beziehung einer Person zu einer anderen Person.[803] Das meint zunächst den gesamten Arbeitsvertrag als Schuldverhältnis zwischen den Parteien.[804] Gegenstand der Feststellungsklage können aber auch einzelne Rechte oder Pflichten aus diesem Schuldverhältnis sein.[805] Das umfasst zukünftige Festlohn*ansprüche* des Arbeitnehmers.

Ein schutzwürdiges Interesse des Klägers an der alsbaldigen Feststellung eines Anspruchs liegt vor, wenn eine gegenwärtige Gefahr der Unsicherheit droht, weil der Beklagte den Anspruch des Klägers ernstlich bestreitet, und wenn das erstrebte Feststellungsurteil infolge seiner Rechtskraft (§ 322 I BGB) geeignet ist, diese Gefahr zu beseitigen.[806] Das Feststellungsinteresse ist daher jedenfalls dann zu bejahen, wenn der Arbeitgeber „Umquotelungsansprüche" des Arbeitnehmers vorprozessual zurückgewiesen hat.

---

[799] Baumbach/Lauterbach/*Hartmann* § 258, Rdnr. 3; Thomas/Putzo/*Reichold* § 258, Rdnr. 2; Zöller/*Greger* § 258, Rdnr. 1.

[800] Baumbach/Lauterbach/*Hartmann* § 258, Rdnr. 9; Thomas/Putzo/*Reichold* § 258, Rdnr. 2.

[801] Thomas/Putzo/*Reichold* § 259, Rdnr. 2; Zöller/*Greger* § 259, Rdnr. 1.

[802] Thomas/Putzo/*Reichold* § 259, Rdnr. 2; Zöller/*Greger* § 259, Rdnr. 3.

[803] BGH v. 15.10.1956, BGHZ 22, 43 (47); Thomas/Putzo/*Reichold* § 256, Rdnr. 5; Zöller/*Greger* § 256, Rdnr. 3.

[804] Zöller/*Greger* § 256, Rdnr. 4.

[805] BGH v. 03.05.1986, NJW 1984, 1556; Thomas/Putzo/*Reichold* § 256, Rdnr. 7; Zöller/*Greger* § 256, Rdnr. 3.

[806] BGH v. 07.02.1986, NJW 1986, 2507; Zöller/*Greger* § 256, Rdnr. 7.

Ein „Vorrang der Leistungsklage“ mit Blick auf die Möglichkeit eines Vorgehens nach § 259 ZPO besteht nicht. Nach allgemeiner Ansicht hat der Gläubiger die freie Wahl zwischen einer Feststellungsklage und einer Klage wegen Besorgnis nicht rechtzeitiger Leistungen.[807]
Das nachfolgende Beispiel unterstellt, dass der Arbeitnehmer sich – was vermutlich näher liegt – für eine positive Feststellungsklage entscheidet:

> Arbeitnehmer A verkauft das Produkt P. Laut seinem Arbeitsvertrag wird A eine verrechenbare monatliche Provisionsgarantie von € 1.000 gewährt. Je verkauftem Produkt erhält er eine Absatzprovision von € 50.
> Die Rückschau über einen verlässlich langen Referenzzeitraum erweist, dass A im Monatsdurchschnitt 60 Produkte verkauft hat. Sein durchschnittlicher monatlicher Gesamtlohn beläuft sich demnach auf € 3.000. Die Quotelung zwischen Festlohnanteil und Provisionsanteil lautet auf (gerundete) 33,3:66,7.
> Diese Quotelung hält A für unangemessen benachteiligend. A ist der Überzeugung, dass ihm mindestens 70% seines Gesamtlohns fest gewährt werden müssten. Nach ergebnislosen „Umquotelungsverhandlungen“ mit seinem Arbeitgeber klagt A daher auf Einräumung einer Quotelung zwischen Festlohnanteil und Provisionsanteil von 70:30 unter Zugrundlegung eines Gesamtlohns von € 3.000. Der Klageantrag des A könnte lauten:
>
> > „(…) erhebe ich Klage mit dem Antrag:
> > Es wird festgestellt, dass der Beklagte dem Kläger (unter Beibehaltung der Gesamtlohnhöhe von € 3.000)[808] einen monatlichen Festlohn von € 2.100 zu zahlen hat.“

---

807 Statt aller: Thomas/Putzo/*Reichold* § 259, Rdnr. 6; Zöller/*Greger* § 259, Rdnr. 1. Macht der Arbeitnehmer mit einer Klage sowohl Nachzahlungsansprüche für die Vergangenheit als auch erhöhte Festlohnansprüche für die Zukunft geltend, liegt – unabhängig von den gewählten Klagearten – eine zulässige objektive Klagehäufung vor. Die in § 260 ZPO angesprochene Gleichheit der *Prozess*art darf nicht mit der Gleichheit der *Klage*art verwechselt werden. Dazu: Zöller/*Greger* § 260, Rdnr. 2a.

808 Das ist hier kein Problem, weil die verrechenbare Provisionsgarantie einfach angehoben werden kann. Bei einem unverrechenbaren Fixum müsste eine verrechenbare Provisionsgarantie aufgesattelt werden, damit es nicht zu unzulässigen Verwerfungen der Gesamtlohnhöhe kommt. Siehe oben S. 155 f.

II. Reaktionsmöglichkeiten des Arbeitgebers

1. *Verteidigung* durch bloßen Klageabweisungsantrag

Begnügt der Arbeitgeber sich mit einem Antrag auf Klageabweisung, kann der (siegreiche) Arbeitnehmer jederzeit eine Nachforderungsklage[809] erheben.
Die Zulässigkeit einer Nachforderungsklage ist allgemein anerkannt, wenn der Kläger (hier: der Arbeitnehmer) im Erstprozess *obsiegt*.[810] Dabei spielt es keine Rolle, ob es sich um eine sog. offene oder verdeckte Teilklage handelt.[811] Der Arbeitnehmer muss im Erstprozess also nicht kenntlich machen, dass er sich irgendwelche Nachforderungen vorbehält.[812]
Das Gericht des Zweitprozesses kann und muss über eine Nachforderung vollkommen neu entscheiden.[813] Denn nur der Entscheidungssatz des Ersturteils erwächst in Rechtskraft und kann im Zweitprozess Bindungswirkung entfalten.[814]
Bei einem bloßen Antrag auf Klageabweisung sollte der Arbeitgeber es dennoch belassen, wenn der Arbeitnehmer bereits im Erstprozess einen Festlohn verlangt, der im Bereich der üblichen *Gesamt*vergütung oder sogar darüber liegt. Denn in diesem Fall wird eine Nachforderungsklage des Arbeitnehmers richtigerweise als unbegründet abgewiesen.[815]
Bei einem bloßen Antrag auf Klageabweisung kann der Arbeitgeber es auch belassen, wenn er im Arbeitsvertrag einen *angemessenen* Revisionszeitpunkt für die Ermittlung der Höhe des Provisions- und Gesamtlohns bestimmt hat. Denn richtigerweise bleiben die in diesem Zeitpunkt ermittelten Entgelthöhewerte

---

809 Ein guter Überblick zu dieser Problematik findet sich bei: *Brötel*, JuS 2003, 429 ff.

810 BGH v. 09.04.1997, NJW 1997, 1990; v. 15.07.1997, 3019 (3020); Baumbach/Lauterbach/*Hartmann* § 322, Rdnr. 51 ff.; Thomas/Putzo/*Reichold* § 322, Rdnr. 22 ff.; Zöller/*Vollkommer* Vor § 322, Rdnr. 44 ff. Die hM hält eine Nachforderungsklage selbst dann für zulässig, wenn die Erstklage ganz oder teilweise *abgewiesen* wird. Thomas/Putzo/*Reichold* § 322, Rdnr. 26; Zöller/*Vollkommer* Vor § 322, Rdnr. 47 jeweils mwN auch zur Gegenansicht.

811 BGH v. 09.04.1997, NJW 1997, 1990; v. 15.07.1997, 3019 (3020); Baumbach/Lauterbach/*Hartmann* § 322, Rdnr. 51 ff.; Thomas/Putzo/*Reichold* § 322, Rdnr. 22 ff.; Zöller/*Vollkommer* Vor § 322, Rdnr. 44 ff.

812 BGH v. 09.04.1997, NJW 1997, 1990; v. 15.07.1997, NJW 1997, 3019 (3020). Zwar wird bei einer Klage auf wiederkehrende Leistungen wegen der Sonderregelung des § 323 ZPO ein Nachforderungsvorbehalt gefordert. BGH v. 03.04.1985, BGHZ 94, 145 (147); v. 10.07.1986, NJW 1986, 3142; Baumbach/Lauterbach/*Hartmann* § 322, Rdnr. 54 f.; Thomas/Putzo/*Reichold* § 322, Rdnr. 23; Zöller/*Vollkommer* Vor § 322, Rdnr. 50. Jedoch liegt bei der Quotelungskontrolle hinsichtlich des erhöhten Festlohns für die Zukunft gerade keine Klage auf wiederkehrende Leistungen nach § 258 ZPO vor. Siehe oben S. 158 f.

813 Baumbach/Lauterbach/*Hartmann* § 322, Rdnr. 57.

814 Zöller/*Vollkommer* Vor § 322, Rdnr. 31.

815 Zur absoluten Deckelung des Festlohnanspruchs siehe oben S. 128 ff.

selbst dann maßgeblich, wenn die Absatz- oder Vermittlungserfolge des Arbeitnehmers später (deutlich) ansteigen. Der Arbeitgeber läuft also unabhängig von zukünftigen Entwicklungen „nur" Gefahr, dass der Arbeitnehmer eine Nachforderungsklage darauf stützt, dass eine andere – noch arbeitnehmerfreundlichere – Ersatzquotelung angemessen sei. Dabei darf das Gericht des Zweitprozesses aber richtigerweise keine anderen Entgelthöhewerte zugrunde legen als das Gericht des Erstprozesses.

2. *Angriff* durch negative Feststellungswiderklage

Ist dem Arbeitgeber an abschließender Gewissheit gelegen, sollte er den Arbeitnehmer während des Erstprozesses zu einer Erklärung über etwaige Nachforderungsabsichten auffordern. Auf diese Weise kann er das für eine negative Feststellungswiderklage nach §§ 256 I, 33 ZPO erforderliche Feststellungsinteresse schaffen.[816] Denn bei einer *verdeckten* Teilklage fehlt es grds. an dem erforderlichen Feststellungsinteresse, weil sich der Arbeitnehmer (noch) keiner *weiteren* Festlohnansprüche berühmt.[817] Der Arbeitgeber könnte dann etwa folgende Anträge stellen:

> „(...) werde ich beantragen:
> 1. Die Klage wird abgewiesen.
> 2. Es wird festgestellt, dass der Beklagte dem Kläger keine höhere Nachzahlung als € 2.000 schuldet.
> 3. Es wird festgestellt, dass der Beklagte dem Kläger keinen höheren Festlohn als € 2.100 zu zahlen hat."

Während der Arbeitgeber seine Feststellungsanträge nicht weiter zu beziffern braucht, muss das Gericht des Erstprozesses im Falle der grundsätzlichen Anerkennung eines erhöhten Festlohnanspruchs des Arbeitnehmers den genauen Betrag feststellen, bis zu dem der vom Arbeitgeber gänzlich verneinte Anspruch besteht.[818]
Hat die negative Feststellungswiderklage Erfolg, steht das Nichtbestehen jedweder erhöhter Festlohnansprüche des Arbeitnehmers rechtskraftfähig fest.[819] Wird die negative Feststellungswiderklage abgewiesen, steht rechtskraftfähig fest, dass und in welcher Höhe dem Arbeitnehmer Festlohnansprüche zustehen, die

[816] So: *Leipold*, Anm. zu BGH v. 09.04.1997, LM Nr. 148 zu § 332 ZPO. Ihm folgend: *Windel*, Anm. zu BGH v. 09.04.1997, ZZP 110 (1997), 501 (503 f.).
[817] BGH v. 27.02.1961, BGHZ 34, 337 (342); *Batsch*, ZZP 86 (1973), 254 (280); *Brötel*, JuS 2003, 429 (433).
[818] BGH v. 15.12.1959, BGHZ 31, 358 (362); 29.05.1969, MDR 1969, 749; Zöller/*Greger* § 256, Rdnr. 15a.
[819] Baumbach/Lauterbach/*Hartmann* § 322, Rdnr. 41.

noch über sein(e) Klagebegehren hinausgehen.[820] Der Arbeitnehmer erhält in diesem Fall also insgesamt ein *positives* Feststellungsurteil über den ihm zustehenden erhöhten Festlohn. Das ist die *Gefahr*, die für den Arbeitgeber mit der Erhebung einer negativen Feststellungswiderklage verbunden ist. Denn wer sagt, dass der Arbeitnehmer tatsächlich – zumal erfolgreich – Nachforderungen geltend gemacht hätte? Mit späteren Nachforderungen ist der Arbeitnehmer dagegen grundsätzlich ausgeschlossen.
Hat der Arbeitgeber im Erstprozess eine negative Feststellungswiderklage erhoben, kann der Arbeitnehmer eine Nachforderungsklage *bei gleichem Streitgegenstand*[821] nur auf die Behauptung stützen, die Rechtslage habe sich gegenüber dem Stand der letzten mündlichen Tatsachenverhandlung des Erstprozesses geändert.[822] Dazu müssten nach Schluss der letzten mündlichen Verhandlung des Erstprozesses Tatsachen eingetreten sein, die geeignet sind, die in der rechtskräftigen Entscheidung festgestellte(n) Rechtsfolge(n) zu beeinflussen.[823]
Insofern reicht es nicht aus, wenn der Arbeitnehmer vorträgt, seine absatz- oder vermittlungsrelevanten Arbeitsbedingungen seien durch Ausübung des arbeitgeberischen Direktionsrechts beeinflusst worden. Denn das arbeitgeberische Direktionsrecht kann stets nur in den Grenzen des Arbeitsvertrags ausgeübt werden.[824] Gerade im entlohnungsrelevanten Bereich werden Veränderungen der Arbeitsbedingungen (z.B. Veränderungen des Warensortiments oder Zuteilung eines neuen Verkaufgebiets) aufgrund des Direktionsrechts nur bei entsprechenden Änderungsvorbehalten im Arbeitsvertrag zulässig sein.[825] *Wirksame (!)*[826] Änderungsvorbehalte sind als ursprünglicher Bestandteil der arbeitsvertraglichen Mischlohnvorgaben *schon vor ihrer Ausübung* bei der ersten Quotelungskontrolle zu berücksichtigen. Die spätere Ausübung eines bereits im ursprünglichen Arbeitsvertrag wirksam angelegten Änderungsvorbehalts erlangt daher als neue Tatsache keine „Entscheidungsrelevanz". Sie „aktualisiert" lediglich die bereits im Arbeitsvertrag angelegte „Marktöffnung" des Vertrages.

---

820 BGH v. 26.06.2003, NJW 2003, 3058 (3059); Zöller/*Vollkommer* § 322, Rdnr. 11.

821 Ein neuer Streitgegenstand läge etwa vor, wenn die Parteien den bestehenden Arbeitsvertrag – „provisionsrelevant" – geändert oder einen komplett neuen Arbeitsvertrag geschlossen hätten. Eine „zweite" Klage wäre dann problemlos zulässig. Allerdings sollte in der Begründetheit genau geprüft werden, ob die Quotelungsbestimmung nicht nunmehr nach §§ 305 I 3, 310 III Nr. 2 aE BGB „im Einzelnen ausgehandelt" und damit der Quotelungskontrolle nach § 307 BGB entzogen wurde.

822 Verallgemeinerung des Rechtsgedankens der §§ 767 II, 796 II ZPO. BGH v. 11.03.1983, NJW 1984, 126 (127); Zöller/*Vollkommer* Vor § 322, Rdnr. 53.

823 Zum Erfordernis der Eignung neuer Tatsachen zur Beeinflussung einer rechtskräftig festgestellten Rechtsfolge: BGH v. 11.03.1983, NJW 1984, 126 (127); v. 02.03.2000, NJW 2000, 2022 (2023); Zöller/*Vollkommer* Vor § 322, Rdnr. 61.

824 Siehe oben S. 14.

825 Siehe oben S. 14 f.

826 Siehe oben S. 14 (und dort Fn. 101).

Der Arbeitnehmer dringt auch nicht mit der Argumentation durch, nach der letzten mündlichen Tatsachenverhandlung des Erstprozesses seien derart erhebliche Steigerungen des Absatz- oder Vermittlungserfolges eingetreten, dass sich in der rückschauenden Durchschnittsermittlung nunmehr ein anderer Provisions- und Gesamtlohn und damit auch eine andere Quotelungsbestimmung ergäbe. Auch Steigerungen des Absatz- oder Vermittlungserfolges nach Abschluss des Erstprozesses sind *keine* geeigneten neuen Tatsachen, um die rechtskräftig festgestellte Rechtsfolge zu beeinflussen. *Rein rechtlich* betrachtet steht die Quotelungsbestimmung bereits im Zeitpunkt des Vertragsschlusses fest und ändert sich in Vollzug des Arbeitsverhältnisses nicht mehr.[827] Um die Quotelungsbestimmung *in der Praxis* sichtbar zu machen, bedarf es allerdings gewisser Hilfsmittel. In Betracht kommt insbesondere die rückblickende Durchschnittsermittlung über einen möglichst langen Referenzzeitraum.[828] Dabei darf aber nicht vergessen werden, dass die tatsächlichen Provisionszahlungen der Vergangenheit nur einen *Anhaltspunkt* für eine Schätzung der Quotelungsbestimmung liefern, die streng genommen bereits im Zeitpunkt des Arbeitsvertragsschlusses hätte erfolgen müssen – und im Übrigen auch erfolgte, falls die erste Quotelungskontrolle bereits vor oder kurz nach Invollzugsetzen des Arbeitsverhältnisses eingeleitet wurde.[829] Daran, dass die Quotelungsbestimmung sich – einmal ermittelt – rein rechtlich nicht mehr verschiebt, ändern auch nachträglich gestiegene Absatz- oder Vermittlungserfolge nichts.[830]
Wurde im Arbeitsvertrag wirksam (!) ein bestimmter Revisionszeitpunkt für die Erhebung der kontrollrelevanten Daten vorgegeben,[831] müssen nach Erreichen dieses Revisionszeitpunkts angestiegene Absatz- oder Vermittlungserfolge ohnehin außer Betracht bleiben.

---

[827] Siehe oben S. 141 f.
[828] Siehe oben S. 144 ff.
[829] Siehe oben S. 144.
[830] Deshalb darf die Erstklage des Arbeitnehmers auch nicht mit Blick auf eventuell später ansteigende Absatz- oder Vermittlungserfolge als „zurzeit unbegründet" abgewiesen werden. Anders etwa bei (noch) fehlender Fälligkeit eines Anspruchs. Dazu: BGH v. 25.11.1999, BGHZ 143, 169 (1972) = NJW 2000, 590 (591); v. 04.05.2000, BGHZ 144, 242 (244) = NJW 2000, 2988; Baumbach/Lauterbach/*Hartmann* § 322, Rdnr. 37; Zöller/*Vollkommer* Vor § 322, Rdnrn. 56 u. 58.
[831] Siehe oben S. 146 ff.

D. Zwischenergebnis

- Das Hauptproblem im *Vorfeld* der Quotelungskontrolle stellt die Ermittlung der Quotelungsbestimmung dar. Die Quotelungsbestimmung verkörpert die *Ist*-Quotelung zwischen Festlohnanteil und Provisionsanteil. ***Rein rechtlich*** **steht die Quotelungsbestimmung wie „herkömmliche" Bestimmungen bereits bei Vertragsschluss fest und ändert sich in Vollzug des Arbeitsverhältnisses nicht mehr.** Anders als „herkömmliche" Bestimmungen muss die Quotelungsbestimmung aber zunächst sichtbar gemacht werden. Das Sichtbarmachen der Quotelungsbestimmung ist der Quotelungskontrolle logisch vorgelagert. Die Ermittlung der Quotelungsbestimmung darf nicht mit der Auslegung Allgemeiner Geschäftsbedingungen verwechselt werden. Gewisse Anleihen können bei den Grundsätzen der Entgeltfortzahlung im Urlaubs-, Mutterschafts- oder Krankheitsfall genommen werden. Letztlich handelt es sich bei der **Ermittlung der Quotelungsbestimmung** jedoch um einen **Vorgang eigener Art**, der **für jeden Arbeitnehmer gesondert** erfolgen muss.
- Zur Ermittlung der relativen Quotelungsbestimmung bedarf es dreier absoluter Rechenposten: der Höhe des Festlohns, der Höhe des Provisionslohns und der Höhe des Gesamtlohns.
- Die **Ermittlung der Höhe des Festlohns** bereitet keine Schwierigkeiten. Es genügt ein Blick in den schriftlichen Arbeitsvertrag.
- Die **Ermittlung der Höhe des Provisionslohns** ist deutlich problematischer. Wird die Quotelungskontrolle bereits *vor oder kurz nach* Invollzugsetzen des Arbeitsverhältnisses eingeleitet, bleibt nur eine freie Schätzung nach § 287 II ZPO. Wegen der Individualität und Multikausalität des Absatz- oder Vermittlungserfolges kann die durchschnittliche Provisionslohnhöhe bereits länger beschäftigter, „vergleichbarer" Arbeitnehmer allenfalls mit besonderer Vorsicht bei der Schätzung berücksichtigt werden.
  Wird die Quotelungskontrolle *deutlich nach* Invollzugsetzen des Arbeitsverhältnisses eingeleitet, bietet sich eine rückblickende Durchschnittsermittlung über einen möglichst langen Referenzzeitraum an. In der Praxis dürfte die „verfrühte" Einleitung einer Quotelungskontrolle die Ausnahme bleiben: Zum einen riskiert der Arbeitnehmer mit der frühzeitigen Einleitung der Quotelungskontrolle, dass die richterliche Schätzung nach § 287 II ZPO zu seinen Ungunsten ausfällt, sich also später erweist, dass er tatsächlich mehr Provisionen verdienen kann als zunächst vermutet. Zum anderen kann der Arbeitgeber die Einleitung der Quotelungskontrolle durch eine entsprechende Bestimmung im – wenn auch vorformulierten – Arbeitsvertrag hinauszögern. Die Wirksamkeit einer solchen Arbeitsvertragsbestimmung steht und fällt mit der Lage des Revisionszeitpunktes. Den berechtigten Interessen des

Arbeitnehmers wird vollumfänglich Rechnung getragen, wenn der Revisionszeitpunkt nicht zu früh und nicht zu spät gewählt wird.

- Die **Errechnung der Höhe des Gesamtlohns** erfolgt in aller Regel in schlichter Addition von Festlohn und Provisionslohn. Da der Arbeitgeber als Verwender sich selbst für einen „echten" Mischlohn oder reinen Provisionslohn entschieden hat, kann er weder darauf verweisen, dass er die Höhe des Provisionslohns niedriger erwartet, noch dass er als reinen Festlohn einen geringeren Betrag gezahlt hätte. Auch bei – teilweiser – „Flexibilisierung" eines vormalig reinen Festlohns muss der Gesamtlohn neu errechnet werden. Trotz Zahlung eines – teilweisen – Provisionslohns könnte von einem reinen Festlohn ausgegangen werden, wenn die Provisionszahlungen aufgrund einseitiger und freiwilliger Gewährung durch den Arbeitgeber erfolgen würden. Das scheint freilich kaum denkbar. Denn bei Absatz- oder Vermittlungsprovisionen handelt es sich typischerweise um Entgelt im engeren Sinne, das nicht vom Arbeitgeber einseitig zugestanden wird, sondern unmittelbar im arbeitsvertraglichen Synallagma steht und an eine entsprechende Gegenleistung – nämlich die durch den Absatz- oder Vermittlungs*erfolg* „bewiesene" Absatz- oder Vermittlungs*leistung* – geknüpft ist.
- Für die **Errechnung der Quotelungsbestimmung** gilt: Die Quotelungsbestimmung Q verkörpert die arbeitsvertragliche *Ist*-Quotelung. Ist-Quotelung meint die prozentuale Aufspaltung des Gesamtlohns G in einen Festlohnanteil X_F und einen Provisionsanteil X_P. Als Rechenposten bedarf es neben der Gesamtlohnhöhe G der Festlohnhöhe F sowie der Provisionshöhe P. Damit ergibt sich folgende Formel:

$$Q = X_F : X_P = \frac{F \times 100}{G} : \frac{P \times 100}{G}$$

- Das Hauptproblem *nach* erfolgreicher Quotelungskontrolle stellt die Umquotelung des Gesamtlohns dar.
- Bei einem **reinen Provisionslohn** erfolgt die **Umquotelung durch *Einziehen* einer Provisionsgarantie.**
- Bei einem **Mischlohn mit einem unverrechenbaren Fixum** ist es mit der bloßen Anhebung des Festlohns nicht getan. Ansonsten würde die Gesamtlohnhöhe unzulässig zum Nachteil des Arbeitgebers verändert. Richtigerweise erfolgt die **Umquotelung durch *„Aufsattelung"* einer entsprechenden verrechenbaren Provisionsgarantie auf das unverrechenbare Fixum**. Weiterer Eingriffe in die Provisionsordnung bedarf es dann nicht.
- Bei einem **Mischlohn mit verrechenbarer Provisionsgarantie** ist die Umquotelung mit Blick auf die weitestgehende Wahrung der Gesamtlohnhöhe unproblematisch(er) als bei einem unverrechenbaren Fixum. Die **Umquote-**

lung erfolgt **durch entsprechende *Anhebung* der verrechenbaren Provisionsgarantie.**

- Auch in prozessualer Hinsicht kann die Quotelungskontrolle schließlich einige Probleme aufwerfen.
- Soweit der Arbeitnehmer **Nachzahlungsansprüche für die Vergangenheit** geltend machen möchte, muss er eine **Leistungsklage** erheben. Soweit der Arbeitnehmer einen **erhöhten Festlohn für die Zukunft** sicherstellen will, sind die **positive Feststellungsklage** nach § 256 I ZPO und ggf. die **Klage wegen Besorgnis nicht rechtzeitiger Leistung** nach § 259 ZPO einschlägig. Eine Klage auf wiederkehrende Leistungen nach §§ 258, 257 ZPO scheidet dagegen aus. Macht der Arbeitnehmer zum einen Nachzahlungsansprüche für die Vergangenheit geltend, und lässt er zum anderen feststellen, dass der Arbeitgeber ihm künftig einen höheren Festlohn gewähren muss, liegt eine nach § 260 BGB zulässige objektive Klagehäufung vor.
- Reagiert der Arbeitgeber mit einem bloßen **Antrag auf Klageabweisung,** läuft er Gefahr, dass der Arbeitnehmer später eine Nachforderungsklage anstrengt. Eine solche Nachforderungsklage wäre ohne weiteres zulässig. Denn die materielle Rechtskraft des Ersturteils erstreckt sich nur auf den eingeklagten Betrag (§§ 308 I 1, 322 I ZPO).

  Will der Arbeitgeber endgültige Gewissheit, muss er selbst zum Angriff übergehen. Über eine **negative Feststellungswiderklage** nach §§ 256 I, 33 ZPO kann er rechtskraftfähig feststellen lassen, ob und in welcher Höhe dem Arbeitnehmer erhöhte Festlohnansprüche für die Vergangenheit oder die Zukunft zustehen. Dabei läuft der Arbeitgeber freilich Gefahr, dass der Arbeitnehmer ein positives „Gesamtfeststellungsurteil" erhält, das über seine eigenen Klageanträge hinausgeht.
- Als ***entscheidungserhebliche (!)*** **„Neutatsachen"** kommen angestiegene Absatz- oder Vermittlungserfolge nicht in Betracht. Auch Veränderungen der Absatz- oder Vermittlungsbedingungen im Wege des arbeitgeberischen Direktionsrechts scheiden aus.

7. Kapitel: Ergebnisse der Arbeit

- Gegenstand der AGB-Kontrolle ist stets nur eine einzelne Vertragsbestimmung, auch wenn zur Beurteilung ihrer Wirksamkeit letztlich das gesamte Vertragswerk – inklusive etwaiger Individualabreden – in den Blick genommen werden muss. Im Zentrum einer Quotelungskontrolle steht die Quotelungsbestimmung. Zwar ist diese insofern ein Kunstprodukt, als sie – selbst bei Vorgabe einer *Soll*-Quotelung – drucktechnisch nicht in Erscheinung treten *kann*. Jedoch ändert dies nichts daran, dass die Quotelungsbestimmung zwangsläufiger Bestandteil eines jeden[832] Arbeitsvertrages ist. Sie verrät die relative Aufspaltung eines – wie auch immer hohen – Gesamtlohns in einen Festlohn*anteil* und einen Provisions*anteil* und verkörpert damit die Verteilung des Arbeitserfolgsrisikos unter den Parteien. Während bei einem reinen Festlohn (100:0) das Arbeitserfolgsrisiko ganz beim Arbeitgeber liegt, trägt bei einem reinen Provisionslohn (0:100) der Arbeitnehmer das gesamte Arbeitserfolgsrisiko. Bei einem Mischlohn, der sich je zur Hälfte aus einem Festlohnanteil und einem Provisionsanteil zusammensetzt, trägt der Arbeitnehmer 50% des Arbeitserfolgsrisikos. Denn bei ausbleibenden Absatz- oder Vermittlungserfolgen erhält er nur den – die Hälfte seines Gesamtlohns ausmachenden – Festlohn.
  Über die *Angemessenheit* der Verteilung des Arbeitserfolgsrisikos unter den Parteien besagt die Quotelungsbestimmung nichts. Diese kann – wie bereits angedeutet – nur in einer Vertragsgesamtschau beurteilt werden. Nach dem vorliegend vertretenen Ansatz gilt es, die Marktöffnung des Arbeitsvertrages zu bestimmen. Mit diesem Schlagwort wird die Möglichkeit des Arbeitnehmers umrissen, infolge seiner Vertragsgestaltung unternehmerische Chancen am Markt wahrzunehmen. Im Umfang der Marktöffnung seines Vertrages darf der Arbeitnehmer provisionsmäßig entlohnt werden. Dies ergibt sich zum einen aus dem Kompensationsgedanken (Ausgleich der Abwälzung von Markt*risiken* durch die Einräumung / Belassung korrespondierender Markt*chancen*) und zum anderen aus der Überlegung, dass das „vielschichtige" Arbeitserfolgsrisiko sich meist als Marktrisiko im zumindest weiteren Sinne realisiert, weil die Arbeitsvertragsparteien grundsätzlich an einem Strang ziehen: Für den Arbeit*geber* bedeuten viele Absatz- oder Vermittlungserfolge einen hohen Umsatz, für den Arbeit*nehmer* einen hohen Provisions- und damit Gesamtlohn. Aufgrund der synchronisierten Interessenlage kann – jedenfalls solange beide Arbeitsvertragsparteien wirtschaftlich vernünftig handeln – angenommen werden, dass das Ausbleiben oder ein Rückgang von

---

[832] Eine Quotelungsbestimmung (100:0 bzw. 0:100) existiert selbst dann, wenn ein reiner Fest- oder Provisionslohn vereinbart wurde.

Absatz- oder Vermittlungserfolgen vornehmlich aus der Sphäre des Marktes stammt.

- Arbeitsverträge, bei deren Abschluss der Arbeitgeber als Unternehmer auftritt, sind Verbraucherverträge im Sinne des § 310 III BGB. Daraus folgt, dass nach § 310 III Nr. 2 BGB auch Einfachbedingungen kontrollunterworfen sind und nach § 310 III Nr. 3 BGB eine Umstandskontrolle stattfindet. Infolge der Kontrollunterworfenheit auch von Einfachbedingungen, bleibt eine Quotelungsbestimmung nur kontrollfrei, wenn sie als „echte" Individualabrede einzustufen ist, also „im Einzelnen ausgehandelt" wurde. Der Rechtsanwender muss genau prüfen, ob sich etwaige Aushandlungen tatsächlich (auch) auf die Gesamtlohn*quotelung* oder nicht vielmehr (nur) auf die Gesamtlohn*höhe* bezogen haben. Die Quotelungskontrolle erfolgt stets nur zusätzlich zur Inhaltskontrolle. Sie bietet ein wertvolles Differenzierungsinstrument, welches sich durchaus auch zugunsten des Arbeit*gebers* auswirken kann.
- Sämtliche Auslegungsmethoden führen zur grundsätzlichen Kontrollunterworfenheit einer Quotelungsbestimmung nach § 307 III 1 BGB. Aufgrund der bloßen Wiedergabe der gesetzlichen Quotelungsbestimmung bleibt nur ein reiner Festlohn kontrollfrei. Insofern wäre eine Quotelungskontrolle ohnehin unsinnig.

  Der grundsätzlichen Kontrollunterworfenheit einer Quotelungsbestimmung steht auch die sog. Theorie von der Erlaubnisnorm nicht entgegen. Denn § 65 HGB erfüllt die Voraussetzungen an eine spezialgesetzliche Erlaubnisnorm nicht. Zum einen lässt die Norm nicht erkennen, dass gerade Quotelungsbestimmungen in Allgemeinen Geschäftsbedingungen erfasst sein sollen. Zum anderen gibt die Vorschrift keinen exakten Erlaubnisrahmen vor. Keinesfalls lässt sich aus § 65 HGB die generelle Unbedenklichkeit selbst eines *reinen* Provisionslohns entnehmen.

  Mit Blick auf § 310 IV 3 BGB gilt in Bezug auf Tarifverträge, die eine Quotelungsbestimmung enthalten, Folgendes: Bei beiderseitiger Tarifgebundenheit der Arbeitsvertragsparteien ist eine Quotelungskontrolle in jedem Fall ausgeschlossen. Eine arbeitnehmer*feindliche* Abweichung der arbeitsvertraglichen von der tarifvertraglichen Quotelungsbestimmung ist wegen § 4 I 1, III TVG undenkbar. Ggf. kann der Arbeitnehmer die Einräumung der tarifvertraglich vorgesehenen Quotelung verlangen. Bei fehlender beiderseitiger Tarifgebundenheit kann die Quotelungskontrolle richtigerweise nur ausgeschlossen sein, wenn ein räumlich und fachlich einschlägiger Tarifvertrag *in Gänze* in Bezug genommen wurde.

  Mit Blick auf § 310 IV 3 BGB gilt in Bezug auf Betriebsvereinbarungen, die eine Quotelungsbestimmung enthalten, Folgendes: Bei einer betriebseigenen Betriebsvereinbarung ist eine Quotelungskontrolle aus denselben Gründen wie bei beiderseitiger Tarifgebundenheit in jedem Fall ausgeschlossen. Eine arbeitnehmer*feindliche* Abweichung der arbeitsvertraglichen von der in der Betriebsvereinbarung vorgesehen Quotelungsbestimmung ist wegen § 77 IV 1 BetrVG undenkbar. Ggf. kann der Arbeitnehmer die in der Betriebsvereinbarung festgelegte Quotelung verlangen. Bei arbeitsvertragliche Inbezugnahme einer betriebsfremden Betriebsvereinbarung kann die Quotelungskontrolle nie ausgeschlossen sein. Denn betriebsfremde Betriebsvereinbarungen entfalten keine Angemessenheitsgewähr.

- Der Einstieg in die Quotelungskontrolle sollte über § 307 II Nr. 1 BGB erfolgen. *Kumulativ bekräftigend* kann § 307 II Nr. 2 BGB herangezogen werden. Denn die Voraussetzungen beider Zweifelsregelungen des § 307 II BGB sind erfüllt.
  Zu § 307 II Nr. 1 BGB: Eine Abweichung vom Arbeitsvertragsrecht liegt bei Vereinbarung eines Misch- oder reinen Provisionslohns vor, weil der gesetzliche Regelfall ein reiner Festlohn ist. Das folgt insbesondere aus der grundsätzlichen Zuweisung des Marktrisikos an den Arbeitgeber, lässt sich aber auch über das Verbot der verschuldensunabhängigen Lohnminderung und in Abgrenzung des Arbeitsvertrages vom Werkvertrag begründen. Die Vereinbarung eines – wenn auch nur teilweisen – Provisionslohns ist mit wesentlichen Grundgedanken des Arbeitsvertragsrechts unvereinbar, weil eine vertragliche Risikoverteilung – zumal aus dem Hauptleistungsbereich – einseitig zulasten des Arbeitnehmers verschoben wird.
  Zu § 307 II Nr. 2 BGB: Die grundsätzlich rein tätigkeitsbezogene Vergütungspflicht des Arbeitgebers aus § 611 I BGB gehört zu den sich aus der Natur des Arbeitsvertrages ergebenden wesentlichen Rechten und Pflichten. Die Einführung einer – wenn auch nur teilweisen – Erfolgsbedingung erfüllt den Tatbestand der Vertragszweck*gefährdung*. Eine vertragliche Hauptleistungspflicht droht ausgehöhlt zu werden, da der Eintritt der „angepeilten" Absatz- oder Vermittlungserfolge ungewiss ist. Eine sichere Zweck*vereitelung* ist nicht erforderlich.
- An die Bejahung der Voraussetzungen beider Zweifelsregelungen des § 307 II BGB schließt sich eine umfassende und normativ strukturierte Interessenabwägung nach § 307 I 1 BGB an. Diese Interessenabwägung verläuft in fünf Schritten.
- Auf der ersten Stufe müssen die jeweiligen Parteiinteressen ermittelt werden. Das Gestaltungsinteresse des Arbeitgebers geht tendenziell dahin, das Marktrisiko über einen hohen Provisionsanteil soweit wie möglich auf den Arbeitnehmer abzuwälzen. Dahinter verbirgt sich der Wunsch nach Kostenflexibilisierung und Gewinnoptimierung. Das Gegeninteresse des Arbeitnehmers geht tendenziell dahin, das Marktrisiko – bei gleicher Gesamtlohn*höhe*! – so weit wie möglich beim Arbeitgeber zu belassen, den Provisionsanteil also eher gering zu halten. Der Arbeitnehmer möchte Berechenbarkeit und Planbarkeit.

- Auf der zweiten Stufe müssen die Parteiinteressen bewertet werden. Nur berechtigte Interessen sind abwägungsrelevant. Über die Berechtigung der Parteiinteressen befindet zuvorderst das Gesetz. Das Gestaltungsinteresse des Arbeitgebers an einer Abwälzung des Marktrisikos und der dahinter verborgenen Kostenflexibilisierung und Gewinnoptimierung mutet zunächst rein betriebswirtschaftlich an. Es wird aber über § 65 HGB gesetzlich als berechtigt anerkannt. Die Berechtigung des Gegeninteresses des Arbeitnehmers folgt schon daraus, dass er zurück zur gesetzlichen „Risikonormalverteilung“ möchte.
- Auf der dritten Stufe müssen die – berechtigten – Parteiinteressen gewichtet werden. Dem Gegeninteresse des Arbeitnehmers haftet eine Vorzugstendenz an, weil die Voraussetzungen beider Zweifelsregelungen des § 307 II BGB bejaht wurden. Das bewirkt eine Umkehr der Argumentationslast zu seinen Gunsten, was wiederum zur Folge hat, dass eine Quotelungsbestimmung im positiven Sinne angemessen sein muss und verbleibende „Marktöffnungszweifel“ zulasten des Arbeitgebers gehen.
- Auf der vierten Stufe müssen die einschlägigen Abwägungskriterien identifiziert werden. Als Hauptabwägungskriterium kann der allgemein anerkannte Kompensationsgedanke furchtbar gemacht werden. Danach ist die Verlagerung von Markt*risiken* (= Lohn*minderungs*risiken) nur soweit zulässig, wie dem Arbeitnehmer korrespondierende Markt*chancen* (= Lohn*steigerungs*chancen) eingeräumt werden. Von einem ausgewogenen Risiko-Chancen-Ausgleich kann ausgegangen werden, wenn mit einem bestimmten Provisionsanteil eine entsprechende Marktöffnung des Arbeitsvertrags einhergeht. Das Problem ist, dass sich die Marktöffnung eines Arbeitsvertrages (= die Möglichkeit eines Arbeitnehmers aufgrund seiner Vertragsgestaltung unternehmerische Chancen am Markt wahrzunehmen) nur schwer bemessen lässt. Als Faustformel darf aber ausgegeben werden, dass der Provisionsanteil umso höher ausfallen darf, je näher der Arbeitsvertrag einem „Selbständigenvertrag“ kommt. Insofern kann – mit gebotener Vorsicht – auf die zur Vertrags*wahl*kontrolle entwickelten Kriterien für die Abgrenzung von Arbeitsvertrag und freiem Dienstvertrag zurückgegriffen werden. Dabei können die Abgrenzungsansätze *Wanks* und des BAG ein Stück weit miteinander „versöhnt“ werden, indem man zwar grundsätzlich auf den Kriterienkatalog des BAG zurückgreift, dabei aber stets hinterfragt, was diese Kriterien im Entscheidungsfall über die Beschneidung des unternehmerischen Spielraums des Arbeitnehmers aussagen können.
- Erst auf der fünften Stufe erfolgt die Interessenabwägung im engeren Sinne. Nun müssen die berechtigten Parteiinteressen unter Beachtung ihrer Gewichtung gegenübergestellt und mit Hilfe des soeben entwickelten Kriterienkataloges zu einem Gesamtergebnis integriert werden. An dieser Stelle verlässt der Arbeitsrichter den Bereich der normativen Vorstrukturierung. Die

Marktöffnung eines Arbeitsvertrages lässt sich nicht mit letzter mathematischer Exaktheit ermitteln. Das ist aber dann nicht tragisch, wenn freie richterliche Wertungen im Urteil offen als solche ausgewiesen werden. Letztlich bleibt dem Arbeitsrichter eine Vertragsgesamtschau nicht erspart. Als erste Wegweiser – nicht mehr! – können neben der Tatsache, dass die gesamte Arbeitskraft einem Arbeitgeber geschuldet ist, aber die Branche, in welcher der Arbeitnehmer tätig ist, und die Unterscheidung zwischen Innen- und Außendienst taugen.

- Die Restwirksamkeit des Arbeitsvertrages nach erfolgreicher Quotelungskontrolle bereitet wenig Kopfzerbrechen. Es bleibt bei der Grundregel des § 306 I BGB. Eine unzumutbare Härte im Sinne des § 306 III BGB kann sich weder für den Arbeitnehmer noch für den Arbeitgeber einstellen. Probleme bereitet nur die Lückenfüllung nach § 306 II BGB:
  Nach der Festlohnlösung wird die kassierte vertragliche Quotelungsbestimmung durch die gesetzliche Quotelungsbestimmung ersetzt. An die Stelle des unangemessen gequotelten Mischlohns tritt ein Festlohn in gleicher Höhe. Dabei sollte die Provisionsordnung „im Hintergrund" aufrechterhalten werden.
  Nach der Mischlohnlösung wird die kassierte vertragliche Quotelungsbestimmung durch eine angemessene Quotelungsbestimmung ersetzt bzw. auf eine solche zurückgeführt. Zur Realisierung der Mischlohnlösung stehen mit der Aufnahme einer salvatorischen Klausel, der geltungserhaltenden Reduktion und der ergänzenden Vertragsauslegung grundsätzlich drei Mechanismen zur Verfügung. Auf die Wirksamkeit einer salvatorischen Klausel sollte der Arbeitgeber sich indes besser nicht verlassen. Und die geltungserhaltende Reduktion erscheint zwar als der einfachste Anpassungsmechanismus. Jedoch hat sich das BAG jüngst ausdrücklich gegen sie ausgesprochen. Nicht nur im Hinblick auf die ständige Rechtsprechung des BGH drängt sich daher die ergänzende Vertragsauslegung als Anpassungsmechanismus auf. Diese ließe sich – im Hinblick auf den grundsätzlichen Vorrang des Dispositivrechts – zum einen mit den Besonderheiten des *Außen*dienstes, zum anderen unter Hinweis auf § 65 HGB rechtfertigen.
  Sowohl nach der Fest- als auch nach der Mischlohnlösung sollte über § 612 II BGB eine absolute Obergrenze dergestalt eingezogen werden, dass der Festlohn maximal auf die Höhe der üblichen Gesamtvergütung angehoben wird. Zwar widerspricht eine solche absolute Deckelung dem grundsätzlich relativen Ansatz der Quotelungskontrolle. Jedoch erscheint eine vollkommene Trennung von Entgelthöhe und Entgeltquotelung lebensfremd. Der Arbeitnehmer wird in puncto Übernahme des Arbeitserfolgsrisikos und in Sachen Planungssicherheit hinreichend geschützt, wenn er schlimmstenfalls (!) auf die übliche Gesamtvergütung zurückfallen kann.

Aus einer erfolgreichen Quotelungskontrolle könnten dem Arbeitnehmer schließlich Nachzahlungsansprüche erwachsen, weil das Unwirksamkeitsurteils nach § 307 I 1 BGB auf den Zeitpunkt des Vertragsschlusses zurückwirkt und der erhöhte Festlohn daher von Anfang an hätte gewährt werden müssen. Um Nachzahlungsansprüche des Arbeitnehmers generell zu verneinen, sollte man die mit der Quotelungskontrolle erstrebte *Planungs*sicherheit in den Vordergrund rücken. Denn diese kann per definitionem nur für die *Zukunft* gewährleistet werden.

- Das Hauptproblem im Vorfeld der Quotelungskontrolle stellt die Ermittlung der Quotelungsbestimmung dar: Zwar steht die Quotelungsbestimmung rechtlich bereits im Zeitpunkt des Vertragsschlusses fest. Jedoch muss sie in der Praxis erst einmal sichtbar gemacht werden. Probleme bereitet insofern die Ermittlung der Höhe des Provisionslohns. Wird die Quotelungskontrolle vor oder kurz nach Invollzugsetzen des Arbeitsverhältnisses eingeleitet, bleibt nur eine freie Schätzung nach § 287 II ZPO. Wird die Quotelungskontrolle dagegen deutlich nach Invollzugsetzen des Arbeitsverhältnisses eingeleitet, bietet sich eine rückblickende Durchschnittsermittlung über einen möglichst zuverlässigen Referenzzeitraum an. Der Arbeitgeber kann den Referenzzeitraum im Arbeitsvertrag vorgeben, sofern er den Revisionszeitpunkt weder zu früh noch zu spät wählt. Sinnvoll erscheint ein Referenzzeitraum von ein bis zwei Jahren nach Aufnahme der Beschäftigung. Steht die – durchschnittliche – Höhe des Provisionslohns einmal fest, bestimmt sich der Gesamtlohn in schlichter Addition von Fest- und Provisionslohn.
- Das praktische Hauptproblem nach erfolgreicher Quotelungskontrolle stellt die Umquotelung des Gesamtlohns dar: Bei einem reinen Provisionslohn erfolgt die Umquotelung durch Einziehen einer Provisionsgarantie. Bei einem Mischlohn mit unverrechenbarem Fixum sollte die Umquotelung durch Aufsattelung einer verrechenbaren Provisionsgarantie erfolgen. Bei einem Mischlohn mit verrechenbarer Provisionsgarantie erfolgt die Umquotelung durch Anhebung der verrechenbaren Provisionsgarantie.
- Soweit der Arbeitnehmer Nachzahlungsansprüche für die Vergangenheit geltend machen möchte, muss er Leistungsklage erheben. Soweit der Arbeitnehmer einen erhöhten Festlohn für die Zukunft sicherstellen will, ist insbesondere die positive Feststellungsklage nach § 256 I ZPO einschlägig.
Reagiert der Arbeitgeber im Erstprozess mit einem bloßen Klageabweisungsantrag, kann der Arbeitnehmer ohne weiteres eine zweite Quotelungskontrolle einleiten und einen – nochmals – erhöhten Festlohn verlangen. Ist über eine negative Feststellungswiderklage des Arbeitgebers nach §§ 256 I, 33 ZPO im Erstprozess festgestellt worden, dass der Festlohn des Arbeitnehmers nur auf einen bestimmten Betrag anzuheben ist, käme eine zweite Quotelungskontrolle nur in Betracht, wenn der Arbeitnehmer entscheidungserhebliche Tatsachen vortragen könnte, die nach Abschluss der letzten

mündlichen Verhandlung des Erstprozesses entstanden sind. Insofern scheiden allerdings sowohl nachträglich angestiegene Absatz- oder Vermittlungserfolge als auch nachträgliche Veränderungen der Absatz- oder Vermittlungsbedingungen im Wege des arbeitsgeberischen Direktionsrechts aus.

- Außer der Quotelungskontrolle nach §§ 307, 310 III Nr. 3 BGB wird der – teilweise – provisionsentlohnte Arbeitnehmer noch durch weitere Vorschriften geschützt: Konnte der Arbeitnehmer aus der ex-*ante*-Prognose auf Grundlage der Provisionsordnung selbst bei gehöriger Anstrengung kein vernünftiges Auskommen erlangen, wurde eine sog. Hungerprovision vereinbart. Bei Vorliegen auch der subjektiven Voraussetzungen auf Seiten des Arbeitgebers kommt ein Sittenwidrigkeitsurteil nach § 138 II BGB in Betracht. Verhindert der Arbeitgeber wider Treu und Glauben den Eintritt eines Absatz- oder Vermittlungserfolges, gilt die entsprechende Provision nach § 162 I BGB als trotzdem verdient. Wird der Arbeitnehmer in ein anderes Absatz- oder Vermittlungsgebiet versetzt oder ihm eine andere Produktpalette zugewiesen, kann eine solche Veränderung seiner Arbeitsbedingungen über § 315 III BGB für unbillig und damit unwirksam erklärt werden. In der Gesamtschau ergibt sich ein weitgehender rechtlicher Schutz des Arbeitnehmers. Hadert dieser aus anderen – vorstehend nicht angeführten – Gründen mit seiner Vertragsgestaltung oder -durchführung, bleibt ihm nur die Trennung. Das (Arbeits-)Recht kann nicht alle Konflikte rund um ein Dauerschuldverhältnis erahnen – geschweige denn lösen.

Literaturverzeichnis

Andelewski, Utz Aeneas — Staatliche Mindestarbeitsbedingungen, Diss., Berlin 2001.

Annuß, Georg — AGB-Kontrolle im Arbeitsrecht: Wo geht die Reise hin?, BB 2002, 458 – 463.

Annuß, Georg — Der Arbeitnehmer als solcher ist kein Verbraucher!, NJW 2002, 2844 – 2846.

Auktor, Christian — Die Verteilung des Betriebsrisikos nach der Schuldrechtsreform, ZTR 2002, 464 – 465.

Bartz, Alexander — „AGB“-Kontrolle nun auch im Arbeitsrecht, AuA 2002, 62 – 65.

Batsch, Karlludwig — Zur materiellen Rechtskraft bei „Teilklagen“ und zur Repräsentationswirkung des Klageantrags, ZZP 86 (1973), 254 – 292.

Bauer, Jobst-Hubertus / Kock, Martin — Arbeitsrechtliche Auswirkungen des neuen Verbraucherschutzrechts, BB 2002, 42 – 46.

Baumbach, Adolf / Hopt, Klaus J. — Handelsgesetzbuch, 31. Aufl., München 2003.

Baumbach, Adolf / Lauterbach, Wolfgang — Zivilprozessordnung, 63. Aufl., München 2005.

Bayreuther, Frank — Die Rolle des Tarifvertrags bei der AGB-Kontrolle von Arbeitsverträgen, RdA 2003, 81 – 91.

Bayreuther, Frank — Das Verbot der geltungserhaltenden Reduktion im Arbeitsrecht – Zur Kehrtwende des BAG v. 4.3.2004, NZA 2004, 953 – 956.

Becker, Thomas — Die Auslegung des § 9 Abs. 2 AGB-Gesetz, Diss., Heidelberg 1986.

Berkowsky, Wilfried — Was ändert die Reform im Arbeitsrecht?, AuA 2002, 11 – 16.

Birk, Rolf — Das Handelsvertreterrecht im deutsch-italienischen Wirtschaftsverkehr, ZVglRWiss 79 (1980), 268 – 289.

Birnbaum, Christian — Was sind die „im Arbeitsrecht geltenden Besonderheiten"?, NZA 2003, 944 – 950.

Boemke, Burkhard — Neue Selbständigkeit und Arbeitsverhältnis, ZfA 1998, 285 – 326.

Boemke, Burkhard — Höhe der Verzugszinsen für Entgeltforderungen des Arbeitnehmers, BB 2002, 96 – 97.

Börner, Andreas — Die „Heilung" von AGB durch die Berücksichtigung vertragsabschlussbegleitender Umstände nach § 24a Nr. 3 AGBG, JZ 1997, 595 – 610.

Brandner, Hans Erich — Schranken der Inhaltskontrolle, in: Caemmerer, Ernst von / Fischer, Robert / Nüßgens, Karl / Schmidt, Reimer (Hrsg.), Festschrift für Fritz Hauß zum 70. Geburtstag, Karlsruhe 1978, S. 1 – 14.

Brandner, Hans Erich — Maßstab und Schranken der Inhaltskontrolle bei Verbraucherverträgen, MDR 1997, 312 – 315.

Breisig, Thomas — Entgelt nach Leistung und Erfolg, Frankfurt a.M. 2003.

Brors, Christiane — Haftungsbeschränkungen gegenüber dem Endverbraucher – neue Wege bei der AGB-Kontrolle?, ZIP 1998, 1663 – 1670.

Brors, Christiane — Das Widerrufsrecht des Arbeitnehmers – Neue Überschneidungsbereiche zwischen Zivil- und Arbeitsrecht? –, DB 2002, 2046 – 2048.

Brors, Christiane — Arbeitnehmer und Verbraucher – keine deckungsgleichen Begriffe!, ZGS 2003, 34 – 38.

Brötel, Achim — Rechtskraft gegen den siegreichen Kläger? – BGHZ 135, 178; BGH, NJW 1997, 3019; JuS 2003, 429 – 434.

Bülow, Peter / Artz, Markus — Fernabsatzverträge und Strukturen eines Verbraucherprivatrechts im BGB, NJW 2000, 2049 – 2056.

Bunte, Hermann-Josef — Die EG-Richtlinie über missbräuchliche Klauseln in Verbraucherverträgen und ihre Umsetzung durch das Gesetz zur Änderung des AGB-Gesetzes, DB 1996, 1389 – 1393.

Canaris, Claus-Wilhelm — Zinsberechnungs- und Tilgungsverrechnungsklauseln beim Annuitätendarlehen, NJW 1987, 609 – 617.

Canaris, Claus-Wilhelm — Noch einmal: Zinsberechnungsklauseln beim Annuitätendarlehen, NJW 1987, 2407 – 2409.

Canaris, Claus-Wilhelm	Gesamtunwirksamkeit und Teilgültigkeit rechtsgeschäftlicher Regelungen, in: Bauer, Jürgen F. / Hopt, Klaus J. / Mailänder, K. Peter (Hrsg.), Festschrift für Ernst Steindorff zum 70. Geburtstag, Berlin – New York 1990, S. 519 – 571.
Canaris, Claus-Wilhelm	Die Problematik der AGB-Kontrolle von Postenpreisen für Buchungsvorgänge auf Girokonten, WM 1996, 237 – 246.
Canaris, Claus-Wilhelm	Die AGB-rechtliche Leitbildfunktion des neuen Leistungsstörungsrechts, in: Habersack, Mathias / Hommelhoff, Peter / Hüffer, Uwe / Schmidt, Karsten (Hrsg.), Festschrift für Peter Ulmer zum 70. Geburtstag, Berlin 2003, S. 1073 – 1096.
Däubler, Wolfgang	Die Auswirkungen der Schuldrechtsmodernisierung auf das Arbeitsrecht, NZA 2001, 1329 – 1337.
Derleder, Peter / Metz, Rainer	Die Nebenentgelte der Banken – Rechtsgrundlagen und rechtliche Grenzen, ZIP 1996, 573 – 585.
Diehn, Thomas	AGB-Kontrolle von arbeitsrechtlichen Verweisungsklauseln, NZA 2004, 129 – 135.
Dieterich, Thomas	Grundgesetz und Privatautonomie im Arbeitsrecht, RdA 1995, 129 – 136.
Domschke, Jörg-Peter	Vergütungssysteme – Zukunftsweisendes Modell, AuA 2003, 42 – 45.
Dorndorf, Eberhard	Besonderheiten des Arbeitsrechts nach § 310 Abs. 4 BGB, in: Oetker, Hartmut / Preis, Ulrich / Rieble, Volker (Hrsg.), 50 Jahre Bundesarbeitsgericht, München 2004, S. 19 – 30.
Duve, Thomas	Verbraucherschutzrecht und Kodifikationsgedanke, JURA 2002, 793 – 800.
Dylla-Krebs, Corinna	Schranken der Inhaltskontrolle Allgemeiner Geschäftsbedingungen, Diss., Köln 1990.
Eckert, Hans-Werner	ZIP-Dokumentation, Regierungsentwurf zur Änderung des AGB-Gesetzes, ZIP 1995, 1460 – 1462.
Edenfeld, Stefan	Recht der Arbeitnehmermitbestimmung, Heidelberg 2003.
Erfurter Kommentar	zum Arbeitsrecht, Dieterich, Thomas / Müller-Glöge, Rudi / Preis, Ulrich / Schaub, Günter (Hrsg.), 5. Aufl., München 2005.

Erman — Bürgerliches Gesetzbuch, Bd. 1, Westermann, Harm Peter (Hrsg.), 11. Aufl., Münster 2004.

Evers, Jürgen — Die Nichtigkeit von Handelsvertreterverträgen wegen zu geringer Verdienstmöglichkeiten und ihre Rückabwicklung, BB 1992, 1365 – 1374.

Fastrich, Lorenz — Richterliche Inhaltskontrolle im Privatrecht, München 1992.

Fastrich, Lorenz — Inhaltskontrolle im Arbeitsrecht nach der Bürgschaftsentscheidung des Bundesverfassungsgerichts vom 19.10.1993, RdA 1997, 65 – 80.

Fenn, Herbert — Arbeitsverhältnisse und sonstige Beschäftigungsverhältnisse, in: Habscheid, Walther J. / Gaul, Hans Friedhelm / Mikat, Paul (Hrsg.), Festschrift für Friedrich Wilhelm Bosch zum 65. Geburtstag, Bielefeld 1976, S. 171 – 189.

Feuerborn, Andreas — Sachliche Gründe im Arbeitsrecht, München 2003.

Fiebig, Andreas — Der Arbeitnehmer als Verbraucher, DB 2002, 1608 – 1610.

Flume, Werner — Vom Beruf unserer Zeit für Gesetzgebung, ZIP 2000, 1427 – 1430.

Franke, Alexandra — Lohnwucher – auch ein arbeitsrechtliches Problem, Diss., Berlin 2003.

Gaul, Dieter — Anmerkung zu LAG Hamm v. 16.10.1989, ZIP 1990, 889 – 892.

Gotthardt, Michael — Der Arbeitsvertrag auf dem AGB-rechtlichen Prüfstand, ZIP 2002, 277 – 289.

Gotthardt, Michael — Arbeitsrecht nach der Schuldrechtsreform, 2. Aufl., München 2003.

Griebeling, Gert — Der Arbeitnehmerbegriff und das Problem der „Scheinselbständigkeit“, RdA 1998, 208 – 216.

Häsemeyer, Ludwig — Geltungserhaltende oder geltungszerstörende Reduktion?, in: Habersack, Mathias / Hommelhoff, Peter / Hüffer, Uwe / Schmidt, Karsten (Hrsg.), Festschrift für Peter Ulmer zum 70. Geburtstag, Berlin 2003, S. 1097 – 1108.

Henssler, Martin	Arbeitsrecht und Schuldrechtsreform, RdA 2002, 129 – 140.
Herschel, Wilhelm	Anmerkung zu BAG v. 04.07.1972, AP Nr. 6 zu § 65 HGB.
Herschel, Wilhelm	Anmerkung zu BAG v. 25.03.1976, AP Nr. 9 zu § 65 HGB.
Hoffmann, Rudolf	Aktuelle Fragen zum Provisionsanspruch der Angestellten im Versicherungsaußendienst, DB 1977, 770 – 772.
Hönn, Günther	Zu den «Besonderheiten» des Arbeitsrechts, ZfA 2003, 325 – 359.
Hromadka, Wolfgang	Schuldrechtsmodernisierung und Vertragskontrolle im Arbeitsrecht, NJW 2002, 2523 – 2530.
Hubmann, Heinrich	Grundsätze der Interessenabwägung, AcP 155 (1956), 85 – 134.
Hubmann, Heinrich	Die Methode der Abwägung, in: Hubmann, Heinrich / Hübner, Heinz (Hrsg.), Festschrift für Ludwig Schnorr von Carolsfeld zum 70. Geburtstag, Köln – Berlin – Bonn – München 1972, S. 173 – 197.
Hübner, Ulrich	„Der gerechte Preis", in: Baur, Jürgen F. / Hopt, Klaus J. / Mailänder K. Peter (Hrsg.), Festschrift für Ernst Steindorff zum 70. Geburtstag, Berlin – New York 1990, S. 589 – 610.
Hümmerich, Klaus / Holthausen, Joachim	Der Arbeitnehmer als Verbraucher, NZA 2002, 173 – 181.
Hunold, Wolf	Ausgewählte Rechtsprechung zur Vertragskontrolle im Arbeitsverhältnis, NZA-RR 2002, 225 – 233.
Hunold, Wolf	Unzureichende Arbeitsleistung als Abmahn- und Kündigungsgrund, BB 2003, 2345 – 2351.
Jahnke, Volker	Rechtsformzwang und Rechtsformverfehlung bei der Gestaltung privater Rechtsverhältnisse, ZHR 146 (1982), 595 – 624.
Joost, Detlev	Der Ausschluss der Inhaltskontrolle bei Entgeltregelungen in Allgemeinen Geschäftsbedingungen, ZIP 1996, 1685 – 1693.

Joost, Detlev — Allgemeine Geschäftsbedingungen und Arbeitsvertrag, in: Habersack, Mathias / Hommelhoff, Peter / Hüffer, Uwe / Schmidt, Karsten (Hrsg.), Festschrift für Peter Ulmer zum 70. Geburtstag, Berlin 2003, S. 1199 – 1210.

Joost, Detlev — Betrachtungen zur Inhaltskontrolle vorformulierter Arbeitsverträge, in: Oetker, Hartmut / Preis, Ulrich / Rieble, Volker (Hrsg.), 50 Jahre Bundesarbeitsgericht, München 2004, S. 49 – 58.

Joussen, Jacob — Arbeitsrecht und Schuldrechtsreform, NZA 2001, 745 – 751.

Kaufmann, Stefan — Der praktische Fall – Zivilrecht: Schadensersatz im Rahmen des § 249 BGB, JuS 2003, 1197 – 1204.

Kötz, Hein — Der Schutzzweck der AGB-Kontrolle – Eine rechtsökonomische Skizze, JuS 2003, 209 – 214.

Krebs, Peter — Die Begründungslast, AcP 195 (1995), 171 – 211.

Kudlich, Hans / Christensen, Ralph — Die Kanones der Auslegung als Hilfsmittel für die Entscheidung von Bedeutungskonflikten, JA 2004, 74 – 83.

Künzl, Reinhard — Widerruf arbeitsrechtlicher Aufhebungsverträge?, ZTR 2004, 16 – 20.

Lakies, Thomas — Inhaltskontrolle von Vergütungsvereinbarungen im Arbeitsrecht, NZA-RR 2002, 337 – 344.

Larenz, Karl — Ergänzende Vertragsauslegung und dispositives Recht, NJW 1963, 737 – 741.

Larenz, Karl — Methodenlehre der Rechtswissenschaft, 6. Aufl., Berlin – Heidelberg – New York – London – Paris – Tokyo – Hong Kong – Barcelona – Budapest 1991.

Leipold, Dieter — Anm. zu BGH v. 09.04.1997, LM Nr. 148 zu § 322 ZPO.

Lettl, Tobias — Der arbeitsrechtliche Kündigungsschutz nach den zivilrechtlichen Generalklauseln, NZA-RR 2004, 57 – 65.

Lieb, Manfred — „Unternehmerähnliche Arbeitnehmer“, ZVersWiss 1976, 207 – 233.

Lieb, Manfred — Zur Problematik der Provisionsfortzahlung im Urlaubs-, Krankheits- und Feiertagsfall, DB 1976, 2207 – 2211.

Lieb, Manfred — AGB-Recht und Arbeitsrecht nach der Schuldrechtsmodernisierung, in: Habersack, Mathias / Hommelhoff, Peter / Hüffer, Uwe / Schmidt, Karsten (Hrsg.), Festschrift für Peter Ulmer zum 70. Geburtstag, Berlin 2003, S. 1231 – 1244.

Lindacher, Walter F. — Anmerkung zu BGH v. 22.02.2002, LM Nr. 35 zu § 6 AGBG.

Lindemann, Viola — Neuerungen im Arbeitsrecht durch die Schuldrechtsreform, AuR 2002, 81 – 87.

Lindemann, Viola — Einseitige Leistungsbestimmungsrechte auf dem Prüfstand, AuR 2004, 201 – 208.

Lingemann, Stefan — Allgemeine Geschäftsbedingungen und Arbeitsvertrag, NZA 2002, 181 – 192.

Littbarski, Sigurd, — Kurzkommentar zu BGH v. 22.02.2002, EWiR § 6 AGBG 1/02, 837 – 838.

Löwisch, Manfred — Die Mitbestimmung des Betriebsrats bei Provisionsregelungen für kaufmännische Angestellte, ZHR 139 (1975), 362 – 379.

Löwisch, Manfred — Zweifelhafte Folgen des geplanten Leistungsstörungsrechts für das Arbeitsvertragsrecht, NZA 2001, 465 – 467.

Löwisch, Manfred — Auswirkungen der Schuldrechtsreform auf das Recht des Arbeitsverhältnisses, in: Wank, Rolf / Hirte, Heribert / Frey, Kaspar / Fleischer, Holger / Thüsing, Gregor (Hrsg.), Festschrift für Herbert Wiedemann zum 70. Geburtstag, München 2002, S. 311 – 332.

Luke, Joachim — § 615 S. 3 BGB – Neuregelung des Betriebsrisikos?, NZA 2004, 244 – 247.

Mankowski, Peter — Kurzkommentar zu ArbG Frankfurt/O. v. 29.05.2002, EWiR § 312 BGB 1/03, 15 – 16.

Mansel, Heinz-Peter — Die Neuregelung des Verjährungsrechts, NJW 2002, 89 – 99.

Maschmann, Frank — Arbeitsverträge und Verträge mit Selbständigen, Diss., Berlin 2001.

Maschmann, Frank — Arbeitsverträge und Verträge mit Selbständigen, NZA 2001, Sonderbeilage zu Heft 24, 21 – 32.

Meder, Stephan — Die Zulässigkeit einer isolierten Bepreisung des Auslandseinsatzes von Kreditkarten, NJW 1996, 1849 – 1854.

Medicus, Dieter — Wer ist ein Verbraucher?, in: Leser, Hans. G. / Isomura, Tamotsu, (Hrsg.), Festschrift für Zentaro Kitagawa zum 60. Geburtstag, Berlin 1992, S. 471 – 486.

Medicus, Dieter — Über die Rückwirkung von Rechtsprechung, NJW 1995, 2577 – 2584.

Mengel, Anja — Kein Widerrufsrecht bei Aufhebungsverträgen!, BB 2003, 1278 – 1283.

Michalski, Lutz — Die Berücksichtigung von vertragsabschlußbegleitenden Umständen nach § 24a Nr. 3 AGB-Gesetz, DB 1999, 677 – 680.

Münchener Handbuch zum Arbeitsrecht — Richardi, Reinhard / Wlotzke, Otfried (Hrsg.), Bd. 1, Individualarbeitsrecht I, 2. Aufl., München 2000.

Münchener Kommentar zum Bürgerlichen Gesetzbuch — Rebmann, Kurt / Säcker, Franz Jürgen / Rixecker, Roland (Hrsg.), Bd. 2a, Schuldrecht Allgemeiner Teil, §§ 241-432, 4. Aufl., München 2003.

Natzel, Ivo — Schutz des Arbeitnehmers als Verbraucher?, NZA 2002, 595 – 597.

Niebling, Jürgen — Die Schranken der Inhaltskontrolle nach § 8 AGBG, Diss., Tübingen 1988.

Niebling, Jürgen — Die Inhaltskontrolle von Preisen und Leistungen nach dem AGBG, WM 1992, 845 – 852.

Oetker, Hartmut — Arbeitsvertragliche Bezugnahme auf Tarifverträge und Inhaltskontrolle, in: Wank, Rolf / Hirte, Heribert / Frey, Kaspar / Fleischer, Holger / Thüsing, Gregor (Hrsg.), Festschrift für Herbert Wiedemann zum 70. Geburtstag, München 2002, S. 383 – 400.

Otto, Hansjörg — Gemeinsame Anmerkung zu AP Nr. 34-36 zu § 611 BGB Abhängigkeit.

Palandt, Otto — Bürgerliches Gesetzbuch, 64. Aufl., München 2005.

Pauly, Holger — Widerrufsrecht beim arbeitsrechtlichen Aufhebungsvertrag auf Grund neuer Gesetzeslage?, ZTR 2003, 541 – 544.

Pfeiffer, Thomas	Kurzkommentar zu OLG Frankfurt/M v. 11.02.1993, EWiR § 8 AGBG 1/93, 419 – 420.
Plander, Harro	Bezirksleiter, Verkaufsleiter und andere Mittelinstanzen mehrstufiger Vertriebssysteme mit sogenannten unechten Untervertretern: Selbständige oder Arbeitnehmer?, RdA 1973, 234 – 243.
Preis, Ulrich	Grundfragen der Vertragsgestaltung im Arbeitsrecht, Neuwied – Kriftel – Berlin 1993.
Preis, Ulrich	Arbeitsrecht, Verbraucherschutz und Inhaltskontrolle, NZA 2003, Sonderbeilage zu Heft 16, 19 – 33.
Preis, Ulrich	Das erneuerte BGB und das Bundesarbeitsgericht, in: Oetker, Hartmut / Preis, Ulrich / Rieble, Volker (Hrsg.), 50 Jahre Bundesarbeitsgericht, München 2004, S. 123 – 152.
Pulz, Fabian	Personalbindung durch aktienkursorientierte Vergütung, Diss., Heidelberg 2003.
Rabe, Dieter	Die Auswirkungen des AGB-Gesetzes auf den kaufmännischen Verkehr, NJW 1987, 1978 – 1985.
Reichold, Hermann	Anmerkungen zum Arbeitsrecht im neuen BGB, ZTR 2002, 202 – 209.
Reichold, Hermann	Grundlagen und Grenzen der Flexibilisierung im Arbeitsvertrag, RdA 2002, 321 – 333.
Reichold, Hermann	Die Entwicklung des arbeitsrechtlichen Schrifttums im Jahr 2002, ZfA 2003, 493 – 623.
Reichold, Hermann	Arbeitnehmerschutz und/oder Verbraucherschutz bei der Inhaltskontrolle des Arbeitsvertrags?, in: Oetker, Hartmut / Preis, Ulrich / Rieble, Volker (Hrsg.), 50 Jahre Bundesarbeitsgericht, München 2004, S. 153 – 175.
Reim, Uwe	Arbeitnehmer und/oder Verbraucher?, DB 2002, 2434 – 2438.
Reinecke, Gerhard	Kontrolle Allgemeiner Arbeitsbedingungen nach dem Schuldrechtsmodernisierungsgesetz, DB 2002, 583 – 588.
Reinecke, Gerhard	Arbeitnehmerfreundlichste oder arbeitnehmerfeindlichste Auslegung Allgemeiner Geschäftsbedingungen?, AuR 2003, 414 – 416.
Reuter, Dieter	Anmerkung zu BAG v. 06.12.1988, AP Nr. 37 zu § 87 BetrVG 1972 Lohngestaltung.

Reuter, Dieter	Inhaltskontrolle im Arbeitsrecht (§ 310 Abs. 4 BGB), in: Oetker, Hartmut / Preis, Ulrich / Rieble, Volker (Hrsg.), 50 Jahre Bundesarbeitsgericht, München 2004, S. 177 – 196.
RGRK	Mitglieder des Bundesgerichtshofs (Hrsg.), Das Bürgerliche Gesetzbuch mit besonderer Berücksichtigung der Rechtsprechung des Reichsgerichts und des Bundesgerichtshofs, Bd. II Teil 3/1, §§ 611-620, 12. Aufl., Berlin – New York 1997.
Richardi, Reinhard	Gestaltung der Arbeitsverträge durch Allgemeine Geschäftsbedingungen nach dem Schuldrechtsmodernisierungsgesetz, NZA 2002, 1057 – 1064.
Rieble, Volker	Flexible Gestaltung von Entgelt und Arbeitszeit im Arbeitsvertrag, NZA 2000, Sonderbeilage zu Heft 3, 34 – 44.
Rieble, Volker / Gutzeit, Martin	Individualarbeitsrechtliche Kontrolle erfolgsabhängiger Vergütungsformen, in: Dieterich, Thomas, Jahrbuch des Arbeitsrechts, Band 37, Berlin 2000, S. 41 – 57.
Rieble, Volker / Klumpp, Steffen	Widerrufsrecht des Arbeitnehmer-Verbrauchers?, ZIP 2002, 2153 – 2161.
Rosenfelder, Ulrich	Der arbeitsrechtliche Status des freien Mitarbeiters, Diss., Berlin 1982.
Rother, W.	Anmerkung zu BAG v. 14.11.1966, AP Nr. 4 zu § 65 HGB.
Schaefer, Frithjof	Inhaltskontrolle nach dem AGB-Gesetz bei Allgemeinen Versicherungsbedingungen?, VersR 1978, 4 – 13.
Schäfer, Hans-Bernd / Ott, Claus	Lehrbuch der ökonomischen Analyse des Zivilrechts, 3. Aufl., Berlin – Heidelberg – New York – Barcelona – Hongkong – London – Mailand – Paris – Singapur – Tokio 2000.
Schaub, Günter	Arbeitsrechts-Handbuch, 11. Aufl., München 2005.
Schiek, Dagmar	Formulararbeitsverträge mit Verkaufsfahrern, BB 1997, 310 – 318.
Schleusener, Axel Aino	Zur Widerrufsmöglichkeit von arbeitsrechtlichen Aufhebungsverträgen, NZA 2002, 949 – 952.
Schmitt, Jochem	Entgeltfortzahlungsgesetz, 5. Aufl., München 2005.

Schnorr von Carolsfeld, Ludwig — Anmerkung zu BAG v. 17.05.1962, SAE 1963, 28 – 29.

Schubel, Christian — Schuldrechtsmodernisierung 2001/2002 – Das neue Kaufrecht, JuS 2002, 313 – 319.

Schulze-Osterloh, Joachim — Anmerkung zu BAG v. 22.09.1975, AP Nr. 8 zu § 65 HGB.

Schuster, Norbert — Arbeits- und Aufhebungsverträge auf dem Prüfstand, AiB 2002, 274 – 280.

Schwerdtner, Peter — Widerrufsrecht und arbeitsrechtlicher Aufhebungsvertrag, in: Harrer, Friedrich / Portmann, Wolfgang / Zäch, Roger (Hrsg.), Festschrift für Heinrich Honsell zum 60. Geburtstag, Zürich – Basel – Genf 2002, S. 371 – 383.

Seifert, Reinhard — Der Angestellte mit Provisionsbezahlung, DB 1979, 2034 – 2039.

Singer, Reinhard — Arbeitsvertragsgestaltung nach der Reform des BGB, RdA 2003, 194 – 204.

Soergel — Bürgerliches Gesetzbuch, Bd. 3, Schuldrecht II (§§ 433-515), AGB-Gesetz, AbzG, EAG, EKG, UN-KaufAbk, 12. Aufl., Stuttgart – Berlin – Köln 1991.

Soergel — Bürgerliches Gesetzbuch, Bd. 4, Schuldrecht III/1 (§§ 516-651), Gesetz zur Regelung der Miethöhe, Verbraucherkreditgesetz, 12. Aufl., Stuttgart – Berlin – Köln 1997.

Söllner, Alfred — Zur Anwendung der gesetzlichen Vorschriften über Allgemeine Geschäftsbedingungen im Arbeitsrecht, ZfA 2003, 145 – 161.

Staudinger, Julius von — Kommentar zum Bürgerlichen Gesetzbuch, Gesetz zur Regelung des Rechts der Allgemeinen Geschäftsbedingungen (AGBG), 13. Bearbeitung, Berlin 1998.

Staudinger, Julius von — Kommentar zum Bürgerlichen Gesetzbuch, Zweites Buch, Recht der Schuldverhältnisse, §§ 611 – 615, 13. Bearbeitung, Berlin 1999.

Staudinger, Julius von — Kommentar zum Bürgerlichen Gesetzbuch, Zweites Buch, Recht der Schuldverhältnisse, §§ 631 – 651, 13. Bearbeitung, Berlin 1994.

Stoffels, Markus — Statusvereinbarungen im Arbeitsrecht, NZA 2000, 690 – 695.

Stoffels, Markus — Schranken der Inhaltskontrolle, JZ 2001, 843 – 849.

Thomas, Heinz / Putzo, Hans — Zivilprozeßordnung, 26. Aufl., München 2004.

Thüsing, Gregor — Gedanken zur Vertragsautonomie im Arbeitsrecht, in: Wank, Rolf / Hirte, Heribert / Frey, Kaspar / Fleischer, Holger / Thüsing, Gregor (Hrsg.), Festschrift für Herbert Wiedemann zum 70. Geburtstag, München 2002, S. 559 – 585.

Thüsing, Gregor — Was sind die Besonderheiten des Arbeitsrechts?, NZA 2002, 591 – 595.

Thüsing, Gregor — Inhaltskontrolle von Formulararbeitsverträgen nach neuem Recht, BB 2002, 2666 – 2674.

Thüsing, Gregor / Leder, Tobias — Neues zur Inhaltskontrolle von Formulararbeitsverträgen, BB 2004, 42 – 47.

Timm, Wolfram — Anmerkung zu LG Köln v. 28.04.1986, BB 1987, 88 – 90.

Tomandl, Theodor — Wesensmerkmale des Arbeitsvertrages in rechtsvergleichender und rechtspolitischer Sicht, Wien – New York 1971.

Tschöpe, Ulrich — Sind Entgeltabreden der Inhaltskontrolle nach §§ 305 ff. BGB unterworfen?, DB 2002, 1830 – 1834.

Ulmer, Peter / Brandner, Hans Erich / Hensen, Horst-Diether — AGB-Gesetz, 9. Aufl.. Köln 2001.

Wank, Rolf — Gemeinsame Anmerkung zu AP Nr. 34-36 zu § 611 BGB Abhängigkeit.

Wank, Rolf — Arbeitnehmer und Selbständige, München 1988.

Wank, Rolf — Kurzkommentar zu LAG Hamm v. 16.10.1989, EWiR § 138 BGB 9/90, 645 – 646.

Wank, Rolf — Anmerkung zu BAG v. 19.01.2000, RdA 2002, 112 – 116.

Wedde, Peter	Schuldrechtsmodernisierungsgesetz – Auswirkungen auf das Arbeitsrecht –, AiB 2002, 267 – 273.
Wendehorst, Christiane	Das neue Gesetz über Fernabsatzverträge und andere Fragen des Verbraucherrechts, DStR 2000, 1311 – 1318.
Westhoff, Stefan	Die Fortzahlung der Provision bei Krankheit, Urlaub und in anderen Fällen der Arbeitsverhinderung, NZA 1986, Beilage 3, 25 – 32.
Westphalen, Friedrich Graf v.	Die Novelle zum AGB-Gesetz, BB 1996, 2101 – 2106.
Westphalen, Friedrich Graf v.	AGB-Recht im Jahr 2002, NJW 2003, 1635 – 1641.
Wiesinger, Kai	Altverträge auf dem Prüfstand, AuA 2002, 354 – 359.
Willemsen, Heinz Josef / Grau, Timon	Geltungserhaltende Reduktion und „Besonderheiten des Arbeitsrechts" – Zu den Rechtsfolgen unzulässiger Klauseln in Formulararbeitsverträgen, RdA 2003, 321 – 328.
Windel, Peter A.	Anm. zu BGH v. 09.04.1997, ZZP 110 (1997), 501 – 509.
Wisskirchen, Gerlind / Stühm, Thomas	Anspruch des Arbeitgebers auf Änderung von unwirksamen Klauseln in alten Arbeitsverträgen, DB 2003, 2225 – 2230.
Witt, Alexander	Keine AGB-Kontrolle tariflicher Regelungen?, NZA 2004, 135 – 138.
Wolf, Manfred	Vorschläge für eine gesetzliche Regelung der Allgemeinen Geschäftsbedingungen, JZ 1974, 41 – 46.
Wolf, Manfred / Horn, Norbert / Lindacher, Walter F.	AGB-Gesetz, 4. Aufl., München 1999.
Zöller, Richard	Zivilprozessordnung, 25. Aufl., Köln 2005.
Zöllner, Wolfgang	Privatautonomie und Arbeitsverhältnis, AcP 176 (1976), 221 – 246.

Angelika Wendt

Die Änderungskündigung zur Veränderung der Lohnfindungsmethode

Insbesondere die Umstellung von Zeit- auf Leistungslohn

Frankfurt am Main, Berlin, Bern, Bruxelles, New York, Oxford, Wien, 2003. 155 S.
Europäische Hochschulschriften: Reihe 2, Rechtswissenschaft. Bd. 3610
ISBN 3-631-50601-5 · br. € 34.–*

Einem Arbeitgeber, der seinen Betrieb von der Vergütungsmethode des Zeitlohnes auf eine Komponente des Leistungslohnes umstellen möchte, bleibt in der Regel nur der Weg über den Ausspruch von Änderungskündigungen. Unter Zugrundelegung der bislang geltenden Rechtsprechung des Bundesarbeitsgerichts kann eine Änderungskündigung in einigen Fällen jedoch schwerer begründet werden als eine Beendigungskündigung. Dies, obwohl die Änderungskündigung eigentlich die Vorstufe zur Beendigung eines Arbeitsverhältnisses sein sollte. Die Arbeit untersucht den anzuwendenden Prüfungsmaßstab einer Änderungskündigung und zeigt – u. a. durch einen Vergleich mit der Änderungskündigung zur Entgeltabsenkung – warum bei der Veränderung der Lohnfindungsmethode andere als die von der Rechtsprechung vertretenen Kriterien bei einer Überprüfung der Änderungen heranzuziehen sind.

Aus dem Inhalt: Die Änderungskündigung von Entgeltbedingungen ohne Änderungskündigung · Vergleich mit der Änderungskündigung zum Zwecke der Entgeltabsenkung · Herleitung des Prüfungsmaßstabes der Änderungskündigung

MIX
Papier | Fördert gute Waldnutzung
FSC® C083411

Kolibri 360 GmbH
Ferdinand-Jühlke-Straße 7
99095 Erfurt, Deutschland
produktsicherheit@kolibri360.de

Druck:
CPI Druckdienstleistungen GmbH
im Auftrag der
Kolibri 360 GmbH
Ferdinand-Jühlke-Str. 7
99095 Erfurt